GOBIERNO | MINISTERIO
DE ESPAÑA | DE EDUCACIÓN

INSTITUTO DE FORMACIÓN DEL PROFESORADO,
INVESTIGACIÓN E INNOVACIÓN EDUCATIVA

EDICIONES MORATA, S. L.

Tema: Educación infantil y primaria

El Proyecto Spectrum:
La teoría de las inteligencias múltiples en Educación Infantil

Por

Howard GARDNER, David Henry FELDMAN
y Mara KRECHEVSKY (Comps.)

Tomo II:

Actividades de aprendizaje

Por

Jie-Qi CHEN (Editora)
Emily ISBERG y Mara KRECHEVSKY (Colaboradoras)

Traducción de

Pablo Manzano

Obras en coedición con el Ministerio de Educación

1. **Zimmermann, D.:** *Observación y comunicación no verbal en la escuela infantil* (3ª ed.).
2. **Oléron, P.:** *El niño: su saber y su saber hacer* (2ª ed.).
3. **Loughlin, C. y Suina, J.:** *El ambiente de aprendizaje: diseño y organización* (5ª ed.).
4. **Browne, N. y France, P.:** *Hacia una educación infantil no sexista* (2ª ed.).
5. **Selmi, L. y Turrini, A.:** *La escuela infantil a los tres años* (4ª ed.).
6. **Selmi, L. y Turrini, A.:** *La escuela infantil a los cuatro años* (3ª ed.).
7. **Saunders, R. y Bingham-Newman, A. M.:** *Perspectivas piagetianas en la educación infantil* (2ª ed.).
8. **Driver, R., Guesne, E. y Tiberghien, A.:** *Ideas científicas en la infancia y la adolescencia* (4ª ed.).
9. **Harlen, W.:** *Enseñanza y aprendizaje de las ciencias* (6ª ed.).
10. **Selmi, L. y Turrini, A.:** *La escuela infantil a los cinco años* (3ª ed.).
11. **Bale, J.:** *Didáctica de la geografía en la escuela primaria* (3ª ed.).
12. **Tann, C. S.:** *Diseño y desarrollo de unidades didácticas en la escuela primaria* (3ª ed.).
13. **Willis, A. y Ricciuti, H.:** *Orientaciones para la escuela infantil de 0 a 2 años* (3ª ed.).
14. **Orton, A.:** *Didáctica de las matemáticas* (4ª ed.).s
15. **Pimm, D.:** *El lenguaje matemático en el aula* (3ª ed.).
16. **Moyles, J. R.:** *El juego en la educación infantil y primaria* (2ª ed.).
17. **Arnold, P. J.:** *Educación física, movimiento y curriculum* (3ª ed.).
18. **Graves, D. H.:** *Didáctica de la escritura* (3ª ed.).
19. **Egan, K.:** *La comprensión de la realidad en la educación infantil y primaria.*
20. **Hargreaves, D. J.:** *Infancia y educación artística* (3ª ed.).
21. **Lancaster, J.:** *Las artes en la educación primaria* (3ª ed.).
22. **Bazalgette, C.:** *Los medios audiovisuales en la educación primaria.*
23. **Newman, D., Griffin, P. y Cole, M.:** *La zona de construcción del conocimiento* (3ª ed.).
24. **Swanwick, K.:** *Música, pensamiento y educación* (3ª ed.).
25. **Wass, S.:** *Salidas escolares y trabajo de campo en la educación primaria.*
26. **Cairney, T. H.:** *Enseñanza de la comprensión lectora* (5ª ed.).
27. **Nobile, A.:** *Literatura infantil y juvenil* (3ª ed.).
28. **Pluckrose, H.:** *Enseñanza y aprendizaje de la historia* (4ª ed.).
29. **Hicks, D.:** *Educación para la paz* (2ª ed.).
30. **Egan, K.:** *Fantasía e imaginación: su poder en la enseñanza* (3ª ed.).
31. **Escuelas infantiles de Reggio Emilia:** *La inteligencia se construye usándola* (4ª ed.).
32. **Secada, W. G., Fennema, E. y Adajian, L. B.:** *Equidad y enseñanza de las matemáticas: nuevas tendencias.*
33. **Crook, Ch.:** *Ordenadores y aprendizaje colaborativo.*
34. **Gardner, H., Feldman, D. H. y Krechevsky, M. (Comps.):** *El Proyecto Spectrum. Tomo I: Construir sobre las capacidades infantiles.*
35. **Gardner, H., Feldman, D. H. y Krechevsky, M. (Comps.):** *El Proyecto Spectrum. Tomo II: Actividades de aprendizaje en la educación infantil* (2ª ed.).
36. **Gardner, H., Feldman, D. H. y Krechevsky, M. (Comps.):** *El Proyecto Spectrum. Tomo III: Manual de evaluación para la educación infantil* (2ª ed.).
37. **Cooper, H.:** *Didáctica de la historia en la educación infantil y primaria.*
38. **Cummins, J.:** *Lenguaje, poder y pedagogía.*
39. **Haydon, G.:** *Enseñar valores. Un nuevo enfoque.*
40. **Gross, J.:** *Necesidades educativas especiales en educación primaria.*
41. **Beane, J. A.:** *La integración del currículum* (2ª ed.).
42. **Defrance, B.:** *Disciplina en la escuela.*
43. **Siraj-Blatchford, J. (Comp.):** *Nuevas tecnologías para la educación infantil y primaria.*
44. **Peacock, A.:** *Alfabetización ecológica en educación primaria.*
45. **Abdelilah-Bauer, B.:** *El desafío del bilingüismo* (2ª ed.).
46. **Hargreaves, A. y Fink, D.:** *El liderazgo sostenible.*
47. **Lankshear, C. y Knobel, M.:** *Nuevos alfabetismos. Su práctica cotidiana y el aprendizaje en el aula* (2ª ed.).
48. **Arnot, M.:** *Coeducando para una ciudadanía en igualdad.*
49. **Jarman, R. y McClune, B.:** *El desarrollo del alfabetismo científico* (2ª ed.).
50. **Stobart, G.:** *Tiempos de pruebas. Los usos y abusos de la evaluación.*
51. **Sanuy, M.:** *La aventura de cantar.*
52. **Lockwood, M.:** *Promover el placer de leer en la Educación Primaria.*

— Colección *Proyectos curriculares*

Aitken, J. y Mills, G.: *Tecnología creativa* (6ª ed.).
Dadzie, S.: *Herramientas contra el racismo en las aulas.*
Suckling, A. y Temple, C.: *Herramientas contra el acoso escolar. Un enfoque integral.*
Barkley, E. F. y cols.: *Técnicas de aprendizaje colaborativo.*

Howard GARDNER, David Henry FELDMAN
y Mara KRECHEVSKY (Comps.)

El Proyecto Spectrum
La teoría de las inteligencias múltiples en Educación Infantil

Tomo II:

Actividades de aprendizaje

Por

Jie-Qi CHEN (Editora)
Emily ISBERG y Mara KRECHEVSKY (Colaboradoras)

Segunda edición

GOBIERNO
DE ESPAÑA
MINISTERIO
DE EDUCACIÓN

EDICIONES MORATA, S. L.

Título original de la obra:
Project Zero Frameworks for Early Childhood Education
Volume 2: Project Spectrum: Early Learning Activities

Published by Teachers College Press
1234 Amsterdam Avenue, New York, NY 10027
Copyright © 1998 by The President and Fellows of Harvard College
All rights reserved

Primera edición: 2001
Segunda edición: 2012 (reimpresión)

© EDICIONES MORATA, S. L. (2012)

Coeditan:

MINISTERIO DE EDUCACIÓN
Secretaría de Estado de Educación y Formación Profesional
Instituto de Formación del Profesorado, Investigación e Innovación Educativa
Secretaría General Técnica
Catálogo de publicaciones del Ministerio: educación.es
Catálogo general de publicaciones oficiales: 060.es

Y

EDICIONES MORATA, S. L.
Mejía Lequerica, 12. 28004 Madrid
www.edmorata.es-morata@edmorata.es

Derechos reservados
Depósito legal: M-3315-2012
ISBN: 978-84-7112-457-9
NIPO: 176-01-079-6

Compuesto por: Ángel Gallardo Serv. Gráficos, S.L.
Printed in Spain - Impreso en España
Imprime: Closas-Orcoyen, S. L. Paracuellos de Jarama (Madrid)
Cuadro de la cubierta: *Niños con perros de presa* (1786-1787), por Francisco de Goya.
Reproducido con permiso del Museo del Prado.

Contenido

Agradecimientos

Por Jie-Qi CHEN

Este libro es el producto de 9 años de investigación, realizada por los miembros del Proyecto Spectrum desde 1984 hasta 1993. Mis colegas y yo agradecemos a la *Spencer Foundation*, la *William T. Grant Foundation* y el *Rockefeller Brothers Fund* la financiación de este trabajo.

Son muchas las personas que merecen nuestro aprecio y agradecimiento por el papel que han desempeñado ayudando a desarrollar, configurar y perfeccionar este manual de orientaciones. Quisiera manifestar mi agradecimiento a todo el personal de Spectrum cuyas investigaciones sobre el desarrollo cognitivo infantil han sentado las bases de *El Proyecto Spectrum: Actividades de aprendizaje en la educación infantil*. También quiero dar las gracias a los investigadores que han redactado las guías temáticas: Roger DEMPSEY, Miriam RAIDER-ROTH, Winnifred O'TOOLE y Julie VIENS. Estas personas de Spectrum no sólo han asumido la responsabilidad del borrador y la redacción de las guías o apartados correspondientes, sino que también han colaborado entre ellas aportando ideas y haciendo valiosos comentarios sobre las actividades.

Algunas de las tareas aquí presentadas se basan en las actividades de evaluación de la educación infantil del Proyecto Spectrum que elaboraron o inspiraron Lyle DAVIDSON, Tom HATCH, Laurie LIEBOWITZ, Ulla MALKUS, Valerie RAMOS-FORD, Larry SCRIPP, Janet STORK, Joseph WALTERS, Carey WEXLER-SHERMAN y Dennis PALMER WOLF. Agradezco mucho sus contribuciones, así como las de sus colaboradores y asesores. También merecen mi agradecimiento las demás personas que hicieron aportaciones directas a este libro, como Corinne GREENE, que dio la idea de las actividades para casa, redactó la mitad de ellas y elaboró el borrador de la lista de problemas y remedios previstos de los centros de aprendizaje; Miriam RAIDER-ROTH, que redactó el resto de las actividades para realizar en casa y las minilecciones sobre la gestión de los centros de aprendizaje, y los autores u originadores de cada una de las actividades: Connie HENRY (Matemáticas); Emily ISBERG (Mecánica y Construcción, Ciencias Naturales, Comprensión social); Tammy KEROUAC (Mecánica y Construcción); Ilyse ROBBINS (Artes Visuales), y Tammy MULLIGAN, que ofreció muchas ideas que enriquecieron las guías de Comprensión Social, Ciencias Naturales y Mecánica y Construcción.

Además, Andrea BOSCH, Jill CHRISTIANSEN, Jim GRAY, Elise MILLER e Ilyse ROBBINS MOHR ayudaron durante las primeras fases del proyecto, observando y criticando la implementación de las actividades de Spectrum en clase. Ann BENJAMIN y Lyn FOSOLI comentaron y criticaron las versiones iniciales de cada guía. Janet STORK, Deborah FREEMAN, Tammy MULLIGAN y Julia SNYDER también hicieron valiosas sugerencias. Ann BENJAMIN aportó ideas y orientaciones para recopilar la lista de recursos de enseñanza para los maestros; Nancy JO CARDILLO, Meredith EPPEL, Kimberly JOHNS, Cindy KIRBY, Vanessa TRIEN, Ed WARBURTON y otros propusieron títulos. Aprecio sinceramente todas estas colaboraciones.

Tengo también que agradecer efusivamente la actuación de las maestras Mary Ann DeANGELIS, Pam HOLMES, Jean McDONAGH y Marie KROPIWNICKI, de la escuela pública de Somerville, que realizaron las pruebas de campo de las actividades de Spectrum y nos facilitaron sus sinceras y valiosas críticas; a John DAVIS y Wayne LaGUE, ex-inspector de escuelas y ex-director del currículum de Somerville, que apoyaron generosamente la investigación de Spectrum en su distrito, y a los alumnos y alumnas de primer grado de Somerville, que participaron en el Proyecto Spectrum y probaron con entusiasmo nuestras actividades.

Debo el máximo agradecimiento a Shirley VEENEMA, que transformó el manuscrito en el magnífico libro que tiene Vd. entre sus manos, creó un diseño útil y, al mismo tiempo, agradable y revisó cuidadosamente las páginas durante todo el proceso de producción. Roger DEMPSEY, del Proyecto Spectrum, y Andy WINTHER, de la *University Publisher's Office*, realizaron las irresistibles ilustraciones —Roger, a mano, y Andy, por ordenador. Kathy CANNON aportó las que aparecen al principio de cada guía, así como varios dibujos de la guía de Artes Visuales. Karen CHALFEN es responsable del minucioso y completo trabajo de revisión de pruebas.

Tengo que dar las más cálidas gracias a las dos directoras adjuntas, Mara KRECHEVSKY y Emily ISBERG. Estoy agradecidísima a Mara, directora del Proyecto Spectrum, por sus sabios consejos, su apoyo permanente y su estímulo durante todo el proceso. Su liderazgo fue esencial para el éxito del mismo, desde sus ideas para su planificación, hasta su eficaz supervisión de los estudios de campo y sus perspicaces sugerencias y comentarios sobre la totalidad del manuscrito.

Estoy en deuda con Emily por su insuperable destreza para coordinar la fase final del libro y su dedicación a la calidad del proyecto. Ella se encargó de revisar todos los apartados del texto, desde la introducción a las listas de recursos de enseñanza, con mente crítica y gran perspicacia. Sus correcciones, preguntas, sugerencias y revisión de la redacción contribuyeron a formar un todo coherente con el conjunto de las guías.

Por último, quiero expresar mi gratitud a los investigadores principales del Proyecto Spectrum: David FELDMAN y Howard GARDNER, por su inspiración intelectual, orientación y apoyo. Sus ideas dirigen todos los aspectos de este libro.

Jie-Qi CHEN
Cambridge (Massachusetts)

Visión general del Proyecto Spectrum

Por Jie-Qi CHEN, Emily ISBERG y Mara KRECHEVSKY

Una ojeada a Spectrum

A los tres meses de entrar en primer grado[*], la maestra de Donnie[1] ya había renunciado a encontrar alguna forma de llegar hasta él. No era capaz de reconocer las letras, resolver problemas sencillos de adición ni realizar actividades con soltura. Aunque pasara gran parte del día recibiendo ayuda para su recuperación, su maestra preveía que tendría que repetir el curso.

Su compañero Charlie también se desenvolvía mal en todas las áreas. Además, se aburría. Cuando se enfrentaba a una tarea, se quedaba con la mirada en blanco ante el papel, recostado sobre el respaldo de la silla y acababa haciendo travesuras.

Por otra parte, al principio del curso, Linda parecía una auténtica promesa, progresando de forma competente en la unidad dedicada a la adición, pero, cuando se inició la resta, parecía perdida, luchando denodadamente con sus fichas de trabajo, llenas de errores.

Donnie, Charlie y Linda asistían a una escuela elemental pública de una comunidad de clase trabajadora del área metropolitana de Boston. De acuerdo con la mayoría de las medidas tradicionales, los tres estaban fracasando en la escuela. Tampoco estaban solos. Aproximadamente, una cuarta parte de los alumnos del sistema escolar público de la ciudad hablaba el inglés como segunda lengua y 8 de las 10 escuelas elementales recibían fondos federales para ofrecer servicios especiales, de acuerdo con el programa del *Chapter 1*[**]. Muchos niños comenzaban su escolaridad sin las destrezas necesarias para tener éxito con un currículum que destacaba la importancia de la lectura, la escritura y las matemáticas.

Sin embargo, es posible que tuvieran cualidades destacadas en otras áreas, como música, movimiento o artes visuales, que también son tareas intelectuales y se consideran valiosas en el mundo del trabajo. ¿Qué ocurriría si se evaluara a estos niños utilizando medidas diferentes, diseñadas para tantear unas capacidades que, por regla general, no se ejercitan en la escuela ni se examinan con los tests de papel y lápiz?

Durante el curso escolar 1989-1990, Donnie, Charlie, Linda y sus compañeros contribuyeron a realizar las pruebas de campo de diversas actividades de evaluación para el Proyecto Spectrum, un trabajo de investigación y desarrollo codirigido por David FELDMAN, de la *Tufts University*, y Howard GARDNER, del *Harvard Project Zero*, en colaboración con las escuelas públicas de Somerville (Massachusetts). El objetivo consistía en determinar si podían detectarse determinadas capacidades destacadas en una población de primer grado "en situación de riesgo" y, en tal caso, si el hecho de fomentar su desarrollo podría ayudar a los niños a mejorar el rendimiento académico. Esto es lo que ocurrió.

Donnie demostró que era más capaz que cualquiera de sus compañeros para desmontar y volver a montar una trituradora de carne. También desmontó una bomba de aceite, una hazaña que pocos niños de su clase pudieron realizar. Su maestra estaba tan asombrada por su capacidad y su concentración en la

---

[*] Véanse las Tablas de los sistemas educativos de Estados Unidos y España en las páginas 259 y 260 de esta obra. *(N. del E.)*

[1] Los nombres de los alumnos de Spectrum se han cambiado para proteger su intimidad.

[**] *Chapter 1* forma parte de la legislación nacional aprobada por el Congreso de los Estados Unidos. Otorga a los sistemas escolares dinero suplementario, de los fondos del gobierno federal, para programas específicos dedicados a mejorar el rendimiento académico de los estudiantes pobres y especialmente de los pertenecientes a minorías. Existen programas especiales para enseñanza de la lectura en clases reducidas para lograr que los niños pobres de grupos minoritarios no fracasen una y otra vez. Gran parte de este dinero se destina a distritos escolares urbanos con una elevada concentración de este tipo de alumnado. *(N. del E.)*

tarea que pasó las tres noches siguientes diseñando un área de montaje para introducirla en su clase. También nombró a Donnie "experto de reparaciones", permitiéndole así que, por primera vez, experimentara una sensación de éxito y de valía personal en la escuela.

Charlie se manifestó como un magnífico narrador cuando se le pidió que creara un cuento utilizando un "panel de narraciones", un tablero forrado de fieltro, equipado con figuritas de juguete y otros complementos. Aunque, en general, las escuelas valoran las habilidades lingüísticas, suelen destacar la expresión escrita, por lo que las habilidades orales de Charlie habían pasado desapercibidas. Para aprovechar esta capacidad destacada, la maestra de Charlie pidió, a él y a sus compañeros, que hicieran sus propios paneles de narraciones, un proyecto que cautivó al alumno, habitualmente desinteresado por todo.

Linda vivió un momento de lucidez mientras actuaba con el Juego del Autobús. En este juego, diseñado por los investigadores de Spectrum, los niños deben llevar la cuenta de los viajeros de cartón piedra que suben y bajan del autobús mientras éste hace su recorrido alrededor de un tablero de juego. Utilizando unas cuentas que simbolizaran a los viajeros que subían al autobús y bajaban de él, de repente, Linda señaló: "¿Es esto una resta?" Sus fichas de trabajo sobre la sustracción mejoraron de inmediato, poniendo de manifiesto que "lo había cogido".

Estas experiencias nos convencieron de que el enfoque de Spectrum no sólo podía utilizarse para descubrir las capacidades destacadas de los niños, sino también para interesarlos por el currículum escolar. En todo caso, la maestra utilizó sus nuevas ideas sobre las capacidades destacadas e intereses de los niños para modificar sus planes de clase de manera que satisficieran de forma más completa las necesidades de los alumnos. Para Donnie, eso suponía añadir al aula un nuevo centro de aprendizaje; para Charlie, la inclusión de un elemento oral en los proyectos de lenguaje, y para Linda, la ilustración de los conceptos matemáticos clave con más elementos manipulativos. Presumiblemente, los compañeros de clase con intereses y estilos de aprendizaje similares también se beneficiarían de la ampliación del repertorio de la maestra.

Los primeros años

El Proyecto Spectrum se fundó en 1984 con el fin de elaborar un enfoque innovador de la evaluación y del currículum para la escuela infantil y los primeros cursos de primaria. El trabajo se basaba en la convicción de que cada niño muestra un perfil característico de capacidades diferentes o un espectro de inteligencias. La fuerza de estas inteligencias no es inmutable, sino que puede reforzarse gracias a las oportunidades que ofrezca la educación y a un medio rico en materiales y actividades estimulantes. Una vez identificadas las áreas en las que destaque un niño, los maestros pueden utilizar la información para diseñar un programa educativo individualizado.

El enfoque nació del trabajo teórico de David FELDMAN y de Howard GARDNER. En su libro: *Frames of Mind: The Theory of Multiple Intelligences*, de 1983, GARDNER se oponía a la idea psicológica tradicional de la inteligencia como una capacidad única. Propuso que todos los individuos poseen, al menos, siete inteligencias independientes: lingüística, lógico-matemática, musical, espacial, corporal-cinestésica, interpersonal e intrapersonal, cada una con su propio sistema simbólico y métodos de resolución de problemas.

La teoría del desarrollo no universal de FELDMAN, presentada en su libro: *Beyond Universals in Cognitive Development*, de 1980, se oponía a la idea de que el desarrollo intelectual sea prácticamente inevitable, de manera que se produzca en todos los niños, con independencia de su origen y experiencia. Proponía, en cambio, que las estructuras cognitivas deben construirse de forma gradual e independiente en cada dominio, proceso que requiere un trabajo constante y unas condiciones ambientales favorables.

Durante los cuatro primeros años, el objetivo del proyecto consistió en elaborar un nuevo medio de evaluar las capacidades cognitivas de los niños de educación infantil. Con el apoyo de la *Spencer Foundation*, nuestro equipo de investigación de Spectrum preparó una serie de actividades (entre las que estaban los ejercicios de desmontaje y montaje, del panel de relatos y del Juego del Autobús a los que nos referimos antes) que puede utilizarse para evaluar a los niños mientras juegan y realizan diversas tareas, usando unas herramientas y materiales adecuados para la disciplina. Estas actividades no requieren la utilización de la palabra escrita. Por tanto, inciden directamente en un conjunto más amplio de capacidades cognitivas y estilísticas que el contemplado por los instrumentos tradicionales de evaluación. Las actividades se describen en el Tomo III de *El Proyecto Spectrum* titulado *Manual de evaluación para la educación infantil*.

En el quinto año, el Proyecto Spectrum recibió el apoyo de la *William T. Grant Foundation* para examinar si estas técnicas de evaluación eran adecuadas para niños mayorcitos (del segundo ciclo de educación infantil y de primer grado) que estuviesen en situación de riesgo de fracaso escolar. Se identificó a los alumnos en situación de riesgo basándose en las observaciones de la conducta en el aula y de la actuación efectuadas por los maestros, así como en las puntuaciones obtenidas por ellos en una batería de tests estandarizados de lectura, aritmética y de actitud. Nuestro equipo de investigación trabajó con las dos clases de Donnie, Charlie y Linda en Somerville (Massachusetts) para elaborar una batería racionalizada y adecuada a la edad de actividades de evaluación de Spectrum. Tras realizar una serie de evaluaciones formales con este instrumento, comprobamos que, en efecto, era posible descubrir las capacidades destacadas de los niños en relación con el grupo estudiado.

En 1990, el Proyecto Spectrum recibió una ayuda de la *Grant Foundation* para trabajar con cuatro clases de distintas escuelas de la misma comunidad. El objetivo del *Learning Center Project* consistía en descubrir si el enfoque Spectrum podía utilizarse en el contexto de la escuela pública para promover el rendimiento académico y la adaptación de los niños a la escuela. Utilizando como punto de partida las actividades de evaluación, recogimos y elaboramos tareas de aprendizaje de cada una de las ocho disciplinas: lenguaje, matemáticas, movimiento, música, ciencias naturales, mecánica y construcción, comprensión social y artes visuales. Además de revelar las capacidades más destacadas de los niños, las actividades estaban diseñadas para iniciarles en las herramientas y destrezas básicas de la disciplina o dominio que representaran (p. ej., discriminación de tonos en música, destrezas de observación en ciencias naturales). Las actividades, revisadas de acuerdo con las informaciones proporcionadas por los maestros, se presentan aquí agrupadas en ocho guías particulares, una por cada uno de los dominios señalados.

Durante este proyecto, las actividades se desarrollaron en los centros de aprendizaje —áreas diferenciadas, como el rincón del naturalista o el área de carpintería—, en donde los niños podían utilizar materiales estimulantes para realizar los trabajos especificados o explorar el dominio de forma independiente. Las maestras activaron uno o más centros de aprendizaje durante dos horas, al menos, dos veces por semana y durante todo el curso. Mientras trabajaban sus alumnos, los observaban minuciosamente, tomaban notas y, con el apoyo de los investigadores de Spectrum, intentaban adaptar su currículum a las capacidades destacadas e intereses de los niños.

Al final del programa, habíamos identificado las áreas en las que destacaban 13 de los 15 alumnos a los que se consideraba en situación de riesgo de fracaso escolar, basándonos en la competencia y el interés demostrados por ellos en las tareas de los centros de aprendizaje. Aunque un curso era un período demasiado corto para provocar cambios académicos duraderos, comprobamos que los niños disfrutaban con sus experiencias en Spectrum y estaban muy motivados para participar. Cuando trabajábamos en las áreas en las que destacaban, estos niños mostraban un entusiasmo, una confianza en sí mismos y un espíritu cooperativo que sus profesoras no habían visto anteriormente.

Las maestras hicieron hincapié en la ventaja que suponía descubrir más aspectos de las capacidades destacadas de sus alumnos. Armadas con informaciones cada vez más positivas sobre los niños en situación de mayor riesgo, las maestras tenían más facilidad para involucrarlos en el programa académico. Cada profesora desarrolló sus propias formas creativas de tender puentes entre las áreas en las que más destacaban los niños y otros aspectos del aprendizaje.

En otros trabajos, hemos extendido Spectrum más allá de las paredes de la escuela. Con el apoyo del *Rockefeller Brothers Fund*, colaboramos con un museo y una escuela infantiles para elaborar juegos de unidades para el aula y elementos interactivos de museo que se reforzaran mutuamente, aprovechando las características propias de ambos ambientes de aprendizaje. Establecimos también un programa de tutoría que diera ocasión a los alumnos para trabajar con adultos que compartieran con ellos algún área de valor o interés intelectual. Diez tutores —guardas de parques, planificadores urbanos, un músico y un poeta— visitaron la clase una vez a la semana durante el curso académico, realizando actividades de intervención directa preparadas con el apoyo de los investigadores de Spectrum.

Durante sus 9 años de historia, el Proyecto Spectrum ha demostrado que tiene un amplio conjunto de aplicaciones. En consecuencia, creemos que no debe pensarse en Spectrum como si se tratara de un programa o conjunto de actividades concreto, sino como un enfoque basado en la teoría, que resalta la importancia de reconocer y promover las diversas capacidades cognitivas de los niños. Se ha utilizado este enfoque para contribuir a la realización de cambios importantes en la enseñanza de los maestros y en el aprendizaje de los niños.

El marco conceptual

El contexto de las actividades

Generalmente, cuando describimos nuestra investigación en seminarios de todo el país, los maestros nos piden que expongamos las actividades de los centros de aprendizaje. Al principio, éramos reacios a hacerlo, por miedo a que los profesionales se centraran en las actividades mismas y no en el marco de referencia en el que se encuadran, o a que esperaran un currículum completamente articulado, que nosotros no ofrecíamos. Las actividades no pretenden sustituir de ninguna manera un enfoque sistemático de las destrezas básicas ni otras facetas del currículum de la educación infantil o de primer grado. En cambio, Spectrum puede considerarse como un programa destinado a tender puentes: entre la curiosidad del alumno y el currículum escolar; entre las capacidades más destacadas del niño y las exigencias intelectuales de la escuela; entre las tareas de clase y el mundo exterior. Las actividades no son sino vehículos para ayudar a maestros y alumnos a atravesar esas vías.

Sin embargo, numerosas peticiones nos han convencido de que las actividades recopiladas en esta guía pueden ser útiles a algunos maestros como ejemplos de diferentes modos de contemplar a sus alumnos y ocuparse de sus necesidades. Esperamos que los maestros las utilicen como complemento de sus currícula, para extenderse a nuevos territorios que no suelan enseñar, o integrar la enseñanza con la evaluación. Las actividades pueden servir también de catalizadores, dando ideas que ayuden a los maestros a desarrollar sus propios proyectos o a descubrir formas de llegar a los niños que no responden a un enfoque más tradicional, centrado en el lenguaje. Animamos a los maestros a que adapten estas actividades a sus propias situaciones, estilos docentes y composición de clases.

Es importante destacar que, aunque algunas actividades descritas en esta guía fueron creadas por los investigadores de Spectrum (incluyendo los proyectos basados en las actividades originales de evaluación de educación infantil), otras se adaptaron de fuentes curriculares preexistentes. Hemos aprovechado a propósito actividades conocidas con la esperanza de que los maestros vean que no necesitan prescindir de sus clases y empezar de nuevo, sino que pueden tomar las prácticas habituales y añadir la perspectiva de Spectrum, que explicaremos con mayor detalle en las páginas siguientes. Esperamos poder mostrar formas de reorientar las actividades conocidas y bien probadas, de manera que los maestros lleguen a ver a sus alumnos de un modo diferente y éstos se entusiasmen y enorgullezcan más de su trabajo escolar.

Las actividades no deben considerarse de forma aislada, una a una, sino en el contexto de un marco de referencia que abarca cuatro etapas: 1) iniciar a los niños en un conjunto más amplio de áreas de aprendizaje; 2) descubrir las áreas en las que más destacan; 3) fomentar las capacidades destacadas descubiertas, y 4) tender puentes entre las aptitudes más destacadas de los alumnos y otras materias y actividades académicas.

Iniciar a los niños en un conjunto más amplio de áreas de aprendizaje

De acuerdo con la teoría de las inteligencias múltiples (teoría MI), todas las personas muestran esas inteligencias, pero difieren en el grado de desarrollo de cada una de ellas, presumiblemente tanto por razones hereditarias como ambientales. Las experiencias educativas ricas son esenciales para el desarrollo de la configuración particular de intereses y capacidades de cada persona. Los alumnos que tienen problemas con algunas materias académicas, como lectura o matemáticas, no tienen por qué mostrar insuficiencia en todas las áreas. Es posible que destaquen, como Donnie, si se les pide que monten un aparato o que vuelvan a cantar una canción que acaba de interpretar la maestra. El marco de referencia de Spectrum trata de ofrecer a estos niños las mismas oportunidades para demostrar sus capacidades más destacadas que las que se dan, de manera rutinaria, a los alumnos que se apoyan en sus inteligencias lingüística y lógico-matemática.

Es interesante señalar que ciertas inteligencias que deja de lado el currículum escolar, como la corporal-cinestésica, la espacial y la interpersonal, pueden ser muy valoradas en el mercado de trabajo. Los jugadores de béisbol y otros deportistas no son los únicos profesionales que utilizan las destrezas motrices para resolver problemas (y ganar dinero), sino también los trabajadores de talleres de montaje y los cirujanos, las actrices y los carpinteros, los mecánicos y los escultores, por nombrar tan sólo a unos pocos. Estas personas también necesitan unas destrezas espaciales muy desarrolladas, como los pilotos, los arquitectos y los ingenieros; y, aunque las destrezas interpersonales sean elementos clave en algunas carreras, como la enseñanza y la venta, la capacidad de comprender a los otros, cooperar y negociar con ellos y persuadirles es crítica para tener éxito en casi cualquier ocupación. Es evidente que un enfoque educativo que reconozca y cultive las distintas inteligencias no sólo beneficiará al niño, sino también a la sociedad en su conjunto.

Al iniciar a los niños en un amplio conjunto de áreas, Spectrum trata también de interesarles por las tareas del mundo real. Se ha utilizado el concepto de *estado final* para centrar la atención en las destrezas y capacidades necesarias para una actuación satisfactoria al desempeñar funciones adultas, sobre todo en el mundo del trabajo. Para desarrollar las destrezas del lenguaje oral, los niños pueden realizar una entrevista como si fueran periodistas de televisión; para desarrollar destrezas del lenguaje escrito, pueden escribir una carta o "publicar" sus poemas en un libro de clase. Entre las actividades de matemáticas pueden contarse las oportunidades de dar el cambio en una panadería ficticia o inventar formas diferentes de medir los ingredientes de las galletas. Así, los niños pueden relacionar las destrezas que aprenden en la escuela con las actividades que desarrollan o desean desarrollar en la vida diaria.

Durante el *Learning Center Project*, Spectrum inició sistemáticamente a los niños en los ocho dominios del saber antes mencionados: lenguaje, matemáticas, movimiento, música, ciencias naturales, mecánica y construcción, comprensión social y artes visuales. Estos ocho dominios se seleccionaron con el fin de traducir las siete inteligencias de GARDNER y los dominios evolutivos de FELDMAN a un formato adecuado para los niños pequeños. Las áreas de aprendizaje de Spectrum se ajustaron a los currícula escolares para facilitar a los maestros la incorporación de las actividades a sus planes de clase.

Los conceptos de *inteligencia* y *dominio* están íntimamente relacionados, pero son diferentes. La inteligencia es la capacidad de resolver problemas o crear productos valorados por una cultura o comunidad determinada. Es un potencial biológico que, en gran medida, está configurado por influencias culturales y educativas. Un dominio es un cuerpo de conocimientos dentro de una cultura, como las matemáticas, el arte, el baloncesto o la medicina. Es posible que el rendimiento en un dominio requiera más de una inteligencia; por ejemplo, los niños que tocan instrumentos hechos a mano durante una actividad de música han de utilizar sus inteligencias musicales y corporales-cinestésicas. Por la misma razón, una sola inteligencia puede desplegarse en muchos dominios. Por ejemplo, los niños pueden utilizar la inteligencia espacial para imaginarse cómo hay que mover un objeto utilizando una palanca (mecánica y construcción), así como para crear diseños de cuerda (artes visuales).

Los centros de aprendizaje se diseñaron para dar a todos los niños unas oportunidades *grosso modo* iguales para explorar todos los materiales disponibles en los ocho dominios. Para algunos alumnos, el hecho de trabajar directamente con estos materiales les daba ocasión de demostrar unos conocimientos que no se manifiestan a través de tareas de papel y lápiz, como la habilidad de "coger el tono" o de construir una torre elevada. Para otros niños, que quizá no tuvieran en casa rotuladores de colores ni bloques de construcción, los materiales les daban la oportunidad de descubrir nuevos campos de aprendizaje en los que quizá se mostraran profundamente curiosos o incluso destacaran.

Algunos maestros han señalado que sus escuelas no cuentan con fondos suficientes para adquirir los materiales sugeridos en esta guía. Estos maestros pueden adoptar un enfoque muy selectivo, centrándose en las actividades y materiales que "se ajusten a sus disponibilidades" y den a los niños la ocasión de explorar unos dominios que quizá no encuentren de otro modo. Les animamos a que soliciten a los padres que aporten materiales, desde calculadoras que ya no necesiten hasta recipientes de plástico, y a que busquen otras fuentes de suministros, como los centros de reciclado, los museos infantiles, las empresas locales y las tiendas baratas. Dicho esto, debemos subrayar que los materiales no son eficaces en sí mismos y de por sí; lo importante es la forma de ser utilizados por los maestros de manera que observen y adquieran una visión nueva de sus alumnos mientras están concentrados en su trabajo.

Otros maestros nos han preguntado respecto a las diferencias entre aulas basadas en el enfoque de Spectrum y otras que, por su calidad o por su punto de vista evolutivo, se adecuaban a los primeros años. Estos dos tipos de aulas comparten ciertas características, como la diversidad de materiales a mano, los distintos rincones o centros y el elemento de elección del alumno. Lo que distingue al aula Spectrum es la diversidad de dominios a disposición de los alumnos y su empleo sistemático para descubrir y apoyar las áreas en las que más destaquen y por las que más interesados estén los niños. Guiados por el marco de referencia de Spectrum, los maestros amplían constantemente su repertorio para llegar a un conjunto de aprendices cada vez más amplio y más diverso.

Descubrir los puntos fuertes de niños y niñas

Un niño está canturreando en clase constantemente. Una maestra piensa: "¡Es insoportable! ¿Por qué no puede centrarse Michael en su trabajo y dejar de molestar a los demás?" Otra piensa: "Parece que a Michael le interesa la música. Quizá pueda intentar crear un juego de contar con música o captar su atención empezando la clase con una canción". En vez de centrarse exclusivamente en los puntos débiles o deficiencias de su alumno, la segunda maestra intenta descubrir y fomentar las capacidades en las que Michael destaca, un elemento importante del enfoque de Spectrum. Creemos que todos los niños tienen determinados puntos fuertes, bien en relación con el contexto de la totalidad de la clase, bien con el de su perfil intelectual individual.

Los maestros pueden descubrir las áreas en las que destacan los niños tanto mediante evaluaciones formales como a través de observaciones informales como la señalada antes. Del mismo modo que el aprendizaje de los alumnos constituye un proceso continuo, también debe serlo la evaluación. Cuando la evaluación está incluida con naturalidad en el ambiente de aprendizaje, el maestro puede observar la actuación de los niños en diversas situaciones y momentos. Esas observaciones posibilitan disponer de muchas muestras de la capacidad del alumno, documentar la dinámica y la variación de sus actuaciones en un mismo dominio y en varios distintos, lo que dará como resultado un perfil intelectual más preciso.

El enfoque de Spectrum también combina la enseñanza y la evaluación. Los niños llegan a la escuela con distintas experiencias ambientales y educativas; cuando los maestros evalúan su capacidad para desarrollar una tarea concreta, también están evaluando su familiaridad con los materiales y su experiencia previa en el dominio. Por ejemplo, es menos probable que los niños que tengan poca experiencia con los materiales de expresión artística muestren una capacidad destacada en esta área. En consecuencia, cuando se inician en un dominio, necesitan tiempo para explorar y experimentar libremente con los materiales. Las actividades más estructuradas que aborden a continuación pueden servir tanto con fines de enseñanza como de evaluación; los alumnos adquieren mayor destreza en el uso de herramientas y materiales y los maestros pueden observarlos mientras trabajan de forma constante.

Muchos maestros obtienen información mediante observaciones informales, pero no siempre tienen claro qué deben buscar. En consecuencia, es fácil que sus observaciones sólo tengan una utilidad limitada para la planificación de las experiencias de aprendizaje. Spectrum sostiene que las observaciones son más informativas cuando se refieren a un dominio concreto. Por ejemplo, en vez de observar las destrezas motrices finas de un alumno, el maestro puede determinar si éstas difieren cuando el niño escribe y cuando construye una estructura. En vez de examinar si el niño juega o no con sus compañeros, el maestro puede seguir de cerca qué clase de función social asume éste (p. ej., líder, cuidador o amigo) cuando juega en grupo.

Para ayudar a los maestros en sus observaciones específicas de un dominio concreto, hemos desarrollado un conjunto de "capacidades clave" de cada dominio. Intentamos identificar las aptitudes cruciales para tener éxito en el dominio, como el razonamiento numérico y la resolución lógica de problemas en matemáticas o el control corporal y la sensibilidad al ritmo en el movimiento. Las capacidades clave, relacionadas al principio de cada guía de actividades, se establecieron de acuerdo con investigaciones empíricas, revisiones bibliográficas y consultas con los expertos en el campo correspondiente.

En el *Learning Center Project*, las maestras y los investigadores de Spectrum descubrieron las capacidades destacadas de los alumnos basándose en el interés y la competencia demostrados por ellos. El interés se evaluó de acuerdo con la frecuencia con la que un niño escogiera un determinado centro de aprendizaje y con el tiempo que permaneciera trabajando en él. La competencia se evaluó en relación con las capacidades clave. Estas capacidades clave eran lo bastante específicas para permitir a las maestras que examinaran el trabajo de los alumnos y determinaran su nivel de competencia en un dominio concreto. Utilizando estas listas como guías, las maestras podían tomar nota de sus observaciones informales mientras los niños trabajaban de forma independiente en los centros de aprendizaje, así como evaluar el trabajo realizado cuando se terminaban los proyectos o unidades.

Las capacidades clave también podían utilizarse en otros contextos, como al analizar o revisar las carpetas de los alumnos para los informes de éstos o las reuniones con los padres. Por ejemplo, en vez de decir: "Miren, Tom ha hecho grandes progresos en expresión artística durante este curso", la maestra podría evaluar y describir los trabajos de esta materia en la carpeta de Tom, de acuerdo con una serie de características artísticas, como el uso del color, la orientación espacial y las técnicas de representación (véase la lista de capacidades clave en la guía de Artes visuales).

Además de buscar en el proceso de evaluación las capacidades más destacadas de los niños, también examinamos sus "estilos de trabajo". La Tabla 1 presenta una lista de comprobación de estilos de trabajo elaborada por Spectrum para la observación de niños de educación infantil. Utilizamos la expresión *estilo de trabajo* para describir el modo de interactuar el alumno con los materiales de un área; por ejemplo, el niño puede manifestarse constante, confiado en sí mismo o distraerse con facilidad. El estilo de trabajo se refiere a la dimensión de proceso del trabajo del niño más que al producto del mismo.

Nuestra investigación ha indicado que los estilos de trabajo de los niños varían según la tarea: un alumno que destaque en ciencias naturales puede mostrar una paciencia sorprendente cuando realice experimentos, pero frustrarse con facilidad jugando al tejo. Analizar si la dificultad que tenga un alumno con una tarea determinada se basa en el estilo o en el contenido puede ayudar al maestro a individualizar la enseñanza. Por ejemplo, es posible que el docente descubra situaciones o dominios en los que el niño precise unas directrices muy específicas para actuar, tome la iniciativa y, por tanto, sea capaz de trabajar con una mínima supervisión, o se distraiga con facilidad y pueda beneficiarse de las actividades que se acaben rápidamente.

Tabla 1. Lista de comprobación de estilos de trabajo

Niño/a: _____   Observador/a: _____

Actividad: _____   Fecha: _____

Por favor, señale los estilos de trabajo que sean característicos durante su observación. Marque sólo cuando éste resulte evidente y sólo una opción de cada par. Incluya comentarios y anécdotas cuando sea posible y, en una frase, recoja la mejor descripción del modo de enfocar el niño o niña la actividad. Indique con un asterisco (*) cualquier estilo de trabajo que destaque en especial.

El niño o niña: Comentarios:

participa con facilidad en la actividad   _____

se muestra reacio/a a participar en la tarea   _____

se muestra confiado/a   _____

duda   _____

parece divertido/a   _____

está serio/a   _____

se centra en la tarea   _____

se distrae   _____

es constante   _____

se frustra con la actividad   _____

impulsivo/a   _____

reflexivo/a   _____

es lento/a   _____

es rápido/a   _____

charla   _____

está callado/a   _____

responde a las claves visuales—auditivas—cinestésicas   _____

planea lo que hace   _____

vuelca en la actividad sus capacidades personales   _____

le hace gracia el área de contenidos   _____

utiliza los materiales de forma original   _____

se enorgullece de sus logros   _____

es detallista, observador/a   _____

es curioso/a ante los materiales   _____

se preocupa por la respuesta "correcta"   _____

procura interactuar con la persona adulta   _____

Fomentar los puntos fuertes de niños y niñas

Una vez identificada un área en la que destaque el alumno, los maestros pueden proporcionar el apoyo necesario para reforzar y desarrollar esa capacidad. Muchos docentes comprometidos con la enseñanza adecuada desde el punto de vista evolutivo reconocen las diferencias individuales de sus alumnos y disponen sus clases de manera que, en la medida de lo posible, los niños aprendan a su propio ritmo. Estos maestros pueden introducir en su horario cotidiano tiempos dedicados a actividades optativas, de manera que los niños puedan seleccionar aquellas que se refieran a sus intereses. Pueden proponer tareas de carácter abierto (como redactar e ilustrar un cuento o crear una estructura con palillos de dientes) que puedan realizar de manera satisfactoria niños de capacidades diversas. Pueden poner a la disposición de éstos un conjunto de materiales, por ejemplo, colocando en el área de lectura libros de distinta dificultad para que escojan los que mejor se adapten a su destreza lectora.

El enfoque de Spectrum anima a los maestros a que avancen más, ayudándoles a adaptar su currículum a las capacidades más destacadas e intereses que descubran en sus clases. Por ejemplo, los niños no sólo pueden escoger materiales de entre los disponibles, sino que también pueden influir en los que estén a su disposición. Por ejemplo, si una niña demuestra un interés y una capacidad especial en el área de mecánica, su maestra puede intentar facilitarle más herramientas, máquinas o materiales de construcción que la estimulen a explorar más en esa área. Utilizando como guía las capacidades clave, la maestra podría también elaborar actividades y proyectos que fomentaran el desarrollo de determinadas capacidades, conocimientos y destrezas del niño.

El maestro o maestra puede probar otras estrategias que no sólo amplíen las destrezas del niño o niña, sino que también le aporten una sensación de éxito y reconocimiento. Una de estas estrategias consiste en invitarle a que actúe como líder del grupo en el área en la que destaque. El niño puede conducir a sus compañeros al centro o área de aprendizaje, hacerles una demostración de la actividad, actuar como persona a la que acudir, administrar los materiales y encargarse de la limpieza o ayudar a preparar al líder siguiente. Cuando el niño asume responsabilidades adicionales, practica las técnicas y recibe un refuerzo positivo, se promueve y se desarrolla el área en la que destaque.

También hay que comunicar a los padres la información sobre los puntos fuertes de sus hijos. Durante nuestra investigación, descubrimos las aptitudes de varios niños (en ciencias naturales, artes visuales, música y comprensión social) que ni sus maestras ni sus familias habían observado con anterioridad. Una vez al tanto de estas capacidades, los padres pueden proporcionar refuerzo positivo y enriquecimiento de las experiencias, como la oportunidad de cuidar un jardín, visitar un museo o, incluso quizá, recibir clases de música. También los maestros pueden sugerir a los padres actividades para realizar con sus hijos, incluyendo las tareas "para casa" que aparecen relacionadas al final de cada guía de este libro.

Conviene señalar que el fomento de los puntos fuertes de los niños no significa "encasillarlos" ni limitar su experiencia en otros campos. No hay que pensar que el alumno que demuestre estar dispuesto a ayudar tenga que estar prestando ayuda siempre; al niño que manifieste una destreza destacada en el lenguaje hay que animarle a que se arriesgue y experimente en áreas en las que no se encuentre tan cómodo. Un conjunto amplio de experiencias de aprendizaje ayuda a los niños a manifestar y desarrollar por completo sus posibilidades e intereses. Dentro de este marco, el reconocimiento y el refuerzo de los puntos fuertes de los niños les ayuda a desarrollar la confianza en sí mismos y la autoestima, así como a aumentar sus sentimientos positivos con respecto a la escuela.

Tender puentes entre los puntos fuertes de niños y niñas y otras materias y actividades académicas

La cuarta y última etapa del enfoque Spectrum supone utilizar las experiencias del niño en las áreas en las que destaque para conducirle hacia un conjunto más amplio de áreas de aprendizaje. Llamamos *tender puentes* a este proceso (véase también FEUERSTEIN, 1980). Reconocemos la importancia de dominar las destrezas básicas en los primeros cursos. El currículum, desde la escuela primaria hasta el final del bachillerato, se basa en el supuesto de que los alumnos dominan ciertas técnicas básicas y los que carecen de ellas experimentarán, con el paso de los años, cada vez más frustración y sentimientos de fracaso. No obstante, creemos que hay muchas maneras de enfocar el dominio de las destrezas básicas. Unos niños se beneficiarán de las estrategias a base de ejercicios y prácticas para superar los déficit de lectura o matemáticas. Otros quizá respondan mejor a una estrategia alternativa, como la de tender puentes, pensada para aumentar su deseo de dominar las destrezas básicas incluyéndolas en tareas que les resulten significativas e interesantes.

Pueden tenderse puentes de diversas formas: *a)* El niño descubre un área en la que destaca, disfruta explorándola y se siente bien consigo mismo. La experiencia del éxito le proporciona la autoconfianza necesaria para afrontar otros campos más problemáticos. *b)* El estilo concreto de aprendizaje correspondiente al área en la que destaca el alumno se utiliza como medio para interesarle por el área problemática. Por ejemplo, a un niño que se distingue en música le resultará más atractivo un juego numérico si empieza con música. *c)* El contenido del área en la que destaca se utiliza para interesarle por otros ámbitos, en especial los fundamentales para el éxito en la escuela. Por ejemplo, a un alumno con intereses y capacidades especiales en mecánica se le puede pedir que lea y escriba sobre máquinas. *d)* Se da por supuesto que algún componente estructural de un área en la que despunte el niño será relevante para su rendimiento en otra muy diferente. Por ejemplo, el que sea sensible al aspecto rítmico de la música podría responder a los aspectos rítmicos del lenguaje o el movimiento.

Creemos que las estrategias de tender puentes no sólo pueden orientarse a un alumno, sino al conjunto de la clase. Por ejemplo, en un aula puede haber varios niños interesados por los coches, los camiones y las herramientas, mientras que, en otra, puede haber diversos niños que aprendan mejor cuando intervenga el movimiento. En este último caso, el maestro puede animar a los alumnos a que representen las formas de las letras con sus cuerpos, con plastilina, con pintura; que interpreten los relatos y poemas que estén leyendo, o que utilicen el panel de relatos y otros elementos manipulativos para crear sus propias historias. El maestro puede basarse en los intereses de los niños para seleccionar relatos sobre deportistas o los deportes, para las tareas de lectura o poner estas historias a disposición de los niños en los tiempos dedicados a actividades optativas. En otras palabras, el maestro utiliza la visión que tenga de la clase concreta para acercarla al currículum habitual y mantenerla interesada por el mismo.

Los alumnos están motivados para aprender nuevas destrezas y no rehuyen un problema difícil si les parece interesante y significativo. Por ejemplo, un niño que quiera cultivar hortalizas puede estar motivado para leer las instrucciones del paquete de semillas o para medir la distancia entre los surcos. Sin embargo, los adultos deben desempeñar un papel activo en éste y en otros procesos de tender puentes. Nuestra experiencia y la de otros (COHEN, 1990) han demostrado que los materiales y los problemas interesantes invitan a los niños a participar, aunque no fomenten automáticamente en ellos el desarrollo de las destrezas necesarias. Tampoco los niños trasladan de forma automática sus capacidades más destacadas de un área de aprendizaje a otra. Los maestros deben mostrar cómo se utilizan las herramientas y los materiales, haciendo preguntas que ayuden a los niños a reflexionar sobre su trabajo, ofreciendo ayuda cuando éstos se desconcierten y utilizando otras técnicas pedagógicas que ayuden a los niños a hacerse con los conceptos y las técnicas que intervienen en las actividades o proyectos que imaginen. Es evidente que, para tender puentes, hacen falta más tiempo y más esfuerzo de los maestros, pero se compensan con la sensación de logro que producen, tanto para la persona adulta como para el niño.

Spectrum y el aula

Cómo están organizadas las guías de actividades

Como expliqué antes, este libro está compuesto por ocho guías individuales de actividades de las áreas de lenguaje, matemáticas, movimiento, música, ciencias naturales, mecánica y construcción, comprensión social y artes visuales. Se basa en las actividades que desarrollamos para un proyecto de investigación en el curso 1989-1990, dedicado a mejorar el rendimiento académico de alumnos de primer grado en situación de riesgo de una escuela pública del área metropolitana de Boston. No pretende proporcionar un currículum completo de un curso ni un estudio completo y profundo de los ocho dominios o campos de conocimiento, sino una muestra de los distintos tipos de actividades que pueden utilizar los maestros para descubrir y basarse en las áreas en las que destaquen sus alumnos.

Cada guía recoge entre 15 y 20 actividades, seleccionadas porque: *a)* reflejan un conjunto de inteligencias, *b)* destacan y ejercitan las capacidades clave de un determinado dominio, *c)* incluyen la resolución directa de problemas en un contexto significativo y *d)* proporcionan información que ayuda a los maestros a adaptar su currículum a cada niño.

En general, cada guía recoge una combinación de actividades de carácter libre y estructuradas. Algunas de estas últimas están relacionadas con las destrezas, es decir, pretenden desafiar a los niños con tareas que están un poco por encima de su nivel de habilidades del momento en un dominio determinado. Otras actividades estructuradas integran las diversas experiencias de aprendizaje de los niños en los objetivos del currículum de primero. Por ejemplo, se pide a los alumnos que describan su experiencia en un trabajo de montaje en forma de diario, de manera que practiquen sus conocimientos de redacción.

Las ocho guías se presentan con un formato similar. Hay una breve introducción al dominio y a las actividades, incluyendo sugerencias para una sesión de orientación y sobre los materiales que puedan utilizar los alumnos, tanto en una exploración libre como en las actividades. Describimos a continuación las capacidades clave, fundamentales para el éxito en el dominio de que se trate. En algunas guías se incluye una página que describe los materiales confeccionados especialmente para realizar las tareas de Spectrum, como el Juego del Autobús o la "TV". Siguen las actividades mismas.

En cada actividad, presentamos el objetivo, los componentes fundamentales (las capacidades clave que la estimulan), los materiales y los procedimientos paso a paso. A menudo, se incluyen notas para los maestros al final de la tarea, sugiriendo variaciones, modificaciones y ampliaciones. Las actividades están diseñadas para apoyar tanto la enseñanza como la evaluación. Mientras los niños trabajan, los maestros pueden utilizar las listas de componentes fundamentales como base para la observación y documentación de los intereses y capacidades infantiles en los distintos dominios. Para ayudar a los maestros a seguir el desarrollo de los alumnos, las actividades de cada dominio están organizadas de acuerdo con las capacidades clave en todas las guías excepto en la de ciencias naturales, que distingue los experimentos cortos de las tareas que se realizan en períodos de semanas o meses.

Para ayudar a los maestros a equilibrar el tamaño de los grupos de alumnos y la proporción de supervisión necesaria para implementar las actividades, las dividimos en cuatro categorías:

- Actividad de pequeño grupo dirigida por los niños: el maestro hace una breve exposición o demostración; a continuación, entre 4 y 6 niños realizan la tarea, cada uno por su cuenta o todos juntos.
- Actividad de pequeño grupo dirigida por el maestro: éste permanece con un pequeño grupo de niños para trabajar en el proyecto. El resto de la clase puede realizar trabajos para los que no necesiten ayuda.
- Actividad de gran grupo dirigida por los niños: el maestro presenta la tarea y después todos, o la mitad de los niños de la clase, la realizan, individual o cooperativamente. La presencia del maestro puede ser importante, aunque no necesaria, para realizar la tarea.
- Actividad de gran grupo dirigida por el maestro: éste vigila mientras todos los alumnos realizan la tarea. La presencia del maestro es crítica para que los alumnos realicen el trabajo.

Por último, al final de cada guía de actividades, presentamos varias "actividades para casa" que están diseñadas con el fin de involucrar a los padres en el proceso de descubrir y promover las áreas en las que destaquen sus hijos. En muchos casos, se corresponden con las tareas de clase, de manera que se refuercen y se practiquen las destrezas y conceptos tanto en la escuela como en casa. Las actividades para casa se presentan en un formato similar al de las desarrolladas en clase, destacando los objetivos de aprendizaje, así como los materiales y procedimientos necesarios. La mayor parte de los materiales pueden encontrarse en casa.

Diferentes formas de implementar el enfoque de Spectrum

Como el enfoque de Spectrum se basa en una teoría sobre las distintas formas de inteligencia y los diferentes modos de aprender de los niños, puede incluirse en diversas clases de prácticas docentes. Aunque optáramos por crear centros de aprendizaje en donde los alumnos pudieran explorar ciertos dominios concretos de conocimientos, hay otras muchas formas posibles de integrar en el currículum las ideas y actividades de Spectrum. En realidad, uno de los aspectos más interesantes del enfoque de Spectrum es que maestros y escuelas de todo el país lo han adaptado para satisfacer las necesidades características de sus comunidades.

Los maestros pueden acostumbrarse al enfoque de Spectrum "añadiendo" actividades suyas que enriquezcan y complementen su currículum. Si ven que los niños tienen dificultades para hacerse con un concepto determinado, pueden intentar presentar el concepto de diversas maneras, utilizando actividades que incluyan tareas de movimiento, expresión artística, música o de otros dominios. Mediante la observación cuidadosa de las respuestas de sus alumnos, pueden determinar los enfoques que sean más eficaces para un alumno concreto o para toda la clase.

También puede modificarse Spectrum para apoyar la enseñanza basada en temas. Ofrece un marco de referencia que ayuda a los maestros a abordar conscientemente diversas capacidades cuando organizan la unidad temática. Por ejemplo, la actividad: "¿Qué hace que crezca el pan?", de la guía de ciencias naturales, que recomendamos a la maestra Tammy Mulligan, de primer grado de la *Eliot-Pearson Children's School* [inspirada por el libro: *Messing Around with Baking Chemistry* ("Jugando con la química de la panadería"), de Bernie ZUBROWSKI], puede servir de punto de partida de una unidad sobre el pan. Los niños aprenden el método científico diseñando experimentos para comprobar diversas hipótesis sobre los ingredientes que hacen que el pan crezca. Cuando realizan experimentos, utilizan su cuerpo, practican las destrezas de lectura y de matemáticas implicadas en el seguimiento de instrucciones y en el registro de resultados, y desarrollan las aptitudes sociales necesarias para trabajar con otros. La comprensión social también aumenta cuando recopilan recetas familiares y aprenden sobre los tipos de pan que se consumen en las distintas culturas. Como proyecto culminante, podrían montar una panadería, elaborar carteles y otros elementos de decoración, establecer el precio de cada pieza y dar los cambios en las compras. Todas estas actividades ayudan a profundizar la comprensión de los niños acerca del proceso de elaboración del pan, proceso que ellos consideran significativo con respecto a su vida.

La actividad del Hospital, de la guía de Comprensión Social, también puede utilizarse para iniciar una unidad temática. Los maestros pueden ayudar a los niños a transformar el rincón de juego dramático o cualquier otra zona de la clase en un simulacro de habitación de hospital. Utilizando objetos facilitados por los padres, los niños pueden crear e interpretar historias sobre las visitas al hospital; examinar fonendoscopios, gasas y otros materiales de carácter médico, e inventar artilugios que faciliten a la persona postrada en cama el hecho de llamar a la enfermera o alcanzar un objeto. Pueden explorar los cometidos profesionales visitando un hospital y hablando con el personal o invitando a los padres y amigos que trabajen en hospitales a que visiten su clase. Pueden pensar en la sensación de estar en el hospital realizando actividades de movimiento creativo, visitando a los pacientes o escribiéndoles cartas. Pueden leer libros sobre los hospitales y crear a continuación sus propios relatos, dibujos, libros o canciones que reflejen lo que hayan aprendido.

Tenemos que hacer hincapié en que no todas las unidades temáticas tienen que ejercitar todas las inteligencias ni explorar los ocho dominios de conocimientos. Cada actividad debe servir para que los niños consigan una comprensión más profunda de la materia de que se trate o como un nuevo método de acceso a la misma. Si no se puede explorar con sentido un dominio en una unidad, el maestro puede tratar de incluirlo en la siguiente.

Para garantizar que, al menos en principio, se dedicara la misma proporción de tiempo a cada dominio, optamos por el enfoque del centro de aprendizaje. Los centros de aprendizaje constituyen también una forma eficiente de iniciar a los niños en los principios fundamentales de diversos dominios. Creemos que todos los dominios deben examinarse como cuerpos de conocimientos por derecho propio y no utilizarlos como simples vehículos para presentar una materia más compleja. En las clases Spectrum, los maestros establecen distintas áreas —mesas, mostradores, rincones— que sirven como centros de aprendizaje. Los maestros que no dispongan de espacio suficiente pueden guardar los materiales en cajas que se utilizarán individualmente o en grupos y se volverán a guardar al acabar.

Los maestros pueden usar otras formas de implementar el marco de referencia de Spectrum y nos gustaría conocerlas. Es posible, incluso, que haya maestros que deseen combinar los métodos mencionados antes. Por ejemplo, una maestra de nuestro proyecto utilizó los centros de aprendizaje para apoyar las unidades temáticas. Durante una unidad sobre astronomía, colocó en el centro del lenguaje paneles de relatos que pudieran utilizar los alumnos para contar historias sobre el espacio exterior y les animó a que se entrevistaran entre ellos sobre distintos temas relativos a la exploración espacial, una actividad adaptada de la guía: *Class Census in the Social Understanding*.

Funcionamiento del centro de aprendizaje

Aunque en muchas clases de educación infantil haya centros de aprendizaje, en algunas de primaria resultan extrañas. Los maestros de primaria que introduzcan por primera vez los centros de aprendizaje pueden verse abrumados por sus problemas de funcionamiento, desde el mantenimiento de la disciplina durante el trabajo independiente a la ayuda a los niños cuando pasan de una actividad a la siguiente y a la planificación de tantas actividades nuevas al mismo tiempo (véase la Tabla 2). En realidad, comprobamos que los problemas de funcionamiento consumían mucho tiempo y muchas energías al implementar por primera vez el enfoque Spectrum en las clases de primaria.

Para que el proceso de implementación sea más fácil, vamos a presentar algunas soluciones que los maestros e investigadores de Spectrum prepararon para hacer frente a los problemas que se encontraban con mayor frecuencia. Por favor, consideren éstas como "útiles indicaciones" y no como reglas. Aunque se orienten específicamente al control de los centros de aprendizaje, también pueden ser útiles en otras situaciones, como al presentar los proyectos cooperativos a niños que estén acostumbrados a trabajar individualmente.

Tabla 2. Problemas y remedios previsibles en los centros de aprendizaje

Problema:

Los niños son incapaces de trabajar bien sin vigilancia.

Remedios:

- Haga que los alumnos actúen con usted o con el líder antes de que prueben a realizar solos las actividades.
- Observe con toda atención a los alumnos líderes.
- Agrupe a los alumnos de manera que sus personalidades sean compatibles.
- Haga que toda la clase trabaje al mismo tiempo en actividades de Spectrum, de manera que usted pueda ir de una tarea a otra cuando los niños necesiten ayuda.
- Limite el número de actividades que puedan escoger los alumnos en un tiempo determinado.
- Deje muy claras las reglas y la conclusión.

Problema:

La planificación orientada a introducir una actividad nueva precisa demasiado tiempo.

Remedios:

- Haga que toda la clase trabaje en un dominio al mismo tiempo.
- Introduzca sólo una actividad a la vez.
- Mantenga abiertas varias actividades que sean "antiguas favoritas" que todos conozcan bien.
- Introduzca actividades cuyos materiales ya tenga usted a mano.

Problema:

La logística de la puesta en marcha de los centros de aprendizaje parece abrumadora.

Remedios:

- Introduzca los centros poco a poco, de manera que usted se sienta cómodo con uno antes de iniciar otro.
- Comience primero las actividades más sencillas.
- No trate de introducir demasiadas actividades nuevas al mismo tiempo.
- Límite el número de actividades disponibles a la vez.
- Asegúrese de que conoce bien la actividad antes de introducirla.
- Trabaje en equipo con otro maestro.

- **Período de orientación.** Antes de que los niños se sientan cómodos cuando trabajen de forma independiente, puede ser necesario un período formal de orientación, de varios meses. Durante este tiempo, los maestros pueden utilizar diversas reuniones de grupo para mostrar a los alumnos los materiales de cada uno de los centros de aprendizaje y para explicarles las ideas clave, los procedimientos y las reglas. Inmediatamente después de la reunión de grupo, los niños pueden examinar los materiales recién presentados. Las actividades de gran grupo dirigidas por el maestro son bastante adecuadas para el período de orientación, ya que los niños necesitan más consejos en este tiempo que después.

    El período de orientación cumple tres finalidades. *En primer lugar*, acostumbra a los niños a los procedimientos de selección y realización de las actividades en los centros de aprendizaje. *En segundo lugar*, les ofrece una primera oportunidad de examinar todos los dominios, principalmente los que les interesen de modo más especial. *Por último*, permite a los maestros hacerse una idea inicial de los puntos fuertes y los intereses de los niños.

- **Implementación de las actividades.** Tras el período de orientación, los maestros pueden dirigir sus centros de aprendizaje de diversas maneras, dependiendo de la estructura de la clase. En las clases de Spectrum, los maestros y maestras abrían dos de los cuatro centros, al menos, dos veces por semana y durante 2 horas cada vez. Además, los centros de aprendizaje pueden estar a disposición de los alumnos que acaben pronto sus tareas, o bien en los tiempos de actividades optativas, los recreos, antes y después de la jornada escolar normal.

  Los maestros pueden dirigir los centros de aprendizaje ayudando a los niños a que examinen diferentes aspectos de la unidad que estén estudiando en ese momento u ofrecerles materiales que no tengan nada que ver con lo tratado durante la jornada. Pueden iniciar una nueva actividad para toda la clase o para un pequeño grupo de alumnos, mientras el resto de aula trabaja en actividades presentadas durante el período de orientación. Por último, los maestros pueden invitar a especialistas o a los padres de los alumnos para que vayan al aula con el fin de supervisar ciertos centros de aprendizaje, como el de expresión artística o el de música.

  Durante el período de orientación, los maestros pueden asignar a los niños a ciertos centros. A medida que los niños adquieran más experiencia, los maestros pueden ir dando más oportunidades para que escojan por su cuenta un área o actividad. El objetivo consiste en garantizar que todos los niños tengan ocasión de examinar la totalidad de los dominios. Cuando se acostumbren a trabajar de forma independiente, los maestros tendrán más oportunidad de trasladarse de un centro a otro para observar y trabajar con determinados alumnos o pequeños grupos.

- **Diseño del aula.** Si es posible disponer algunas zonas del aula como centros de aprendizaje dedicados a actividades específicas de ciertos dominios, cada centro puede contar con una superficie de trabajo, otra de exposición y una destinada a almacén de materiales. También puede asignarse a estos centros un código de colores que ayude a los niños a identificarlos y a relacionar los materiales con el núcleo en cuestión.

  En cuanto a la disposición de la clase, conviene situar los centros de ciencias naturales y de expresión artística cerca de una pileta que facilite su limpieza. El centro de lenguaje y el social pueden ponerse juntos porque comparten los materiales, igual que el de movimiento y el de música, que utilizan grabaciones musicales e instrumentos. Si hay espacio suficiente, estos centros de aprendizaje de música y de movimiento pueden alejarse de los demás para reducir el nivel sonoro.

- **Establecimiento de reglas.** Aunque los objetivos últimos de la clase sean la decisión y la autogestión del niño, éstos pueden lograrse con más facilidad si los maestros facilitan una estructura inicial, unas directrices claras y un conjunto de reglas para utilizar los centros de aprendizaje. Durante el período de orientación, los maestros pueden desarrollar con los niños torbellinos de ideas para elaborar las reglas de cada centro. Al establecerlas, los maestros pueden decirles que las reglas existen para ayudarles a jugar o trabajar y que, si se observa que una no funciona, puede cambiarse.

  En general, las reglas tienen que ver con las cuestiones de seguridad, utilización común de los materiales, establecer turnos, limitar el número de participantes, la limpieza y la reducción del nivel sonoro. Las normas específicas de cada centro pueden estar escritas o pintadas en paneles y expuestas en lugar visible. Por ejemplo, un cartel con *Oscar the Grouch* ("Óscar el Cascarrabias") situado en una papelera puede servir de ilustración de la regla sobre limpiar las cosas antes de irse del centro.

- **Minilecciones.** Organizar, dirigir y apoyar a 20 ó más niños que estén realizando actividades de varios dominios diferentes puede ser una tarea monumental para un maestro. En consecuencia, es mejor ocuparse de las cuestiones de funcionamiento cuando vayan surgiendo durante los primeros meses de clase. Las minilecciones, como las describe Lucy CALKINS en *The Art of Teaching Writing* ("Didáctica de la escritura en la escuela primaria y secundaria") * (1986), constituyen un modo de tratar los problemas de funcionamiento con los niños.

  Las minilecciones suelen consistir en conversaciones o demostraciones cortas, de entre 5 y 10 minutos, sobre temas específicos relacionados con el uso del centro de aprendizaje. Estos diálogos pueden ayudar a los niños a revisar las reglas y procedimientos, así como a comprender su papel en el proceso de aprendizaje. Los maestros pueden dar a los niños una sensación de participación y de responsabilidad haciéndoles preguntas como: ¿Cómo sabes que has terminado una actividad? ¿Qué haces cuando has acabado? ¿Cómo se ayudan los miembros del equipo durante el tiempo de centro de aprendizaje? La Tabla 3 muestra ejemplos de minilecciones.

---

* En la bibliografía del final de cada capítulo hemos incluido los datos de las ediciones existentes en español. Si las obras citadas dentro del texto no aparecen en la bibliografía, incluimos la traducción dentro del texto. *(N. del E.)*

Tabla 3. Minilecciones

¿Cómo sabes que has acabado una actividad?

Objetivo: ayudar a los niños a reflexionar sobre su trabajo y comprender qué significa haber terminado una tarea. Para algunos niños, la terminación parece una cuestión fundamental. Trate de suscitar claves específicas que indiquen qué productos están "terminados".

Además de dialogar sobre las cuestiones anteriores, prepare a los alumnos durante el tiempo de actividad repitiéndoles las reglas y los objetivos de las tareas en las que estén participando. Haga también varias demostraciones de las actividades antes de que los niños empiecen a trabajar por su cuenta. Por último, haga que los alumnos escriban o dibujen en diarios cuando crean que la tarea esté terminada o que indiquen lo que quieran hacer a continuación en el centro.

Preguntas sugeridas:

1. Si estás actuando en un juego, ¿cuándo se termina?
2. Si estás haciendo algo, ¿cuándo has acabado tu trabajo?
3. ¿Qué claves te dicen que has finalizado?
4. ¿Qué sensaciones tienes cuando has terminado algo?
5. ¿Qué haces si no estás seguro de haber acabado?

¿Qué haces cuando has acabado?

Objetivo: ayudar a los niños a verbalizar lo que deben hacer cuando hayan terminado una actividad. Esta minilección puede darse inmediatamente después de la anterior o al día siguiente.

Preguntas sugeridas:

1. ¿Qué tienes que hacer en cuanto acabes una actividad? (¡Limpiar! Anime a los niños a decir las reglas de limpieza.)
2. ¿Qué haces a continuación? (Los niños deben citar todas las actividades que puedan emprender. Se indican algunas posibilidades.)

   - Escribe en tu diario sobre la actividad. (¿Qué ha sido lo más divertido? ¿Qué has aprendido?)
   - Dibuja un cuadro de lo que has realizado.
   - Habla sobre lo que has hecho ante un magnetófono. Cuenta lo que te haya parecido más divertido y lo que hayas aprendido.
   - Lee un libro relacionado con el tema de la actividad.
   - Ayuda a otro niño.
   - Escoge una tarea para casa.
   - Planea lo que quieres hacer la próxima vez.

Tabla 3. Continuación

¿Cómo podemos ayudarnos unos a otros?

Objetivo: demostrar a los niños cómo pueden ayudarse mutuamente y fomentar su independencia. Vd. puede plantear un problema como éste: "Un amigo y tú estáis haciendo juntos una actividad. Tú crees que sabes exactamente qué hay que hacer, pero a tu colaborador le cuesta hacerse una idea de ello. ¿Cómo puedes ayudarle?"

Trate de suscitar muchas respuestas y refuerce las más constructivas. Observe qué niños piensan sugerencias rápidamente y bien: pueden ser buenos líderes de actividades.

Preguntas sugeridas:

1. ¿Cómo puedes ayudar a tu amigo? ¿Cuáles son las mejores formas de ayudarle?

2. ¿Qué puedes decirle a tu amigo para ayudarle a resolver su problema?

3. ¿Qué cosas no debes decirle? ¿Cuáles pueden dañar sus sentimientos?

4. A veces, puede parecerte que la forma más fácil de colaborar con tu amigo consiste en hacerle la actividad. ¿Por qué no siempre es ésta la mejor manera de ayudarle? (Esta pregunta pretende hacer comprender a los niños que pueden ser más útiles si enseñan al amigo a hacer él mismo la actividad.)

Reorientar las actividades

Objetivo: ayudar a los alumnos a organizar y estructurar sus actividades de acuerdo con los objetivos curriculares. Si están utilizando los materiales de manera que les distraigan de esos objetivos o usted no es capaz de observar las capacidades clave, quizá necesite ayudarles a reorientar los trabajos.

Para su exposición, escoja dos o tres actividades populares que quiera reorientar. Exponga una cada vez centrándose en algunas cuestiones clave. Aunque apoye su creatividad, ayude a los niños a comprender de qué modo deben utilizar los materiales para desarrollar o demostrar las capacidades clave.

Preguntas sugeridas:

1. ¿Alguien puede explicarme cómo estáis actuando en este juego?

2. ¿Cómo realizan este juego otras personas?

3. Esto es lo que quiero que hagáis la próxima vez que emprendáis este juego... (Aporte directrices claras. Quizá convenga que dos niños demuestren la actividad. Podrían convertirse en los líderes de clase para esa tarea o centro de aprendizaje, de manera que los compañeros les formularan las demás preguntas.)

- **Los líderes de la actividad y el aprendizaje cooperativo.** Los maestros pueden preparar a los niños para que actúen, por turno, como líderes de actividades. Como dijimos antes, la tarea del líder consiste en conducir a los alumnos durante la actividad; recordarles que firmen; responder a las preguntas de otros compañeros; ocuparse del reparto de los materiales y de la limpieza, y ayudar al siguiente líder a que se prepare para comportarse como tal. Este tipo de experiencia de liderazgo les ayuda a verse a sí mismos como individuos competentes y capaces en el entorno de la clase y puede impulsar la autoestima. Los maestros pueden dejar que los niños dirijan las actividades en las áreas en las que éstos destaquen o hacer que todos ellos desempeñen la función de líder por turno.

Además de preparar a los líderes de las distintas actividades, los maestros también pueden utilizar el enfoque de aprendizaje cooperativo durante el tiempo de centro de aprendizaje. Como explica Robert SLAVIN en: *Cooperative Learning: Theory, Research, and Practice* (1990), el aprendizaje cooperativo es una estrategia docente en la que los niños participan en actividades de aprendizaje de pequeño grupo que promueven una interacción positiva. Como el formato del centro de aprendizaje, así como muchas de las actividades que aparecen en esta guía, estimula a los alumnos a que trabajen en pequeños grupos hacia un objetivo común y a pedir a los demás (y no sólo al líder de la actividad) información, ayuda y estímulo, los centros de aprendizaje se adaptan muy bien a la clase cooperativa.

- **Tiempo de puesta en común.** Hemos comprobado el valor de incluir tiempo para reflexionar al final de las actividades de Spectrum. Esta reflexión puede ser un proceso individual en el que los niños dibujen una imagen, escriban una frase o dicten una entrada del diario sobre lo que hayan aprendido durante la actividad. Por su parte, ocasionalmente los maestros pueden dedicar entre 5 y 10 minutos a "puesta en común". No se trata sólo de mostrar y contar, sino de propiciar que los alumnos vean el trabajo de los demás, hagan preguntas sobre él, dialoguen y aporten nuevas ideas para proyectos que puedan realizar durante el tiempo de la actividad de Spectrum. También les ayuda a expresar claramente sus pensamientos y probar sus hipótesis e ideas frente a las del grupo.

  La primera vez que los niños participan en una puesta en común, los maestros pueden iniciar una breve conversación para establecer las reglas básicas. Conviene hablar de: *a)* cómo pueden formularse preguntas unos niños a otros que sean claras y constructivas; *b)* por qué es necesario escuchar mientras otros niños hablan, y *c)* cómo pueden expresar los alumnos sus opiniones sin dañar los sentimientos de los demás.

Documentar las capacidades más destacadas de los niños

La característica más distintiva del enfoque de Spectrum, con independencia de cómo se ponga en práctica, es la convicción de que cada niño posee una pauta única de capacidades cognitivas destacadas. El descubrimiento y la documentación de esos puntos fuertes de cada niño son, por tanto, críticas para un uso eficaz del enfoque. Como dije en el apartado "Identificar los puntos fuertes de niños y niñas", las capacidades clave, citadas al principio de cada guía, pueden ayudar a los maestros a hacer observaciones específicas sobre los intereses, capacidades y enfoque de los distintos tipos de tareas de los alumnos.

- **Observaciones del maestro.** Aunque el registro de estas observaciones pueda llevar bastante tiempo, animamos a los maestros a que elaboren un sistema de notación compatible con su práctica docente. La Tabla 4 presenta un formato de anotación de observaciones mientras los niños trabajan. Otra estrategia consiste en poner etiquetas autoadhesivas en una tablilla y escribir en cada una un comentario. Puede ponerse en cada etiqueta el nombre del dominio e incluirlos directamente en la carpeta de registro de cada niño. La grabación magnetofónica de las conversaciones y presentaciones, las fotografías de los trabajos de los alumnos e, incluso, la grabación en vídeo de la actuación de los niños, si los recursos lo permiten, son otros tantos métodos de documentación. Todos ellos pueden ser útiles para redactar el perfil del alumno, celebrar una entrevista con los padres o intentar preparar un "tratamiento" educativo adaptado al perfil intelectual del niño.

  Durante un semestre, los maestros deben tratar de observar a cada niño mientras trabaje en cada uno de los dominios. En *Proyecto Spectrum III: Manual de Evaluación para la Educación Infantil* puede encontrarse más información sobre el uso de las actividades para evaluar y documentar las capacidades infantiles. Aunque las actividades se orienten a evaluar a niños de educación infantil, pueden adaptarse para grupos de edades superiores si al maestro le parece que a un alumno concreto y en un dominio determinado le conviene una evaluación más formal.

- **Carpetas infantiles.** Las carpetas —colecciones de trabajos del niño recogidas con una determinada finalidad— ofrecen otro método de documentar los esfuerzos, capacidades destacadas, progreso y logros de los alumnos en una o más áreas. A diferencia de las evaluaciones estandarizadas, que se centran en la actuación de los niños en una única ocasión, las carpetas pueden recoger la evolución de las aptitudes de un alumno durante el año. En el libro: *Portfolio Practices: Thinking Through the Assessment of Children's Work* (1997), los investigadores del *Project Zero* Steve SEIDEL y Joseph WALTERS muestran que las carpetas pueden tomar su forma basándose en las propias investigaciones del alumno, como se manifiestan en los trabajos artísticos, los poemas, las entradas del diario, las hojas de recogida de datos, las estructuras de arcilla u otros productos, constituyendo, por tanto, un retrato revelador del niño en cuanto aprendiz. Las carpetas pueden utilizarse también para hacer que los niños participen en el proceso de selección y juicio de la calidad de su trabajo.

  En *The Working Sampling System* (1993), Samuel MEISELS recomienda coleccionar dos tipos de trabajos en las carpetas: elementos fundamentales y otros elementos. Los fundamentales son muestras de trabajo que hayan realizado todos los alumnos en distintas ocasiones y representen diferen-

Tabla 4. Hoja de observación en clase

Maestro/a: _____		Fecha: _____	
Niño/a	Fecha/Actividades	Dominio/Capacidades clave	Pruebas/Ejemplos

tes dominios. Estos elementos se recogen, al menos, tres veces al año y pueden constituir una base para hacer comparaciones de grupo sobre la calidad de la actuación, así como para seguir el progreso individual. Los otros elementos son dos o tres muestras de trabajo de uno o más dominios. Las muestras de cada niño pueden ser diferentes y dan oportunidad para hacer el seguimiento de las preferencias y capacidades idiosincrásicas que muestre cada alumno.

La mejora del rendimiento académico infantil

El descubrimiento y documentación de las áreas en las que destaque cada alumno tiene especial importancia para ayudar a los niños que luchan por seguir adelante en el terreno académico. Cuando éstos tienen oportunidades de examinar y participar en un conjunto amplio de áreas de aprendizaje, se ponen de relieve sus destrezas y áreas de competencia que, con frecuencia, pasan por alto los programas más tradicionales. El proceso de atraer la atención a las áreas en las que destacan los niños en situación de riesgo y la promoción de las mismas ofrece una alternativa prometedora frente a la caracterización, demasiado típica, de esta población como deficiente. Al tomar como base los puntos fuertes de los niños, se diversifica el contenido de la intervención y se proporciona a los maestros un medio alternativo para ayudarles a que desarrollen las destrezas básicas.

De hecho, uno de los objetivos a largo plazo del enfoque de Spectrum consiste en reducir la necesidad de los servicios especiales, como las "salidas del aula" normales, facilitando el necesario apoyo en clase y reforzando la capacidad del maestro para llegar a los niños en situación de riesgo en el primer grado. No obstante, este enfoque no es recomendable en todas las circunstancias. Por ejemplo, si las escuelas o los maestros están comprometidos de modo especial con los enfoques académicos, es difícil que Spectrum resulte atractivo o eficaz. Asimismo, el enfoque de Spectrum puede ser inadecuado para los alumnos en situación de riesgo con graves problemas emocionales, físicos o de aprendizaje. Para la implementación satisfactoria del enfoque, es importante tener muy claras sus limitaciones.

De todas formas, esperamos que, para muchos maestros, el enfoque de Spectrum aporte algunas ideas nuevas y estimulantes sobre el modo de llegar a los niños, ya que cada uno de ellos entra en la escuela con una combinación diferente de capacidades y deficiencias, intereses y conductas. Esperamos también que ayude a que muchos alumnos como Donnie, Charlie y Linda experimenten la alegría de aprender y se consideren a sí mismos como aprendices activos y con éxito.

Bibliografía

CALKINS, L. M. (1986). *The art of teaching writing.* Portsmouth, NH: Heinemann. (Trad. cast.: *Didáctica de la escritura en la escuela primaria y secundaria,* Buenos Aire, AIQUE, 1994.)

COHEN, D. (1990). "A revolution in one classroom: The case of Mrs. Oublier". *Educational Evaluation and Policy Analysis, 12,* págs. 311-329.

FELDMAN, D. H. (1980). *Beyond universals in cognitive development.* Norwood, NJ: Ablex.

FEUERSTEIN, R. (1980). *Instrumental enrichment: An intervention program for cognitive modifiability.* Baltimore, MD: University Park Press. (Trad. cast.: *Programa de enriquecimiento instrumental,* Madrid, Bruño, 1991.)

GARDNER, H. (1993). *Frames of mind. The theory of multiple intelligences.* Nueva York: Basic Books. (Trad. cast.: *Estructuras de la mente: la teoría de las múltiples inteligencias,* México, Fondo de Cultura Económica, 1987.)

GARDNER, H. (1998). "Are there additional intelligences?" En J. KANE (Ed.), *Education, information, and transformation.* Englewood, NJ: Prentice Hall.

MEISELS, S. J. (1993). *The work sampling system.* Ann Arbor, MI: Rebus Planning Associates.

SEIDEL, S., WALTERS, J., KIRBY, E., OLFF, N., POWELL, K., SCRIPP, L. y VEENEMA, S. (1997). *Portfolio practices: Thinking through the assessment of children's work.* Washington, DC: National Education Association Publishing Library.

SLAVIN, R. E. (1990). *Cooperative learning: Theory, research, and practice.* Englewood Cliffs, NJ: Prentice Hall.

ACTIVIDADES DE MECÁNICA Y CONSTRUCCIÓN

Por Jie-Qi Chen

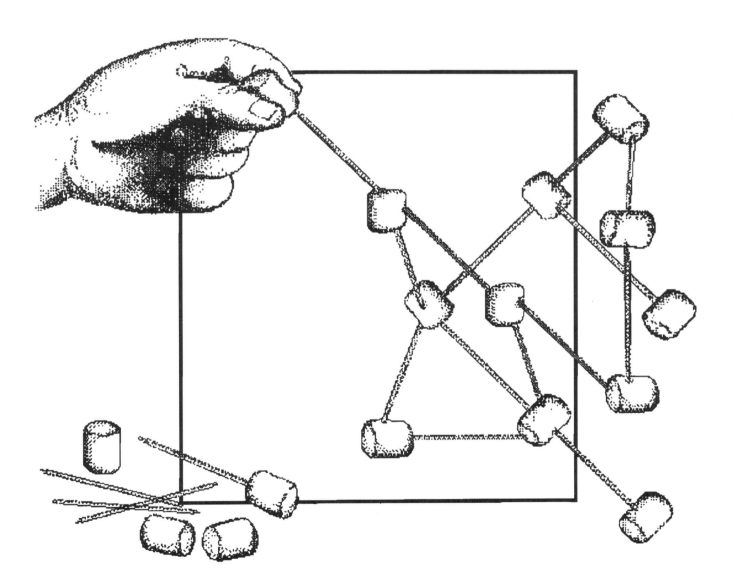

Índice de la guía

Introducción

Actividades de mecánica y construcción

Actividades para casa

Recursos y bibliografía

Visión general de las actividades de mecánica y construcción

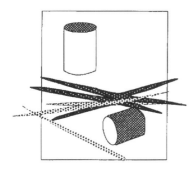

Las actividades de mecánica y construcción recogidas en este capítulo dan a los niños la oportunidad de utilizar herramientas, reparar aparatos, montar máquinas y resolver otros problemas mecánicos sencillos. Estas tareas les resultan especialmente atractivas por varias razones. *En primer lugar,* son "auténticas"; los niños ven que sus padres trabajan en casa con herramientas y máquinas y, a veces, les piden ayuda. Por tanto, es muy fácil para ellos ver la relación entre el aprendizaje realizado en la escuela y los problemas del "mundo real".

En segundo lugar, estas actividades se basan en unas capacidades intelectuales de las que no suele ocuparse un currículum más tradicional. Es muy posible que los niños que no muestran gran interés por las tareas de papel y lápiz estén muy dispuestos a afrontar, destacando incluso en ello, los problemas que se plantean en las páginas siguientes, como imaginarse el modo de construir una casa con palillos de dientes o la forma de mover objetos sin tocarlos. Por tanto, las actividades pueden utilizarse para promover la autoestima de los niños, así como para tender puentes hacia otras áreas de aprendizaje. Por ejemplo, es fácil que algunos estén dispuestos a leer y escribir sobre herramientas, máquinas y estructuras.

Las actividades que siguen están diseñadas para facilitar a los niños la práctica de manipulación de herramientas, promover las capacidades de resolución de problemas y profundizar la comprensión de los principios que rigen el mundo físico. La guía está organizada en torno a tres capacidades clave: comprensión de las relaciones causales y funcionales, centrándose en las partes de las máquinas y en la forma en que están montadas; relaciones visuales-espaciales, haciendo hincapié en la construcción, y un enfoque de resolución de problemas con objetos mecánicos, presentando a los niños varias máquinas sencillas. Prácticamente todas las actividades promueven una cuarta capacidad clave: la destreza motriz fina.

Algunas tareas, como la de desmontar una trituradora de alimentos y rehacerla a continuación, enseñan a montar aparatos de manera formal y promueven las destrezas mecánicas que suponen actuar con exactitud y precisión. Técnicamente hay una forma "correcta" de realizar estas tareas. Otras actividades, como la de carpintería y la de construcción con arcilla, dan a los niños la oportunidad de realizar una exploración libre, una construcción creativa, y de experimentar diferentes soluciones al mismo problema.

Aunque estas actividades destaquen las capacidades mecánicas, también suponen otras muchas áreas de aprendizaje académico y extra-académico, como los conceptos numéricos, un vocabulario nuevo y destrezas de aprendizaje cooperativo. Por ejemplo, los niños pueden aprender a presentar información en diagramas y gráficos cuando realizan experimentos y a registrar los resultados. Pueden desarrollar su capacidad de expresar ideas, negociar y ayudarse mutuamente cuando diseñan y construyen la maqueta de un pueblo.

Cuando introduzca las actividades de mecánica y construcción, con independencia de que emplee las actividades en un centro de aprendizaje, como una unidad curricular o de forma aislada, como el "problema de la semana", preséntelas a los niños como una aventura. Puede introducir las actividades planteando a los niños preguntas como éstas: ¿Me puedes decir qué significa la palabra *mecánica*? ¿Conoces a alguien que haga trabajos de mecánica? ¿Qué tipo de trabajo realiza esta persona? ¿Qué tipos de trabajos mecánicos se hacen en casa?

Explique a los niños que no sólo aprenderán cosas sobre las máquinas, sino que también tendrán oportunidad de desmontar alguna y montarla de nuevo y podrán utilizar martillos, destornilladores y demás herramientas para hacer su trabajo. También los alumnos pueden saber que resolverán, a pequeña escala, los tipos de problemas que resuelven los mayores, como construir estructuras estables y mover objetos pesados.

Este tipo de sesión de orientación será un buen momento para hacer hincapié en la seguridad al utilizar herramientas. Trabaje con la clase para elaborar unas reglas de seguridad, como establecer una zona separada para las actividades de mecánica y construcción o utilizar las herramientas sólo cuando esté presente un maestro que pueda prestar ayuda. Tras la sesión de orientación, haga que los niños examinen algunos materiales, como los bloques, los trozos de madera, las tuercas, los tornillos y las herramientas, si puede usted estar presente.

◻◼ *Descripción de las capacidades clave*

Comprensión de las relaciones causales y funcionales

- Infiere relaciones basándose en la observación.
- Comprende las relaciones de las partes al todo, su función y cómo éstas se unen.

Capacidades visuales-espaciales

- Es capaz de construir o reconstruir objetos físicos y máquinas sencillas en dos o tres dimensiones.
- Comprende las relaciones espaciales entre las partes de un objeto mecánico.

Enfoque de resolución de problemas con objetos mecánicos

- Utiliza el enfoque de ensayo y error y aprende con él.
- Utiliza un enfoque sistemático para resolver problemas mecánicos.
- Compara y generaliza la información.

Destrezas motrices finas

- Le gusta manipular componentes u objetos pequeños.
- Muestra una buena coordinación óculo-manual (p. ej., martillea sobre la cabeza del clavo, sin darse en los dedos).

Comprensión de las relaciones causales y funcionales

☐ *Trabajo con herramientas*

Objetivo: Aprender a utilizar distintas herramientas

Componentes fundamentales: Manipular objetos
                                                Coordinación óculo-manual
                                                Comprensión de relaciones funcionales

Materiales:
   Grupo 1 - Diseños de alambre
                                                4 cortacables
                                                Alambres surtidos
                                                Papel autoadhesivo
   Grupo 2 - Atornillado
                                                4 destornilladores normales de distintos tamaños
                                                4 destornilladores de estrella de distintos tamaños
                                                Tornillos surtidos de distintos tamaños y diversas formas de cabeza
                                                4 piezas de madera con agujeros de diferentes tamaños
   Grupo 3 - Carpintería
                                                4 martillos
                                                Surtido de piezas pequeñas de madera
                                                Clavos pequeños
                                                Cola para madera
   Grupo 4 - Enderezado de clips
                                                4 alicates
                                                Clips de distintos tamaños

Procedimientos:

1. Antes de la clase, ponga los cuatro tipos de materiales en cuatro bandejas separadas. Comience la actividad hablando sobre la seguridad y la posibilidad de lastimarse si no se utilizan las herramientas adecuadamente. Revise las reglas de seguridad elaboradas por la clase durante la sesión de orientación de mecánica y construcción.

2. Coloque las cuatro bandejas ante los niños y explíqueles que la actividad del día consiste en trabajar con herramientas. Los alumnos podrán utilizar cuatro clases diferentes: alicates, martillos, cortacables y destornilladores. Divida la clase en cuatro grupos y explique que estos grupos se turnarán en el uso de las distintas herramientas.

   El primer grupo de niños comenzará utilizando los cortacables para cortar toda clase de alambres. Explique que estos alambres están hechos de distintos materiales y también varían de tamaño. Proporcione a todos los niños un pliego de papel autoadhesivo. Déjeles que corten los alambres y pongan las piezas resultantes sobre este papel para hacer un dibujo.

   Los niños del segundo grupo van a utilizar los destornilladores para asegurar los tornillos en un trozo de madera. Deles tornillos de distintos tamaños con diferentes tipos de cabezas. Pídales que busquen el destornillador que sirva mejor para hacer el trabajo.

   El tercer grupo de niños realizará trabajos de carpintería, utilizando martillos y clavos. Explique que pueden construir lo que les guste y que también pueden utilizar cola para facilitar su tarea. Si lo desean, pueden introducir clavos en la madera, para formar sus nombres o un dibujo.

   Por último, el cuarto grupo utilizará los alicates para enderezar clips. Pueden utilizar los ya reformados para doblarlos y engancharlos o darles distintas formas, como una circunferencia o una estrella.

3. Pasee por el aula para supervisar a los cuatro grupos. Anímelos a mantener su atención en la actividad asignada durante al menos 15 minutos antes de intercambiar los materiales.

Variaciones:

1. Invite a los niños a examinar la mecánica que existe en la clase. Haga que analicen lo que consigue que la puerta del armario permanezca cerrada y el modo de apertura y cierre de los cajones. Deje que accionen la cerradura de la puerta. También pueden efectuarse investigaciones en otras zonas de la escuela, como el patio de recreo o la oficina.

2. Haga una muestra de formas geométricas con los clips enderezados. Pida a los niños que realicen un dibujo geométrico distinto del que usted haya ejecutado.

3. Invite a los padres a venir a clase para que trabajen con distintas herramientas y muestren cómo las utilizan.

4. Organice un paseo o excursión a un almacén de ferretería para examinar toda clase de objetos sencillos metálicos típicos de carpinteros, herreros, etcétera, como muelles, bisagras, tuercas y tornillos, y estudien cómo se utilizan estas piezas. Haga que los niños examinen distintas herramientas, observen cómo se ajustan unos componentes a otros y traten de imaginar cómo se utilizan éstas.

5. Lea a los niños libros sobre herramientas y máquinas. Hable con ellos sobre las que les sean familiares, sobre todo aquellas que no les haya presentado.

Notas para el maestro o maestra:

1. Si no es posible supervisar las cuatro actividades al mismo tiempo, presente las herramientas de manera más gradual, una o dos a la vez, para garantizar la seguridad de los niños.

2. Las herramientas, como materiales permanentes del aula, deben guardarse en una caja adecuada. Por motivos de seguridad, quizá sea conveniente cerrarla con llave y hacer que los niños le pidan las herramientas cuando las necesiten.

3. El trabajo de carpintería puede producir mucho ruido; algún tipo de protección acústica contribuye a reducirlo. Quizá convenga para amortiguarlo, habilitar una zona en un rincón, separada con paneles de cartón piedra ondulado o de espuma.

Comprensión de las relaciones causales y funcionales   **Dirigida por el maestro/a**
                                                                                                      Gran grupo

☐ *Un diccionario ilustrado de herramientas*

Objetivo:	Aprender los nombres y las funciones de distintas herramientas creando un diccionario con ilustraciones
Componentes fundamentales:	Destrezas motrices finas Comprensión de relaciones funcionales Capacidad de expresar ideas
Materiales:	Diversas herramientas (p. ej., abrazaderas, martillo, alicates, regla, sierra, destornillador, llave inglesa, berbiquí) Libros sobre herramientas Papeles y lápices Rotuladores o ceras

Procedimientos:

1. Muestre a los niños libros sobre herramientas (más adelante damos algunas sugerencias). Manifiésteles que ellos van a crear su propio libro: un diccionario ilustrado de herramientas. Dibujarán distintos modelos, escribirán sobre ellos y los dispondrán por orden alfabético.

2. Comience con herramientas que ya hayan sido utilizadas (como los cortaalambres, los destornilladores, los martillos y los alicates usados en la actividad "Trabajo con herramientas"). Después, presente cada vez una herramienta. Anime a los niños a que la nombren y expliquen cómo se utiliza. Cree una actividad en la que puedan usarlas (por ejemplo, manejar un destornillador y unos tornillos para unir piezas de poliestireno expandido o desmontar algo con una llave inglesa).

3. Pida a los alumnos que dibujen la herramienta. Anímelos a redactar o dictar una pequeña descripción de la misma, para qué se usa y su propia experiencia al manejarla.

4. Haga que los niños pongan en común sus diccionarios ilustrados de herramientas durante el tiempo dedicado al grupo.

Notas para el maestro o maestra:

1. Éste y otros proyectos pueden utilizarse para tender puentes entre el interés de los alumnos por el trabajo mecánico y el desarrollo de las destrezas de escritura. Por ejemplo, estimule a los niños para que redacten o dibujen un "manual de instrucciones" que ofrezca directrices paso a paso para utilizar la herramienta o hacer alguna operación, arreglar algo o desmontarlo. Los niños pueden basarse en su experiencia en las actividades "Desmontar", "Montar" y otras que siguen.

2. He aquí varios libros sobre herramientas:
   ROCKWELL, A. & H. (1972). *The Tool Box.* Nueva York: Macmillan.
   MCPHAIL, D. (1984). *Fix-It.* Nueva York. Dutton.
   GIBBONS, G. (1982). *Tool Book.* Nueva York: Holiday House.
   HOMAN, D. (1981). *In Christina's Tool Box.* Chapel Hill, NC: Lollipop Power. (Trad. cast.: *En la caja de herramientas de Cristina,* Durham, N.C., Lollipoop Power Books, 1994.)
   MORRIS, A. (1992). *Tools.* Nueva York: Lothrop, Lee and Shepard.

3. He aquí algunas definiciones de muestra:
   Alicates: herramienta utilizada para sostener cosas pequeñas o doblar y cortar alambres
   Berbiquí: herramienta para hacer agujeros
   Destornillador: herramienta para hacer girar tornillos
   Llave inglesa: herramienta para sostener o hacer girar objetos, como tuercas y tornillos
   Martillo: herramienta utilizada para clavar o desclavar objetos
   Sierra: herramienta para cortar con bordes afilados

Comprensión de las relaciones causales y funcionales   **Dirigida por el maestro/a**
Pequeño grupo

☐ *Desmontar*

Objetivo:	Aprender a utilizar distintas herramientas Aprender sobre las máquinas, separando sus componentes
Componentes fundamentales:	Comprensión de las relaciones funcionales y causales Destrezas motrices finas Atención a los detalles
Materiales:	Aparatos estropeados (p. ej., reloj, máquina de escribir, teléfono) Herramientas (p. ej., llaves inglesas, alicates, destornilladores, corta-alambres) Recipientes para poner los componentes

Procedimientos:

1. Divida la clase en pequeños grupos. Proporcione a cada uno dos aparatos estropeados, varios recipientes vacíos y las herramientas que necesiten para trabajar.

2. Pida a los niños que procedan a utilizar distintas herramientas para desmontar los aparatos estropeados. Insista en que su trabajo consiste en desmontarlos y no en romperlos ni destruirlos. Dígales que, si quieren, podrán usar más tarde los componentes para hacer *collages*, realizar juegos de matemáticas o hacer aparatos nuevos.

3. Cuando vaya de una mesa a otra, comente con los niños la función de las distintas herramientas, así como la estructura de los diversos aparatos. Hágales preguntas como éstas: ¿Cómo te ayudan a trabajar los destornilladores? ¿Es más fácil retirar algunas piezas con las manos o con las herramientas?

4. Si hay espacio suficiente, quizá convenga conservar los aparatos estropeados para que los niños los examinen durante el curso, bien en algunos minutos de descanso, bien en períodos largos. De vez en cuando hay que reemplazar unos aparatos por otros.

Variaciones:

1. Después de que los niños hayan practicado desmontando los aparatos, anímelos a utilizar los componentes para hacer otros nuevos. Puede llamar "Taller del inventor" a esta actividad. La finalidad de este taller no consiste en pedir a los niños que inventen una máquina que funcione, sino en darles ocasión para crear un diseño propio. Anímeles a que pongan un nombre a su diseño y hagan una relación de sus usos.

2. Haga que ordenen o clasifiquen los componentes después de haber desmontado los aparatos, Pregunte a los niños cómo quieren ordenarlos, ¿por las funciones que desarrollan, por sus formas, tamaños u otras características?

Comprensión de las relaciones causales y funcionales

☐ *Montar*

Objetivo:	Aprender sobre las máquinas, separando sus componentes y volviendo a ponerlos en su sitio
Componentes fundamentales:	Comprensión de las relaciones causales y funcionales Destrezas motrices finas Atención a los detalles
Materiales:	Bombas de aceite Trituradoras de alimentos Juego de herramientas de montaje

Procedimientos:

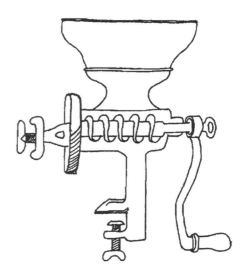

1. Enseñe a los niños una trituradora de alimentos, una bomba de aceite y un juego de herramientas de montaje. Inicie la conversación con preguntas como éstas: ¿Qué podéis decir sobre estas máquinas? ¿Sabe alguien sus nombres y funciones? ¿Dónde podemos encontrarlas?

2. Explique a los niños que van a desmontarlas y a intentar montarlas. Dígales que trabajarán en pequeños grupos y que no pasa nada si no pueden hacerlo. Todos tienen que ayudarse.

3. Divida la clase en grupos de dos o tres niños. Entregue una máquina a cada grupo. Anímeles a que trabajen juntos para desmontar la máquina y para recomponerla. Pasados 15 minutos, haga que los niños se las intercambien.

Variaciones:

1. Pida a los niños que utilicen la bomba de aceite y la trituradora. Haga que saquen agua con la bomba y rieguen las plantas y que trituren alimentos (p. ej., manzanas, nueces y patatas) para preparar un aperitivo. Realice preguntas de este tipo: ¿Cómo funcionan estos utensilios de cocina? ¿Qué pasaría si introdujeras otros alimentos, más blandos o más duros? ¿Qué más pueden hacer estas máquinas? ¿Cómo puedes obtener un puré más o menos líquido? (Enséñeles los distintos mecanismos cortadores.) Si es posible, ponga a prueba sus hipótesis.

2. Anime a los alumnos a que dibujen las máquinas y sus componentes. Pregúnteles cómo pueden ayudarles los dibujos para volver a montarlas. ¿Creen que sería útil dibujar los componentes al ir desmontándolos?

3. Proporcione a los niños otros materiales caseros, como linternas o sacapuntas, para que los desmonten y monten de nuevo. Anime a los niños a que examinen los diversos componentes y hablen de sus funciones.

Capacidades visuales-espaciales

☐ *Móviles*

Objetivos: Hacer móviles sencillos
Observar variables que afecten el equilibrio del móvil

Componentes fundamentales: Comprensión de las relaciones espaciales
Destrezas motrices finas
Estrategia de ensayo y error

Materiales: Cartulina
Rotuladores o pintura y brochas
Tijeras
Hilo
Barras de madera (2 por niño, de unos 30 cm)
Bramante o alambre.

Procedimientos:

1. En esta actividad, los niños aprenden, mediante ensayo y error, a montar un móvil equilibrado. Como preparación, pídales (como un proyecto de expresión artística, por ejemplo) que hagan adornos que puedan introducir en los móviles. Anímelos a hacer, al menos, cuatro adornos cada uno, de diferentes formas y tamaños. Utilice cartulina u otro material ligero pero duradero, porque es probable que los niños tengan que experimentar un poco para equilibrarlos.

2. Cuando esté dispuesto para el montaje de los móviles, proporcione a cada niño sus adornos, dos barras y el hilo. Ayúdeles a cortar el hilo en trozos de unos 15 cm, cada uno en los que ha de insertarse un adorno. Muéstreles un colgante completo con dos hileras y explíqueles que pueden introducir sus adornos como más les guste, intentando que las barras cuelguen lo más derechas posible. Déjeles que extiendan los adornos en una mesa.

3. Demuestre cómo se comienza a hacer el móvil, atando un trozo de hilo en la parte central de una barra de madera. La barra se cuelga de ese trozo de hilo. A continuación, los niños deben atar la mitad de sus adornos en la barra (es mejor una lazada doble). Anímelos a que los deslicen hacia atrás y hacia delante hasta que quede en equilibrio. Indique que también pueden mover el hilo del centro de la barra. Hágales preguntas sobre su trabajo: ¿Qué pasa cuando se mueve el hilo y queda al lado el adorno más pesado? ¿Y cuando está junto al más ligero? ¿Qué ocurre cuando se mueve el adorno más pesado hacia el centro de la barra? ¿Y cuando se desliza hacia el extremo?

4. Los niños deben atar el resto de los adornos a la segunda barra, uniendo ambas a continuación.

5. Ponga los móviles de manera que se acceda a ellos con facilidad; puede suspenderlos de una pieza de bramante grueso o de alambre colocada de una a otra pared de la clase. Cuando los niños suspendan sus móviles, quizá descubran que, si mueven algo en una de las hileras, la otra pierde el equilibrio. Con cierta experimentación y, si es necesario, con sus orientaciones, descubrirán que es más fácil equilibrar un móvil si contemplan primero la hilera inferior y después la superior. Hable con los niños de éstos y de otros descubrimientos.

Esta actividad se ha adaptado de *Elementary Science Study* (1976). "Mobiles". St. Louis: McGraw-Hill.

Capacidades visuales-espaciales

Dirigida por el maestro/a
Pequeño grupo

☐ *Construcción con arcilla*

Objetivo: Aprender sobre el equilibrio construyendo estructuras representativas y no representativas de arcilla

Componentes fundamentales: Construir objetos tridimensionales.
Diseño y planificación
Comprobación de hipótesis

Materiales: Arcilla de modelar (alrededor de 1/4 kg por niño)
Vara de 1 metro o regla
Cuerda
Bastoncitos
Clips
Alambre de cobre
Cartón piedra

Procedimientos:

1. Estimule a los niños para que jueguen con arcilla y los demás materiales indicados, creando los objetos que deseen.

2. Tras la sesión de juego libre, ofrezca a cada alumno la misma cantidad de arcilla (alrededor de 1/4 kg). Invíteles a que construyan la estructura más alta que puedan. Mida cada creación y señale las más elevadas. Pida a los niños que comparen los distintos tamaños y formas de las bases. Anímeles a que elaboren sus propias hipótesis sobre cómo construir una estructura elevada que no se caiga.

3. Haga que los alumnos pongan a prueba sus hipótesis, intentando construir de nuevo la estructura más alta que puedan. ¿Cuál es su altura en esta ocasión?

4. Si le parece bien, dé a los niños trozos de cuerda para que midan el tamaño de sus estructuras y el perímetro de la base. ¿Cuál es mayor? Ayude a los niños a comparar los resultados. Pueden dibujar gráficos de barras en los que se comparen la altura y la base o pegar en un cartel sus trozos de cuerda.

5. Estimule a los niños para que creen una estructura cuya altura sea mayor que el perímetro de la base. Dígales que pueden experimentar con los demás materiales que están sobre la mesa (bastoncitos, cartón piedra, etc.) para hacer más fuertes y más elevadas sus construcciones.

6. Pídales que describan sus estructuras a todo el grupo. Anímelos a que manifiesten los problemas de construcción que hayan encontrado y cómo los han resuelto.

Notas para el maestro o maestra:

Mientras los niños trabajan en la elaboración de sus propias estructuras, pueden pasarlo muy bien si acuden a visitar una obra. Si es posible, prepare la entrevista de manera que puedan hablar con alguien que trabaje en la construcción. Anímelos a dibujar o escribir sobre esta experiencia.

Esta actividad se ha adaptado de *Elementary Science Study* (1976). "Structures". St. Louis: McGraw-Hill.

Capacidades visuales-espaciales

☐ *Construcción con madera*

Objetivo: Aprender acerca del equilibrio construyendo estructuras representativas y no representativas de madera

Componentes fundamentales: Capacidad de equilibrar un objeto sobre otro
Sentido del diseño
Estrategias de planificación

Materiales: Trozos de madera de distintos tamaños y formas
Pintura
Cola para madera
Cinta adhesiva
Brochas y pinceles

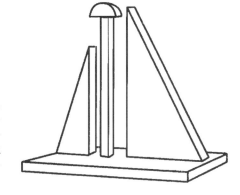

Procedimientos:

1. Diga a los niños que van a construir estructuras de madera, pero, en esta ocasión, unirán las piezas con cola especial y cinta adhesiva, en vez de con martillos y clavos. Enséñeles a utilizar estos materiales. Hable acerca de lo aprendido sobre la construcción de una base sólida en la actividad de "Construcción con arcilla".

2. Anime a los niños a crear sus propios diseños imaginativos, combinando trozos de madera de distintas formas y tamaños. Cuando trabajen, indúzcales a pensar en el equilibrio con preguntas como éstas: ¿Cómo puedes equilibrar una pieza grande colocada encima de una más fina?, ¿una pieza rectangular encima de otra redonda?, ¿tres piezas encima de dos? ¿Dónde podrías añadir una pieza de madera para hacer más fuerte tu diseño? ¿De dónde podrías quitar una pieza sin que se cayese el conjunto?

3. Después de acabar de montar y encolar las estructuras, déjenlas secar durante un día, por lo menos. Después, facilite a los niños pintura y pinceles para que decoren su obra.

4. Prepare una exposición de estructuras de madera. Estimule a los niños para que redacten algunos comentarios para acompañar su trabajo, explicando cómo han logrado unir las piezas o conseguido el equilibrio.

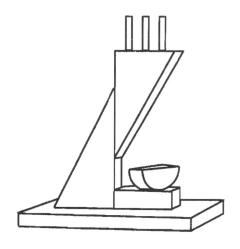

Variaciones:

1. Enseñe a los niños fotografías (de libros o revistas de viajes) de estructuras reales aunque poco habituales, como el Empire State Building, la torre Sears, la torre Eiffel, el Golden Gate, el Coliseo, la Gran Pirámide y el Taj Mahal. Después, anímeles a que ut licen piezas de madera para crear estructuras específicas, como una torre, una pirámide, un arco. Antes de empezar puede sugerirles que dibujen un boceto de la construcción que se propongan hacer. Cuando hayan acabado, pueden explicar qué aspectos de sus planes han funcionado, cuáles no, qué cambios han hecho y por qué.

2. Ponga a disposición de los alumnos juegos comerciales, en donde los que intervengan intenten eliminar bloques de construcción sin derribar la estructura.

Capacidades visuales-espaciales   **Dirigida por un niño/a**
                                                              Pequeño grupo

☐ *Superestructuras*

Objetivos: Descubrir las propiedades de distintos materiales construyendo
                                  estructuras representativas y no representativas

Componentes fundamentales: Comprensión de relaciones espaciales
                                  Destrezas motrices finas
                                  Trabajo con otros

Materiales: Paquete de palillos de dientes
                                  Paquete de esponjas de pastelería
                                  Pastillas pequeñas de arcilla, plastilina o espuma plástica y cinta
                                  adhesiva (opcional)

Procedimientos:

1. Diga a los niños que van a hacer estructuras imaginativas con palillos de dientes y utilizando esponjas de pastelería para las uniones (en vez de esponjas de pastelería, pueden usar pastillas de arcilla de modelar, plastilina o espuma). Estimúleles para que ensayen algunas formas básicas.

2. Insista a los niños para que se ayuden mutuamente (las esponjas de pastelería estimulan el trabajo cooperativo, porque, hasta que se expone al aire, está blanda, por lo que no mantiene los palillos en su sitio). Un niño puede sostener las piezas mientras otro pega suficientes palillos para mantener unida la estructura. Cuando los niños hayan acabado sus proyectos, anímelos a hablar sobre los problemas encontrados y cómo los han resuelto.

3. El día siguiente, revise el proyecto y anime a los niños para que construyan estructuras diferentes de las ya realizadas. Sugiérales que utilicen como modelos construcciones reales, como puentes, casas y rascacielos, u objetos de la naturaleza, como esqueletos o árboles.

4. Hable de las hipótesis que hayan desarrollado los niños durante su trabajo con arcilla y madera. ¿Se aplican las mismas estrategias cuando se construye con palillos de dientes? ¿Qué formas configuran las bases más estables?, ¿y las paredes más altas? Si una estructura se derrumba, ¿pueden intentar rehacerla utilizando más palillos como refuerzo? ¿Qué ocurre si añaden un palillo diagonal a un rectángulo?, ¿y si añaden dos palillos en forma de X? ¿Qué pasa si quitan palillos? ¿Cuántos palillos pueden eliminarse antes de que se derrumbe la construcción?

5. Una vez que los niños hayan acabado, pídales que describan sus estructuras, sus descubrimientos y los problemas que hayan resuelto mientras las construían. Exponga las estructuras. En realidad, quizá convenga que las utilice como punto de partida para crear la maqueta de una ciudad en su aula (véase la actividad "Nuestro pueblo", en la pág. 45).

Variaciones:

1. La construcción de una casa con vigas de papel de periódico constituye una buena actividad de grupo. Enseñe a los niños a coger una hoja de periódico, enrollarla hasta formar un tubo y a asegurar sus extremos con cinta adhesiva. Pueden hacer vigas de distintos tamaños, cortando las grandes en trozos o enrollan-

do las hojas de periódico en sentido transversal, en vez de longitudinal. Los niños pueden ocuparse de distintas tareas —hacer vigas, mantenerlas unidas, colocar las nuevas. Anímeles a encontrar diferentes formas de unir las vigas y sostener la estructura. Si es necesario, enséñeles a reforzar un ángulo con una viga colocada en diagonal.

2. Ponga a disposición de los niños otros materiales de construcción, por ejemplo:

   • Sustituya los palillos de dientes por pajitas de bebidas. Pida a los niños que imaginen si, para mantenerlas unidas, será mejor utilizar cola, cinta adhesiva o cuerda.
   • Utilice los palillos, pero anime a los niños a que experimenten con distintos materiales para sujetarlos (p. ej., arcilla de modelar, plastilina, espuma plástica, cinta adhesiva). ¿Qué pegamentos son más fáciles de utilizar?, ¿y cuáles más difíciles?
   • Pruebe la construcción con alambre. Indique a los niños que prueben a utilizar alambres de limpieza de pipas para hacer estructuras del tamaño de un envase de leche y alambre fino para hacer objetos del tamaño de una caja de cereales.
   • Lleve a la clase juegos de construcción comerciales (p. ej., Lego o juegos de piezas de montaje). Pida a los niños que sigan las instrucciones o copien los modelos cuando vayan uniendo las piezas. Anímeles a trabajar juntos para ver cuántas estructuras diferentes pueden construir.

3. Pida a los niños que traigan de sus casas tarrinas de yogur y de margarina, tubos centrales de papel de cocina y otros elementos de "desecho" para realizar un proyecto de escultura a base de estos materiales. Incluya aquellos que puedan enrollarse, doblarse o cortarse para darles distintas formas, como papel de estraza, platos y bolsas de papel y cartulina. Puede hacer esta actividad el Día de la Tierra e incluir el tema de la protección del medio ambiente.

Capacidades visuales-espaciales

Dirigida por el maestro/a
Pequeño grupo

☐ *Puentes de papel*

Objetivo:	Construir puentes de papel para aprender cómo influyen en su fortaleza ciertos factores como la forma, el tamaño y los materiales
Componentes fundamentales:	Construir objetos tridimensionales Comprobación de hipótesis Registro de resultados experimentales
Materiales:	Papel (de barba, cartulina, fuerte en general) Tijeras Cajas de cerillas o tazas de papel Monedas o arandelas (unas 100) Blocs o libros Cuerda

Procedimientos:

1. Antes de la actividad, prepare las cajas de cerillas para que sostengan pesos incorporándoles un asa de cuerda.

2. Explique a los niños que los puentes de verdad tienen que ser lo bastante fuertes para poder soportar el peso de camiones pesados y coches. Dígales que van a experimentar con distintos materiales y formas para ver qué tipos de puentes de papel son los más fuertes. Como modelo, haga un puente con un pliego de cartulina y dos montones iguales de libros o blocs. Después, proporcione a los niños tijeras y distintos tipos de papeles e invíteles a crear sus propios puentes. Anímelos a experimentar con papeles de distintos diseños (p. ej., estrecho, ancho, largo, corto, arrugado, doblado) y diferentes apoyos (descansando sobre la pila de libros o blocs, sujetado sobre un bloc o un libro).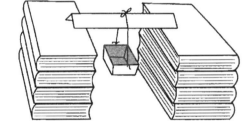

3. Pida a los niños que comparen la fortaleza de los distintos puentes. Cuelgue la caja de cerillas de uno de los puentes y pídales que la vayan llenando, añadiendo, una a una, monedas (o arandelas). ¿Cuánto peso puede soportar antes de que ceda? Anímelos a probar una serie de puentes y a inventar un sistema para registrar los resultados. Dialogue con ellos sobre las distintas variables que se consideren, por ejemplo, el material utilizado para construirlo, su longitud (tanto la distancia entre apoyos como los tramos que descansan en los soportes), su anchura y su forma. ¿Pueden desarrollar una hipótesis sobre qué forma consigue que un puente de papel sea fuerte?

4. Estimule a los niños para que utilicen sus descubrimientos para construir (individualmente o en pequeños grupos) el puente más fuerte que puedan con un trozo pequeño de papel de barba. Asegúrese de que todos los trozos sean del mismo tamaño (5 por 20 cm, por ejemplo). ¿Qué diseño es el más fuerte? ¿Cuántas monedas aguanta? Si la caja de cerillas no resiste suficientes monedas, utilice la mitad inferior de una taza de papel o de poliestireno expandido.

5. Si los niños siguen interesados, puede repetir el experimento con trozos de cartulina (cuidando, de nuevo, que todos los trozos sean iguales). A medida que los puentes sean más resistentes, es posible que deba utilizar arandelas más pesadas.

Variaciones:

Quizá desee iniciar o ampliar esta actividad examinando diversos puentes de distintas maneras:

- Vayan de paseo y visiten algunos puentes. Estimule a los niños para que los dibujen y tengan en cuenta su diseño y el material utilizado en su construcción.

- Ponga a disposición de los niños libros de referencia con dibujos de distintos tipos de puentes(o sea, colgantes, de arco, en voladizo, de celosía). Comente con ellos los distintos diseños y materiales.

- Pida a los alumnos que lleven imágenes de puentes —fotos, tarjetas postales, recortes de revistas. Propóngales que ordenen las imágenes de distintas maneras.

- Estimule a los niños para que construyan puentes utilizando otros materiales que tengan en la clase (blocs, pajitas, arcilla). ¿Qué formas actúan mejor con los diferentes materiales?

Esta actividad se ha adaptado de *Elementary Science Study* (1976). "Structures". St. Louis: McGraw-Hill.

☺ Ediciones Morata, S. L.

Capacidades visuales-espaciales

☐ *Nuestro pueblo*

Objetivo: Utilizar las experiencias de construcción para reallizar la maqueta de un pueblo

Componentes fundamentales: Construir objetos tridimensionales
Diseño y planificación
Desarrollo de destrezas sociales

Materiales: Selección de materiales de construcción (p. ej., cartulina y tubos de cartón reciclados, arcilla de modelar o trozos de madera)
Herramientas adecuadas
Pintura y brochas y pinceles

Procedimientos:

1. Diga a los niños que, durante las próximas semanas, construirán una maqueta del pueblo (el barrio, la comunidad, la ciudad o lo que sea más adecuado para su clase) que se expondrá en el aula. Explique que no sólo trabajarán juntos para construir la maqueta, sino también para planearla.

2. Vayan de paseo por el centro de su pueblo, ciudad o barrio. Anime a los niños a que reflejen —en un mapa, con palabras o dibujos— algunos de los distintos tipos de edificios que vean (correos, comisaría de policía, cuartel de bomberos, escuelas, restaurantes, almacenes). Si es posible, concierte visitas para hablar con los propietarios y directores y observar cómo son los edificios por dentro y qué actividades se desarrollan allí.

3. Ayude a los niños a decidir los materiales que van a utilizar en la maqueta. Quizá quieran aprovechar las estructuras que ya han hecho. También es posible que deseen empezar de cero, utilizando materiales reciclados, como recipientes de plástico, tubos de papel de cocina y cartón.

4. Para un enfoque estructurado, anime a los niños a que comiencen con un mapa detallado del pueblo, pensando cuidadosamente cuáles son los mejores lugares para situar el cuartel de bomberos o un supermercado con mucho tráfico. Quizá quieran hacer por su cuenta edificios diferentes y trabajar con papel milimetrado, tratando de construir sus estructuras a escala.

   También puede comenzar con tan sólo unos edificios, permitiendo que el pueblo crezca. Los niños pueden examinar la maqueta (o probar a mover pequeñas figuras por ella) y añadir lo que crean que haga falta, como calles, señales de tráfico, puentes o un hospital. Haga que piensen en los edificios y demás estructuras que sean esenciales en una población.

5. Anime a los niños a que actúen de acuerdo con lo que más les interese. Unos querrán llenar el pueblo de coches, autobuses y camiones, y otros, con figuras humanas. Unos disfrutarán utilizando los componentes de aparatos estropeados para diseñar máquinas que limpien las calles, reparen las líneas de teléfono o realicen otras tareas. Incluso pueden conectar bombillas pequeñas a pilas eléctricas para hacer lucir las farolas y los semáforos.

Variación:

Puede ampliar este proyecto, prolongándolo en un estudio de su comunidad y los servicios que ésta proporcione. Puede dejar libros, invitar a los padres y otros miembros de la comunidad para que comenten en clase sus respectivas profesiones, haciendo que los alumnos redacten historias o lleven un diario. Incluso, puede hacer también una campaña electoral para el ayuntamiento o publicar un periódico.

Enfoque de resolución de problemas con objetos mecánicos   **Dirigida por un niño/a**
                                                                     Pequeño grupo

☐ *Palancas*

Objetivo: Resolver cómo levantar un objeto construyendo una palanca

Componentes fundamentales: Destrezas de resolución de problemas
                                        Destrezas de observación

Materiales: Bloque de cartón o caja de cereales
                                     Cajón de arena
                                     Regla de 30 cm
                                     Imanes
                                     Bloques pequeños
                                     Cuerda
                                     Cinta adhesiva.
                                     Bastoncitos

Procedimientos:

1. Diga a los niños que van a resolver un problema especial. Ponga un bloque de cartón del tamaño de un ladrillo (o un bloque parecido) en el cajón de arena y pida a los niños que lo levanten sin tocarlo con las manos (si en su escuela no hay cajón de arena, puede hacer uno o varios pequeños con cajas de zapatos). Dé a los niños diversos materiales —imanes, bloques pequeños, cuerda, cinta adhesiva, una regla y bastoncitos— y pregúnteles de cuántas formas distintas pueden resolver el problema.

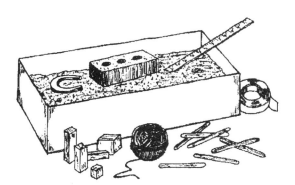

2. Después de que los niños hayan experimentado diversas maneras de levantar el bloque de la caja, haga que dialoguen entre ellos sobre los métodos utilizados. Pregúnteles cuál es, a su modo de ver, la forma más fácil, la más rápida, la más difícil y la más complicada.

3. Pida a los niños que anoten sus estrategias mediante un dibujo o por escrito. Conserve esta lista al lado del cajón de arena para que otros alumnos puedan comprobar las estrategias. Explique que, al utilizar un objeto para mover otro, estaban creando una máquina sencilla.

Variaciones:

Haga que los niños realicen más experimentos con palancas. Déles una tabla de madera de 1 m de largo y un cilindro de madera para utilizarlo como fulcro. Colóquelo en el centro de la tabla. ¿Cuántos montones de papel pueden levantar hasta la altura de una silla? Los niños deben registrar los resultados. Pídales que muevan el fulcro hacia el papel y que midan. ¿Cuántos montones pueden levantar? Dígales que alejen el fulcro del papel. ¿Cuántos montones pueden levantar? Anímelos a que prueben diferentes posiciones del fulcro, midan y registren los resultados.

Hable con los niños sobre el modo en que la palanca puede facilitar el trabajo. Cuanto más larga sea ésta, más fácilmente se realiza la tarea (menos fuerza hace falta aplicar). Cuanto más corta sea la palanca, más difícil será el trabajo (más fuerza hará falta).

Enfoque de resolución de problemas con objetos mecánicos

Dirigida por un niño/a
Pequeño grupo

❑ *Planos inclinados*

Objetivo:	Examinar de qué modo pueden facilitar el trabajo las rampas
Componentes fundamentales:	Comprobar hipótesis Comparar y contrastar
Materiales:	Tabla de madera de 1 m Tabla de madera de entre 50 y 75 cm Blocs o libros Ladrillo Balanza de muelle (balanza de mano que puede adquirirse en el departamento de pesca de las tiendas de deportes) Cuerda

Procedimientos:

1. Esta actividad se basa en los conceptos introducidos en la anterior, en las palancas. Hable con los niños sobre cómo las rampas, un tipo de plano inclinado, se utilizan para facilitar el trabajo. Puede incluso llevarles de paseo y observarlas: rampas para carga y descarga de camiones, para facilitar el acceso en silla de ruedas a los edificios, para deslizarse en el patio de recreo. Pida a los niños que piensen en sus propias experiencias con planos inclinados (p. ej., al bajar una colina en bicicleta o en trineo, al subirla). ¿Es más difícil arrastrar un objeto hacia arriba por una rampa empinada o por una rampa suave? Diga a los niños que van a realizar un experimento para descubrirlo.

2. Los niños pueden trabajar en grandes o en pequeños grupos. Pueden utilizar las tablas y los blocs (o libros) para construir dos rampas de distinta longitud (una de 1 m y la otra más corta) pero con el mismo desnivel: 15 cm en uno de sus extremos. A continuación, estimule a los alumnos para que descubran cómo enganchar el ladrillo en la balanza (p. ej., atándolo con la cuerda, como si fuera un regalo, y enganchando la cuerda a la balanza). Explique que utilizarán la balanza para medir cuánta fuerza se necesita para mover el ladrillo. Anímelos a practicar con la balanza. ¿Cuánta fuerza hace falta para levantar el ladrillo 15 cm hasta el final de la rampa? Deben anotar sus descubrimientos.

3. Desafíe a los niños a que predigan si habrá que hacer más fuerza para arrastrar el ladrillo por la rampa suave o por la rampa de pendiente pronunciada. Después de que realicen el experimento y registren los resultados, hablen sobre lo descubierto. Como en el experimento de la palanca, cuanto mayor sea la distancia, menos fuerza habrá que hacer (*Nota para el maestro:* Aunque resulte más fácil, el arrastre del ladrillo supone el mismo trabajo, con independencia de que se utilice una u otra rampa, porque, en la rampa suave, hay que tirar del ladrillo desde más lejos. El trabajo se define como el producto de la fuerza aplicada y la distancia en la que se aplique la fuerza.)

Enfoque de resolución de problemas con objetos mecánicos

Dirigida por un niño/a
Pequeño grupo

☐ *Rampas y objetos rodantes*

Objetivo:　　　　　　　　　Aprender acerca de las rampas y del modo de moverse los objetos en ellas

Componentes fundamentales:　Comprobar hipótesis
Registrar e interpretar datos

Materiales:　　　　　　　　　2 ó más tablas de madera de 1 m
Blocs o libros
2 pelotas idénticas de goma
Pelotas de distintos tamaños y pesos
Herramientas para medir (p. ej., cubitos de plástico apilables, reglas, papel milimetrado)

Procedimientos:

1. Organice a los niños para trabajar en pequeños grupos con el fin de realizar este experimento. Dígales que van a hacer rodar, por rampas de la misma longitud pero con distinta pendiente, unas pelotas idénticas (éstas han de ser más pequeñas que el ancho de las rampas). Haga que construyan dos rampas, una de 8 cm de altura máxima y la otra de 16 cm (más adelante, pueden construir otras de mayor altura máxima). Pídales que predigan si las pelotas rodarán más deprisa por la rampa más elevada (de mayor pendiente) o por la menos elevada (de pendiente más suave). Ponga una tabla al final de las rampas, de manera que puedan ver y oír qué pelota llega primero.

2. Anime a los niños a que trabajen juntos desarrollando distintas tareas (soltar las pelotas, llevar la cuenta), realicen el experimento y registren sus resultados. Después, dialogue con ellos sobre lo que hayan descubierto. ¿Cómo influye la pendiente de la rampa en la velocidad de la pelota?

3. Si quitan la tabla del final de las rampas, ¿qué pelota llegará más lejos? Pida a los niños que inventen distintas formas de medir el recorrido de las pelotas, utilizando cubitos apilables, una cuerda, las baldosas o una regla. También pueden poner papel milimetrado al final de la rampa y señalar el lugar en el que se detenga cada pelota. Haga que lo registren y comenten los resultados.

4. ¿Qué ocurre si la pendiente de las rampas es igual pero las pelotas son diferentes? Facilite a los niños más pelotas y haga que construyan rampas de la misma altura máxima. Consiga que se planteen sus propias preguntas e inventen experimentos para descubrir la respuesta. Por ejemplo: si dos pelotas son del mismo tamaño, ¿cuál rodará más deprisa, la más pesada o la más ligera? (*Nota para el maestro:* Las pelotas llegarán al mismo tiempo.) ¿Cuál llegará más lejos? ¿Qué pelota rodará más deprisa, una pequeña o una grande?

Variaciones:

1. Haga que los niños deslicen por la rampa objetos diversos (p. ej., cochecitos de juguete, lápices, pilas, tornillos). ¿Qué objetos ruedan? ¿Cuáles se deslizan si la rampa es lo bastante pendiente? ¿Qué objetos ruedan si se colocan de cierta manera en la rampa, pero no de otras? ¿Cuáles son más estables cuando llegan al final de la rampa?

2. Proporcione plastilina a los niños. Pídales que hagan distintas formas y predigan cuáles rodarán y cuáles no. Anímelos a comprobar o hacer carreras con las formas que hayan hecho.

Enfoque de resolución de problemas con objetos mecánicos

Dirigida por el maestro/a
Pequeño grupo

☐ *Ruedas y ejes*

Objetivo:	Predecir y determinar, mediante la experimentación, la función de una máquina sencilla: el eje
Componentes fundamentales:	Comprobar hipótesis Registrar datos Destrezas motrices finas
Materiales:	Canicas Cajas pequeñas Rueda con un clavo, lápiz u otro objeto a modo de eje que la atraviese, de manera que los niños puedan sostenerlo por ambos extremos Cortador de pizza Témpera u otra pintura lavable Bandejas o platos de poliestireno expandido en los que verter la pintura Dibujos de formas, 3 copias por niño (véanse las páginas siguientes) Tarjeta de registro de datos (véase la página siguiente)

Procedimientos:

1. Muestre los dibujos a los niños y dígales que intenten seguir las formas utilizando tres instrumentos diferentes: una canica, una rueda con un eje atravesado y un cortador de pizza. Pídales que predigan qué instrumento será más fácil de utilizar y cuál el más difícil y que señalen sus respuestas en la tarjeta de registro de datos.

2. Dé a cada niño tres copias a toda plana del dibujo de una forma, como una circunferencia o un cuadrado. Coloque una copia del dibujo en una caja pequeña. Enseñe a los niños a hacer rodar una canica por el dibujo, ponga la canica en la caja y, después, trate de seguir el dibujo con la canica moviendo la caja. Diga a los niños que no pueden empujar la canica con el dedo (en ese caso, su dedo operaría como un eje, controlando el movimiento de ésta).

3. Ponga las otras dos copias del dibujo sobre la mesa. Enseñe a los niños a hacer rodar la rueda por un poco de pintura y después calque el dibujo. Anímelos a repetir el experimento con el cortador de pizza.

4. Pregunte a los niños qué instrumento han utilizado más fácilmente y cuál ha sido el más difícil. Pueden escribir sus respuestas en la tarjeta de registro de datos.

5. Repita el experimento con uno o dos dibujos más de formas sencillas, como una estrella o un garabato.

6. Comente con los niños el experimento. ¿Qué hacen los ejes? ¿Cómo contribuyen a controlar la rueda? ¿Qué hacen en un coche? ¿Por qué se utiliza más fácilmente el cortador de pizza que la otra rueda con eje?

Variaciones:

Algunos alumnos pueden pasarlo muy bien construyendo una maqueta de coche que utilice ruedas y ejes para desplazarse por el suelo o la mesa. Proporcione a los niños ruedas y ejes de juegos comerciales de construcción o los materiales que necesiten para los suyos (barras de madera o bastoncillos metálicos y discos de engranajes o carretes de madera). También puede facilitarles diversos materiales para hacer la carrocería del coche, junto con las herramientas adecuadas (trozos de madera, una pequeña sierra de mano, abrazaderas, papel de lija, clavos, martillo, cola y pintura; o cajas y tubos de cartón piedra, pegamento, tijeras y rotuladores). Anime a los niños a que dibujen varios planos, piensen cómo funcionará cada cosa y escojan la más eficiente antes de empezar su construcción.

También puede encontrar libros con instrucciones o ilustraciones que sirvan de guía a los alumnos. Por ejemplo, en el libro: *Design and Technology 5-12*, Pat WILLIAMS y David JINKS explican cómo pueden hacer el chasis de un coche con pequeños trozos de madera, utilizando triángulos de cartón para asegurar las juntas. Después, pueden usar cartón para convertir su vehículo en un camión, autobús, coche deportivo o lo que más les guste.

Ruedas y ejes
Tarjeta de registro de datos

¿Qué máquina es más fácil de utilizar para calcar un dibujo?

1 = la más fácil   2 = regular   3 = la más difícil

Predicciones

	canica	rueda	cortador de pizza
⬤			
☆			
〰			

Resultados

	canica	rueda	cortador de pizza
⬤			
☆			
〰			

Actividad para casa 1

☐ *Desmóntalo*

Objetivo: Practicar, utilizando y controlando herramientas sencillas
Examinar como está ensamblada una máquina

Materiales: Máquina o aparato estropeado (p. ej., máquina de escribir, teléfono, reloj, linterna)
Martillo
Destornilladores normal y de estrella
Cortacables
2 cajas de tamaño mediano

Nota para padres y madres:

1. Esta actividad ofrece a los niños la rara oportunidad de desmontar una máquina y examinar las piezas que contenga. Es más, pueden hacerlo como les parezca: no existe una forma correcta ni errónea para desmontarla. Durante este proyecto, Vd. tendrá ocasión de observar cómo maneja su hijo las herramientas y sus ideas sobre la disposición de los componentes y su ajuste dentro de la máquina.

2. Si no tiene las herramientas indicadas antes, no se preocupe. Puede hacer esta actividad con cualquiera que tenga.

3. Esta actividad requiere una supervisión muy directa de los padres. Deben ayudar a los niños a aprender a utilizar las herramientas y a hacerlo con seguridad.

Procedimientos:

1. Enseñe a su hijo las herramientas. Si no está acostumbrado a ellas, dígale para qué sirve cada una. Exponga las reglas que usted quiera establecer sobre el modo y los momentos en que su hijo pueda utilizarlas.

2. Proporcione a su hijo una máquina o aparato estropeado para que lo desmonte. Insístale en que este proyecto sólo puede realizarlo cuando usted esté presente.

3. Cuando su hijo empiece a desmontar la máquina, hágale preguntas sobre su trabajo, por ejemplo:
   • ¿Qué piezas te ayuda a desmontar el destornillador?
   • ¿Cuándo utilizas el destornillador de estrella?
   • ¿Cómo te ayudan los cortacables?
   • ¿Hay en algún sitio tornillos o piezas que puedas colocar en otra parte?
   • ¿Qué disposición observas dentro de la maquina?
   • ¿Hay algún orden en la posición de las piezas? (por ejemplo: ¿cada tornillo tiene una arandela?)

4. Cuando su hijo termine el trabajo del día, indíquele que ponga la máquina en una caja y los componentes en otra. Si dispone de espacio suficiente, guarde las piezas. Su hijo puede utilizarlas para hacer algunos grandes inventos.

Puesta en común:

Es probable que su hijo quiera llevar a clase algunas piezas. Él puede describir cada una a sus compañeros y decir qué herramientas ha utilizado para desmontar la máquina. Sus compañeros querrán conocer todos los detalles.

Actividad para casa 2

☐ *Mira, ¡sin manos!*

Objetivo:	Resolver un problema mediante el desarrollo de estrategias o construcciones
	Pensar en distintas soluciones al mismo problema

Materiales:	2 platos de papel
	Entre 6 y 10 pelotas de ping-pong
	Envases de rollos de película
	Objetos pequeños y ligeros, como cuentas de poliestireno expandido
	Sobre
	Pieza de 1,25 cm de cinta adhesiva ó 2,5 cm de cinta de celofán
	Cintas de cierre de bolsas de plástico
	Pieza de cuerda de 30 cm
	Folio
	Pajita
	Bolígrafo o lápiz
	Taza de papel o de poliestireno expandido
	Bolsa de plástico
	Palillo de polo, de dientes o pincho de madera
	Vela de cumpleaños

Nota para padres y madres:

La resolución de problemas es una destreza esencial, tanto en la escuela como en la vida cotidiana. Esta actividad pide a su hijo que resuelva un problema mecánico con determinados materiales e instrucciones. Cuando su hijo trabaje sobre este problema, observe las estrategias que utiliza: ¿avanza por ensayo y error, se limita a intentar adivinar las estrategias o adopta un enfoque más sistemático? ¿Cómo utiliza la información que ha obtenido mediante la experimentación? Muchos niños disfrutan cuando consiguen sus propias soluciones a los problemas y esta actividad les invita a lograr tantas como puedan.

Procedimientos:

1. Dígale a su hijo que tiene un problema especial que resolver: ¿Cómo pueden moverse las pelotas de ping-pong de un plato a otro, sin tocar ni éstas ni los platos con las manos? ¡Imagina que las pelotas están envenenadas! Pida a su hijo que imagine cómo moverlas y que, después, ponga a prueba la solución. Su hijo puede utilizar cualquiera de los materiales que usted le ofrezca o todos ellos, pero tiene que mover cada pelota de un modo diferente.

2. Deje que su hijo explore, planee y construya mientras muestre interés.

3. Cuando su hijo haya acabado de dar soluciones, hágale preguntas sobre ellas, por ejemplo:
    *   ¿Qué solución es la más fácil? ¿Por qué?
    *   ¿Qué solución es la más complicada? ¿Por qué?
    *   ¿Qué solución es la más sorprendente? ¿Por qué?

Puesta en común:

Esta actividad constituye un terrible desafío para otros miembros de la familia. Su hijo puede dedicarse a introducir la actividad y supervisarla.

Actividad para casa 3

☐ ¿Puedes construir una casa?

Objetivo: Construir un castillo de naipes

Materiales: Una baraja de naipes
                                   Una superficie plana y suave (mesa, suelo)

Nota para padres y madres:

La construcción de un castillo de naipes es una actividad muy popular y conocida. Requiere pocos materiales, pero exige pensar y resolver problemas. Para construirlo, su hijo tiene que pensar en el equilibrio, el peso y el diseño. Observe cómo se plantea estas cuestiones mientras realiza su tarea. Para algunos niños, esta actividad es tan absorbente que invierten mucho tiempo en ella. Vea la ilustración que muestra un modo de construir castillos de naipes.

Procedimientos:

1. Puede iniciar esta actividad con un desafío. Dé a su hijo dos naipes y vea si es capaz de hacer que se sostengan apoyándose mutuamente por sus respectivos bordes superiores, formando una V invertida.

2. Cuando su hijo haya averiguado cómo hacer la V invertida, pídale que haga dos, una al lado de la otra. Después, dígale que haga un castillo de V. Si ve que no sabe qué hacer, indíquele que ponga un naipe apoyado en dos vértices. Después, dígale que continúe.

3. Es muy entretenido pensar en otras formas de construir castillos de naipes. ¿Qué ideas diferentes se le ocurren a su hijo? Anímelo a que ponga a prueba algunas de ellas. Quizá venga bien que le haga algunas preguntas de este tipo:
   • ¿Qué hace que las cartas se queden de pie?
   • ¿Qué parece hacerlas caer?
   • ¿Cuántos niveles de cartas puedes levantar antes de que se caiga todo?

4. Un reto extraordinario: ¿Puedes construir algo utilizando absolutamente todas las cartas?

Puesta en común:

Construir castillos de naipes es una actividad familiar divertida que, incluso, puede convertirse en un juego. Es probable que su hijo quiera hacerla con sus compañeros de colegio.

Recursos y bibliografía

Las actividades de las páginas anteriores son sólo una introducción al tema. Para ayudarle a Vd. a realizar futuras exploraciones sobre la enseñanza de la mecánica y construcción, le ofrecemos un breve listado de recursos que han resultado muy interesantes para nosotros y nuestros colegas. Lo que intentamos es ofrecer inspiración más que una revisión de la bibliografía. Las obras usadas para la elaboración de este libro están marcadas con asterisco*.

BROWN, D. (1991). *How things were built.* Nueva York: Random House. (Trad. cast.: *Dime cómo se construyó.* Barcelona, Larousse, 1992.)

DARLING, D. (1991). *Spiderwebs to sky-scrapers: The science of sctructures.* Nueva York: Dillon Press, Macmillan.

DUNN, S. y LARSON, R. (1990). *Design technology: Children's engineering.* Nueva York, Londres: Falmer Press.

* EDUCATIONAL DEVELOPMENT CENTER, INC. (1991). *Balls and ramps.* An Elementary Insights Hands-On Science Curriculum. Newton, MA: Autor.

* ELEMENTARY SCIENCE STUDY (1976). *Mobiles.* St. Louis: McGraw-Hill.

* ELEMENTARY SCIENCE STUDY (1968). *Primary balancing.* St. Louis: McGraw-Hill.

* ELEMENTARY SCIENCE STUDY (1968). *Structures.* St. Louis: McGraw-Hill.

GIBBONS, G. (1982). *Tool book.* Nueva York: Holiday House.

HOMAN, D. (1981). *In Christina's tool box.* Chapel Hill, NC: Lollipop Power.

MACAULAY, D. (1975). *Pyramid.* Boston: Houghton Mifflin. (Trad. cast.: *Nacimiento de una pirámide.* Barcelona, Timun Mas, 1999, 11.ª ed.)

MACAULAY, D. (1977). *Castle.* Boston: Houghton Mifflin. (Trad. cast.: *Nacimiento de un castillo medieval.* Barcelona, Timun Mas, 1997, 9.ª ed.)

MACAULAY, D. (1988). *The way things work.* Boston: Houghton Mifflin. (Trad. cast.: *Cómo funcionan las cosas.* Barcelona, Muchnik, 1989.)

McPHAIL, D. (1984). *Fix-It.* Nueva York: Dutton.

* NELSON, L. W. y LORBEER, G. C. (1984). *Science activities for elementary children* (8.ª ed.). Dubuque, IA: Brown.

RICKARD, G. (1989). *Building homes.* Minneapolis, MN: Lerner Publications.

ROCKWELL, A. y ROCKWELL, H. (1972). *The tool box.* Nueva York: Macmillan.

SKEEN, P., GARNER, A. P. y CARTWRIGHT, S. (1984). *Woodworking for young children.* Washington, DC: National Association for the Education of Young Children.

* VANCLEAVE, Janice (1993). *Machines: Mind-boggling experiments you can turn into science fair projects.* Nueva York: John Wiley & Sons.

* WILLIAMS, P. y JINKS, D. (1985). *Design and technology 5-12.* Londres: Falmer Press.

* WILLIAMS, R. A., ROCKWELL, R. E. y SHERWOOD, E. Q. (1987). *Mudpies to magnets: A preschool science curriculum.* Mt. Rainier, MD: Gryphon House.

WILSON, F. (1988). *What it feels like to be a building.* Washington, DC: Preservation Press.

ACTIVIDADES DE CIENCIAS NATURALES

Por Jie-Qi Chen

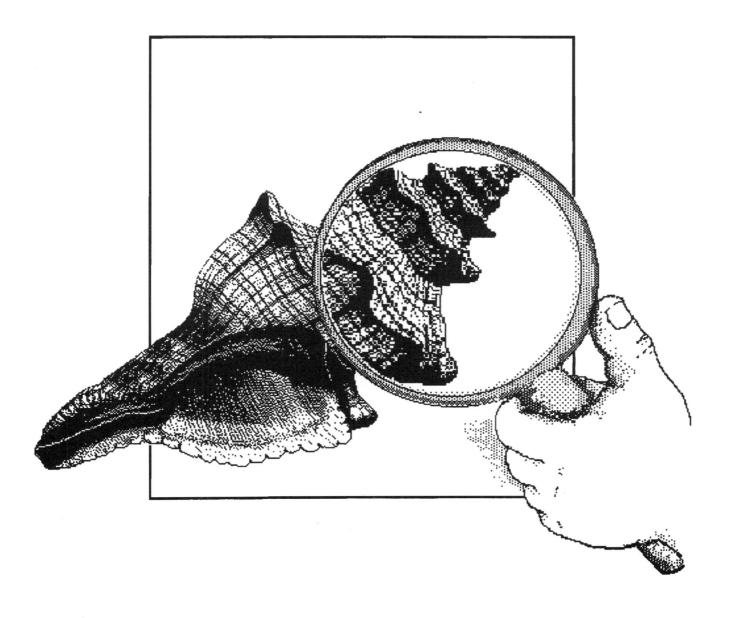

Índice de la guía

Introducción

Actividades de ciencias naturales

Actividades para casa

Recursos y bibliografía

Visión general de las actividades de ciencias naturales

Si el científico es una persona que se sorprende, que estudia el mundo que lo rodea y trata de imaginarse cómo funciona, los niños pequeños son científicos por naturaleza. Los niños son muy curiosos. Esta curiosidad los impulsa a la acción: tocar, gustar, pesar, mezclar, verter; de estas experiencias surge el conocimiento.

Las actividades de esta guía están pensadas para mostrar a los niños distintas maneras de utilizar su curiosidad para descubrir nuevos aspectos del mundo. Cuando observan el crecimiento de las plantas y los animales, están desarrollando sus destrezas de observación. Mediante los experimentos que examinan la naturaleza del agua, los imanes y las sustancias químicas, desarrollan sus capacidades de plantear preguntas, probar hipótesis y resolver problemas. En general, las actividades pretenden desmitificar el trabajo de los científicos, mostrando a los niños lo divertido que puede ser observar, experimentar, clasificar, resolver problemas y documentar su trabajo.

La guía de ciencias naturales está organizada en dos partes. La primera contiene experimentos cortos, como descubrir qué objetos atrae un imán o qué ocurre cuando se mezclan aceite y agua. Por regla general, estas actividades tienen objetivos muy definidos que el niño debe lograr en un período de tiempo dado. En cambio, la segunda sección contiene conjuntos de proyectos, organizados en torno a un tema, que pueden prolongarse durante el curso y, a menudo, dan ocasión para la exploración libre y la experimentación. El registro de las observaciones meteorológicas o los paseos por la naturaleza para observar los cambios estacionales son ejemplos de actividades a largo plazo que pueden comenzar en otoño y continuar hasta la primavera.

Todas las actividades diseñadas en esta guía se centran en torno a una cuestión que está pensada para suscitar la curiosidad del niño y animarlo para que explore su entorno de un modo nuevo. Al hacerle preguntas, el maestro le transmite que el aprendizaje no consiste en la capacidad de dar respuestas de memoria, sino en un proceso de reflexión y experimentación; es más activo que pasivo, más creativo que imitativo.

Para presentar su unidad o centro de aprendizaje de ciencias naturales, puede centrarse en el proceso de hacer ciencia. Puede iniciar una conversación o diálogo con una pregunta como ésta: "Imaginaos que queréis descubrir cómo sabe un alimento nuevo. ¿Qué haríais?", o: "Veis un montón de ositos de peluche en una tienda y queréis comprar el más suave. ¿Cómo decidirías cuál comprar?" Estas preguntas ayudan a los niños a darse cuenta de que utilizan sus sentidos para recoger información sobre el mundo y, además, que actúan sobre los objetos de diversas maneras para descubrir lo que quieren saber. A continuación, puede indicarles que los niños son científicos por naturaleza y que, en muchos sentidos, se comportan como éstos.

Para resaltar este punto, haga preguntas así: "¿Qué cosas quieres saber sobre...?" "Cuando quieres descubrir algo más sobre alguna cosa, ¿qué haces?" Haga que los niños elaboren una lista de los términos que mejor describan la actuación de un científico cuando quiere descubrir algo nuevo. Ayúdeles a comprender algunos términos que tienen relación con todo esto, como: *observar, explorar, experimentar, investigar, analizar* y *examinar.*

Si es posible, invite a algún científico a la clase para que muestre equipos de laboratorio o realice algún experimento. La visita dará oportunidad a los alumnos para conocer a un científico profesional y para que vean por sí mismos lo que éstos hacen en el mundo real.

◻◼ *Descripción de las capacidades clave*

Destrezas de observación

- Observa minuciosamente los materiales para descubrir sus características físicas; utiliza uno o más sentidos.
- Con frecuencia, se percata de los cambios del ambiente (p. ej.: hojas nuevas en las plantas, bichos en los árboles, cambios estacionales sutiles).
- Manifiesta interés por registrar sus observaciones mediante dibujos, gráficos, juegos de tarjetas u otros métodos.

Identificación de semejanzas y diferencias

- Le gusta comparar y contrastar materiales, acontecimientos o ambas cosas.
- Clasifica los materiales y, a menudo, se percata de las semejanzas, las diferencias entre especímenes o de ambas cosas (p. ej., compara y contrasta cangrejos y arañas).

Formación de hipótesis y experimentación

- Hace predicciones basadas en observaciones.
- Realiza preguntas del tipo: "y si…" y ofrece explicaciones acerca de por qué son las cosas como son.
- Lleva a cabo experimentos sencillos o da ideas para ello con el fin de poner a prueba hipótesis, suyas o de los demás (p. ej., tira al agua piedras grandes y pequeñas para ver si la de un tamaño se hunde más deprisa que la de otro diferente; riega las plantas con pintura, en vez de con agua).

Se interesa por los fenómenos naturales, científicos o de ambas clases, los conoce o ambas cosas

- Muestra un conocimiento amplio de diversos temas científicos; ofrece espontáneamente información sobre ellos o habla de su experiencia o de la de otros con el mundo natural.
- Manifiesta interés por los fenómenos naturales o por los materiales relacionados con ellos, como los libros de historia natural, durante amplios períodos de tiempo.
- Hace con regularidad preguntas sobre las cosas observadas.

Experimentos cortos   **Dirigido por el maestro/a**
                                                                                        Pequeño grupo

¿Qué herramientas utilizan los científicos?

Objetivo: Aprender a usar el equipo necesario para resolver problemas cientí-
                                   ficos

Componentes fundamentales: Observar
                            Resolver problemas

Materiales: *Grupo 1 - "Biólogos"*
                                       Bandeja
                                       Microscopios
                                       Retales de tela
                                       Plumas de ave
                                       Ilustraciones de revistas
                                   Grupo 2 - "Médicos"
                                       Bandeja
                                       Fonendoscopios
                                   Grupo 3 - "Inspectores de policía"
                                       Bandeja
                                       Lupas
                                       Almohadilla de tinta
                                       Papel
                                   Grupo 4 - "Químicos"
                                       Bandeja
                                       Cuentagotas
                                       Bandejas de cubitos de hielo
                                       Colorante alimentario

Procedimientos:

1. Ponga los cuatro conjuntos de materiales en cuatro bandejas separadas y coloque las bandejas frente a los niños. Dígales que estos instrumentos los usan los científicos y que van a utilizarlos como ellos lo hacen de verdad. Invite a los niños a que identifiquen los instrumentos e indíqueles diferentes formas de usarlos. Después, divida la clase en cuatro grupos.

    a. Diga a los niños del primer grupo que ellos trabajarán como biólogos. Coloque un microscopio frente a ellos y pregúnteles si pueden decir cómo se llama y qué hace. Debe explicarles: "Los microscopios pueden aumentar los objetos consiguiendo que se vean muchas veces más grandes que su tamaño real. Ayudan a que nuestros ojos vean cosas que, normalmente, son demasiado pequeñas para observarlas con claridad o para verlas, sin más". Pida a los alumnos que pongan los retales de tela, las plumas y las ilustraciones bajo el aparato y comparen cómo se ven con y sin microscopio. Enséñeles a ajustar el enfoque y el ángulo del espejo.

    b. Ponga los fonendoscopios frente al segundo grupo de niños. Dígales que van a actuar como médicos, que son científicos del cuerpo humano. Pregúnteles si pueden decirle cómo se llama el instrumento puesto en la bandeja, dónde lo han visto antes y cuál es su uso. Puede explicarles: "Los médicos utilizan con frecuencia el fonendoscopio para comprobar los latidos del corazón de las personas. Igual que el microscopio hace que las cosas parezcan mayores, el fonendoscopio 'amplifica' el sonido, hace que se perciba en un tono más alto, Así, las cosas que son difíciles de oír, como los latidos del corazón, suenan más y se oyen con mayor facilidad". Pídales a los niños que escojan a un compañero para que, mutuamente, se escuchen sus latidos.

       Después, diga a los niños que observen cómo cambian los latidos del corazón cuando el compañero se acuesta, se levanta o salta 10 veces. ¿Suena más fuerte y más suave?, ¿más deprisa y más despacio? Puede ayudarles a elaborar un gráfico para registrar esos cambios. Preste atención a que no hablen ni griten por el fonendoscopio.

c. Diga a los alumnos del tercer grupo que van a trabajar como inspectores de policía científica. Pregúnteles para qué se utilizan las lupas y explíqueles que este instrumento, lo mismo que el microscopio, consigue que los objetos parezcan mayores, por lo que se observan mejor las huellas y señales.

Haga que se tomen sus huellas dactilares poniendo con cuidado un dedo cada vez (de una mano sólo) sobre la almohadilla de tinta y después, en un papel. Vea si pueden utilizar las ilustraciones que aparecen en la parte inferior de la página para comprobar si sus huellas dactilares son espirales, arqueadas o rizadas. Muéstreles que pueden hacer que las huellas aparezcan más claras si colocan la lupa encima del papel y van levantándola poco a poco, hasta tener bien enfocada la imagen.

d. Diga a los niños del cuarto grupo, que van a trabajar como químicos, los científicos que estudian cómo se combinan las distintas sustancias para crear otras nuevas. Pregúnteles qué ocurre cuando se mezclan los colores. Dé a cada uno dos bandejas de cubitos de hielo, una con agua y otra con colorante alimentario. Pregúnteles cuántas clases diferentes de agua coloreada pueden hacer. Cuando hayan terminado, haga que comparen sus colores y cómo los han obtenido.

2. Haga que cada grupo de niños continúe, durante unos 15 minutos, con la actividad asignada en un principio. Después, cada grupo pasará a otra tarea.

Notas para el maestro o maestra:

1. La finalidad de esta actividad consiste en que los niños conozcan y se habitúen a los instrumentos o equipos científicos que utilizarán durante todo el curso. Puede que haga falta más de una sesión.

2. Si los alumnos muestran interés, puede aprovechar las actividades del siguiente modo:

   • Grupo 1: Haga que los niños seleccionen otros objetos para examinarlos al microscopio (p. ej., cabellos, restos de goma de borrar, de afilar lápices).
   • Grupo 2: ¿Dónde pueden notar los niños los latidos en su cuerpo (p. ej., pecho, muñeca, cuello, pulgares)?
   • Grupo 3: Haga que utilicen la lupa para examinar las letras de los periódicos, los dibujos de las hojas, los rostros de las fotografías, o que observen los objetos que examina el grupo 1 (cabellos, restos de lápices, etc.) y comparen la potencia de la lupa con la del microscopio.
   • Grupo 4: Es posible que quieran hacer "recetas" o gráficos de color basados en sus descubrimientos.

Mi huella dactilar es:

Rizada   **Arqueada**   **Espiral**   **Otra**

☐ *¿Cómo puedes mover el cochecito de juguete?*

Objetivo: Aprender la función de los imanes mediante la experimentación

Componentes fundamentales: Comprobar hipótesis.
Comparar y contrastar
Observar

Materiales: Cochecitos metálicos de juguete
Imanes fuertes
Pajitas
Regla
Cuerda
Cinta adhesiva
Alambre
Bastoncitos

Procedimientos:

1. Para presentar esta actividad, puede decir a los niños que tiene un problema para que ellos lo resuelvan. Muéstreles un cochecito de juguete e invíteles a moverlo por la mesa sin tocarlo.

2. Haga que los alumnos trabajen en pequeños grupos, con un coche (o más) por grupo. Anímeles a que prueben distintos materiales para mover su coche por la mesa. También puede crear y repartir un formulario en el que anoten sus "descubrimientos" dibujando o escribiendo los materiales, cómo los han utilizado y si han servido.

3. Después de que los alumnos hayan experimentado con distintos objetos, pregúnteles: "¿Qué habéis descubierto?" Vea si los niños han apreciado que podían mover el coche con el imán. Si alguien tiene otra idea, anímele a que la exponga y pregunte a los niños si creen que ese método funciona (otras soluciones posibles son empujar el coche con una regla o dar golpecitos en la mesa). Observe y escuche cuidadosamente sus observaciones y explicaciones. Utilice sus comentarios para indicar qué tipos de actividades pueden convenirles en los días siguientes.

Variaciones:

1. Amplíe la actividad con otro juego de imanes. Divida la clase en pequeños grupos y dé a cada grupo un imán y una caja con objetos pequeños, como clips, clavos, canicas, monedas, cuentas y abrelatas. Pida a los niños que actúen como científicos y descubran qué tipos de objetos atrae el imán (asegúrese de que pueden darle el significado de *atraer*).

2. Explique a los niños que los científicos registran siempre los resultados de sus experimentos, de manera que puedan buscar pautas y recordar lo que hayan descubierto. Dígales que sería conveniente registrar los resultados de su prueba con el imán, pegando dos etiquetas en una mesa, una que ponga *sí* y otra que ponga *no*. Deben alinear los objetos bajo la etiqueta que corresponda y contrastar las dos columnas. También puede ayudarles a elaborar una tabla, como la que aparece a continuación, de manera que registren los resultados de su experimento.

3. Promueva una conversación de seguimiento en el grupo y pregunte a los niños si ven alguna semejanza entre los objetos que se adhieren al imán. Compruebe si pueden formular —y articular— la idea de que la mayoría de los objetos de metal se pegan, pero no todos. Tras cierto tiempo de conversación, comente a los niños que los metales que atraen los imanes tienen un "ingrediente oculto", que es el hierro o el acero (que contiene hierro).

Tabla de registro del experimento del imán

¿El imán atrae este objeto? Rodee "sí" o "no"

Clavo	Sí	No
Clip	Sí	No
Canica	Sí	No
Cuenta	Sí	No
Abrelatas	Sí	No
Moneda	Sí	No
(*)	Sí	No
(*)	Sí	No

(*) Seleccione los objetos que quiera para estas dos casillas

☐ ¿Cómo se relacionan las luces y las sombras?

Objetivo:	Examinar la relación entre la luz y las sombras
Componentes fundamentales:	Comprender las relaciones espaciales Comparar y contrastar Observar
Materiales:	El libro *Bear Shadow* ("La sombra del oso"), de Frank Asch Linterna Tiza

Procedimientos:

1. Lea a los niños: *Bear Shadow*, de Frank Asch, un libro sobre un oso que intenta deshacerse de su sombra. Hágales preguntas sobre las sombras, como: ¿Qué sabes de las sombras? ¿Dónde has visto sombras? ¿Cuándo ves sombras?

2. Pregúnteles si ven alguna sombra en la clase y qué pueden hacer para crearlas. Anímelos para que pongan a prueba sus ideas. Proporcióneles los materiales que puedan necesitar, como una linterna.

3. En un día soleado, haga salir a los niños al aire libre. Dígales que traten de "perder" sus sombras. ¿Se puede hacer? ¿Qué pasa si se mantienen dentro de una sombra mayor o en la parte del patio que está en penumbra? ¿De qué otro modo pueden cambiar los niños su sombra? ¿Pueden conseguir que sus sombras sean más grandes, más pequeñas, más finas, más anchas? Pídales que hagan sombras con distintos objetos, como un paraguas o un libro. ¿Cómo pueden cambiar la forma de las sombras?

4. Diga a los niños que trabajen por parejas para que cada uno dibuje la silueta del otro en la acera o en una zona de juego asfaltada. Vuelvan al mismo lugar cada 2 ó 3 horas. ¿Han cambiado las sombras? ¿Son mayores, más pequeñas, más anchas? ¿Apuntan en una dirección diferente?

5. Dígales que jueguen a "tú la llevas" con la sombra. El niño que paga o "la lleva" trata de alcanzar a otros niños pisando sus sombras. Haga que jueguen variando algún aspecto: tocando la sombra de los niños con la sombra del que "la lleve" o con la sombra de su mano.

Experimentos cortos   **Dirigido por el maestro/a**
                                                                    Pequeño grupo

☐ *¿Qué hace que las gotas sean tan misteriosas?*

Objetivo: Realizar un experimento para comparar y contrastar el comporta-
                                   miento de las gotas de agua en distintos tipos de papel

Componentes fundamentales: Comparar y contrastar.
                                   Experimentar

Materiales: Distintos tipos de papel (p. ej., papel de escribir, papel encerado,
                                   papel de periódico, servilletas de papel)
                                   Distintos tipos de materiales para envolver (hoja de aluminio, pelícu-
                                   la de plástico)
                                   Agua
                                   Cuentagotas
                                   Lupa

Procedimientos:

1. En pequeños grupos o con toda la clase, haga que los niños dejen caer gotas de agua en distintas superficies. Comience con la hoja de aluminio. ¿Se queda el agua en un punto o se extiende? ¿Permanece en la superficie o cala?

2. Invite a los niños a que experimenten, solos o en pequeños grupos, utilizando un cuentagotas para obtener las gotas y tirar unas cuantas sobre una hoja de aluminio. ¿Cómo pueden obtenerse gotas gigantes, pequeñitas y montones de gotas? ¿Qué formas distintas se pueden conseguir tirando del extremo de la gota con el cuentagotas? ¿Pueden empujar una gota desde una mancha a otra? ¿Hasta qué punto pueden acercar las gotas sin que conformen una grande?

3. Cuando le parezca conveniente, introduzca nuevas superficies. Pregunte a los niños cómo cambian las gotas de agua en distintas clases de superficies. ¿Parecen iguales las gotas caídas en la hoja de aluminio y en la servilleta de papel? ¿Crean las mismas formas y montones? Hable del experimento con los niños y pregúnteles qué han descubierto. Anote sus respuestas.

4. Hable con los alumnos sobre las propiedades de los papeles y de los materiales de envolver que estén utilizando. ¿En qué difieren unas superficies de otras? ¿Qué material absorbe o empapa más agua y cuál menos?

5. Diga a los niños que hagan dos grupos: superficies que absorban agua y superficies que no. ¿Cómo se relaciona la capacidad de absorber agua del material con su función, su modo de empleo? Por ejemplo, ¿por qué se utilizan las servilletas de papel para secar algo y la hoja de aluminio para guardar las sobras?

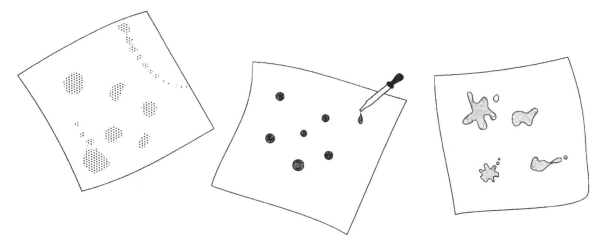

Variaciones:

1. Anime a los niños a que experimenten con distintos líquidos, como vinagre, aceite y miel. Invíteles a pensar en otros líquidos que quizá quieran probar: leche, zumo de manzana, té o café.

2. Dígales que utilicen lupas para examinar tanto el extremo como el centro de las gotas de distintos líquidos para ver si se parecen las que pertenecen a líquidos diferentes. Si no, ¿en qué se distinguen?

3. Anime a los niños a que realicen pinturas de gotas con distintos líquidos. ¿Cuáles secan rápido y cuáles despacio? A medida que pasa el tiempo, ¿qué gotas cambian de aspecto?

4. Anote las preguntas y descubrimientos de los niños. Pídales que hagan dibujos y coleccionen las hojas, haciendo un gran libro.

Esta actividad se ha adaptado de *Elementary Science Study* (1976). "Drops, streams, and containers". St. Louis: McGraw-Hill.

Experimentos cortos

Dirigido por el maestro/a
Pequeño grupo

☐ *¿Qué sentidos te ayudan?*

Objetivo:	Aprender cómo pueden ayudar los sentidos a resolver problemas
Componentes fundamentales:	Comparar y contrastar Comprobar hipótesis Sacar conclusiones
Materiales:	Líquidos transparentes (agua, agua azucarada, agua con sal) Líquidos de color ámbar (agua con miel, vinagre de manzana, zumo de manzana) Líquidos oscuros (café, cola, salsa de soja) 9 botellas de plástico transparente con tapón Papel de periódico o trapos Tazas de papel

Procedimientos:

1. Para preparar el experimento, vierta en las botellas los distintos líquidos y cubra las mesas de trabajo con periódicos o trapos.

2. Diga a los niños que tienen que resolver un problema interesante. Sobre la mesa, hay tres juegos de botellas llenas de líquido. ¿Pueden averiguar cuáles son las que tienen sus bebidas preferidas: zumo de manzana, agua y cola? ¿Cómo pueden resolver el problema? Por regla general, los niños tratan de identificar las botellas mediante observación visual. Anímelos a probar otros métodos con preguntas como: ¿Cómo lo sabes? Los líquidos de estas botellas son muy parecidos, ¿cómo puedes estar seguro de que una tiene zumo de manzana y la otra no?

3. Lleve la conversación con los niños al terreno de los distintos sentidos humanos. Explíqueles que, aunque en algunos casos puedan identificar con la vista las bebidas, cuando los líquidos tengan un color semejante, tendrán que utilizar otros sentidos. Pregúnteles qué sentidos pueden ayudarles. Anime a los niños a que huelan los líquidos. Dígales que pueden verter una pequeña cantidad de cada líquido en una taza y probarlo.

4. Pida a los niños que cuenten al grupo sus descubrimientos. Ayúdeles a sacar conclusiones sobre las funciones de los sentidos humanos.

Nota para el maestro o maestra:

Como medida de seguridad, haga hincapié en que los niños no deben beber líquidos de botellas que no tengan etiquetas, salvo que lo sepan sus padres, el maestro u otra persona adulta responsable.

Experimentos cortos

Dirigido por un niño/a
Pequeño grupo

☐ ¿Qué clases de alimentos tienen grasa?

Objetivos:	Realizar un experimento sencillo y registrar los resultados
	Aprender acerca de una dieta sana

Componentes fundamentales: Observar
Registrar e interpretar las observaciones
Sacar conclusiones

Materiales: 6 alimentos diferentes, como:
Cereales para desayuno
Dulces
Galletas
Mayonesa
Pieza de manzana, uva u otra fruta
Salchicha
Papel
Tabla de recogida de datos

Procedimientos:

1. Inicie una conversación con los niños sobre la comida sana. Puede aprovechar la ocasión para presentar la pirámide de alimentos de la *U.S. Food and Drug Administration*. Pídales que pongan ejemplos de comida basura y de comida sana. Anote sus respuestas. Exponga qué tienen en común los alimentos de cada grupo, haciendo hincapié en lo que hace poco saludable la comida basura (grasa, azúcar, sal, carencia de vitaminas y minerales).

2. Introduzca la actividad diciendo a los niños que van a realizar un experimento para descubrir qué comidas tienen grasa. Examinarán seis tipos diferentes de alimentos. Dé a cada niño 6 trozos de papel. Dígales que froten el papel con un poco de alimento; levanten el papel y sosténganlo mirando a la luz observando la mancha formada en donde hayan frotado; escriban lo que observen en una tabla de registro. El alimento en cuestión, ¿tiene mucha, alguna o ninguna grasa?

3. Diga a los niños que repitan el experimento con cada uno de los alimentos y comparen después los resultados. Hágales preguntas de este tipo: "Basándoos en vuestro experimento, ¿cómo podéis saber si un alimento tiene más grasa que otro?

Esta actividad se ha adaptado de: L. W. NELSON y G. C. LORBEER (1984). *Science activities for elementary children* (8.ª ed.). Dubuque (IA): W. C. Brown.

Actividades a largo plazo

☐ *Otoño, invierno, primavera; ¿qué cambios traen?*

Objetivos:

Aprender a observar y estudiar los cambios estacionales
Aprender a proteger el ambiente que nos rodea

Componentes fundamentales:

Observar
Comparar y contrastar
Registrar e interpretar las observaciones
Interés por la naturaleza

Materiales:

Bolsas de plástico o de papel (una por cada niño)
Carpetas de observación (una por cada niño)

Notas para el maestro o maestra:

1. Esta actividad se realiza principalmente mediante salidas por la naturaleza. Proponga un tema diferente para cada uno de los paseos, por ejemplo, una marcha primaveral para observar los cambios estacionales, un paseo veraniego para encontrar tantas cosas verdes como sea posible, una salida otoñal para coleccionar hojas, un paseo en el Día de la Tierra para recoger basura o una "búsqueda de objetos de la naturaleza" para poner a prueba las destrezas de observación (una muestra de lista de comprobación de objetos de la naturaleza aparece en la página siguiente). El tema del paseo por la naturaleza está pensado para centrar la atención de los niños, no para restringir sus planes e intereses. Los paseos por la naturaleza funcionan mejor si los niños tienen libertad para observar y explorar el medio que los rodea, siempre que no se comprometa su seguridad.

2. Si va a utilizar el mismo camino en todas las ocasiones, puede invitar a cada niño a que "reclame" para sí una porción de terreno o un objeto hallado en el camino. Marque las zonas u objetos de los niños de una forma lo bastante permanente para que puedan localizarlos en las distintas estaciones. Incluso puede cartografiar la ruta y marcar los puntos elegidos por los niños. Debe inducirles a que se percaten de las cualidades o características que hacen únicos los puntos escogidos, explíqueles que utilizarán esa porción de terreno o ese objeto durante todo el curso para estudiar ciencias naturales al aire libre, para observar los cambios que aportan las distintas estaciones y para observar los seres vivos. Cada niño dispondrá de una carpeta para recoger sus observaciones. De vez en cuando, déjeles que reclamen otra zona u objeto adicional, aunque deban dar una razón por la que deseen ampliar su espacio.

3. Durante cada paseo o después del mismo, cada niño debe realizar un informe escrito o dibujado sobre sus observaciones, sobre todo de las efectuadas en su área: ¿Cómo ha cambiado? ¿Sigue igual? Las listas estructuradas de comprobación o las fichas de trabajo pueden ayudarles a recordar lo que hayan visto. Por ejemplo, recopile una lista o ilustraciones de objetos corrientes, plantas, insectos, etcétera. Reparta la lista y pida a cada niño que marque las cosas que puedan encontrarse en su zona o en su objeto.

4. Con frecuencia, las conversaciones de seguimiento amplían las observaciones espontáneas de los niños y enriquecen su conocimiento del medio que los rodea. También puede complementar los paseos con diversos proyectos. Por ejemplo, los alumnos pueden hacer *collages* de hojas, crear cuadros con objetos naturales (véanse las págs. 232 y 251 de la guía de Artes Visuales) o hacer sus creaciones con materiales de desecho.

5. Los paseos por la naturaleza aportan a los niños grandes oportunidades para recoger objetos naturales que les interesen. También ofrecen a usted la oportunidad de observar cómo incluye cada niño su propio plan en las actividades y cómo se diferencia de los demás en su manera de enfocar el mundo natural.

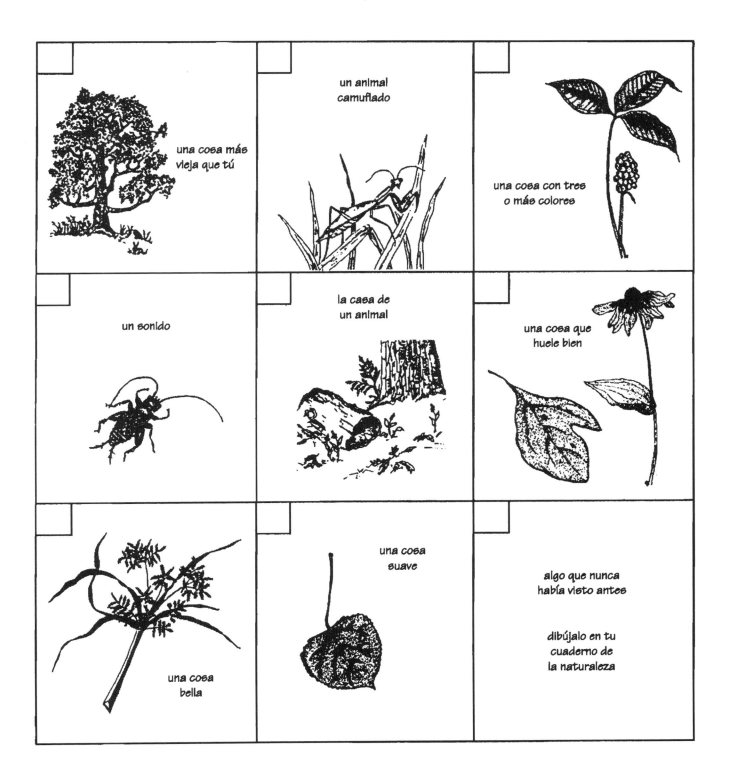

una cosa más
vieja que tú

un animal
camuflado

una cosa con tres
o más colores

un sonido

la casa de
un animal

una cosa que
huele bien

una cosa
bella

una cosa
suave

algo que nunca
había visto antes

dibújalo en tu
cuaderno de
la naturaleza

Esta lista de búsqueda está tomada de: L. N. GERTZ (1993): *Let nature be the teacher*. Belmont (MA): Habitat Institute for the Environment. Ilustraciones de N. CHILDS.

☐ *¿Qué puedes descubrir jugando con agua?*

Objetivos: Aprender procedimientos experimentales jugando con agua

Componentes fundamentales: Probar hipótesis
                            Comparar y contrastar
                            Medir

Materiales: Cubos de agua
                            Delantales o guardapolvos
                            Objetos varios para jugar con agua:
                            Recipientes de plástico   Barreños
                            Botellas   Norias
                            Cedazos   Tazas
                            Cestas de fresas   Cuentagotas
                            Bombas hidráulicas

Notas para el maestro o maestra:

1. Los cubos de agua, que harán falta para las cuatro actividades, deben situarse cerca de un grifo y con una bayeta y toallas al lado. Recuerde a los niños que conserven el agua en el cubo y que limpien inmediatamente las salpicaduras. Limite el número de niños que pueda estar jugando al mismo tiempo, dado el tamaño del cubo.

2. De vez en cuando, deje los cubos de agua a disposición de los niños durante el recreo o después de que hayan terminado otras actividades. A veces, deben tenerlos a mano para jugar por su cuenta, llenando y vaciando el agua sin ningún objetivo definido. Otras veces, hay que introducir experimentos de ciencias naturales que exijan a los niños crear hipótesis, hacer observaciones cuidadosas, manipular materiales y examinar los resultados.

3. Todos los experimentos de agua son de carácter abierto. Los materiales necesarios para los experimentos concretos se relacionan más adelante y, en muchos casos, pueden ser reciclados o donados. Se incluyen preguntas destinadas a ayudar al niño a elaborar hipótesis y a extraer conclusiones de los experimentos.

Actividad 1: Rellenar y verter

Materiales: Cucharita de té   Bolas de algodón
                    Tazas   Pajita para beber
                    Cuentagotas
                    Embudos y tubos de distintos tamaños
                    Jeringuilla hipodérmica sin aguja.

Preguntas:

1. ¿Cuánto tiempo tarda el agua de una taza en pasar por un embudo? (Para contar los segundos, los niños pueden decir: "mil uno", "mil dos",...)

2. ¿Podéis encontrar materiales o inventar un dispositivo que haga que el agua fluya más despacio? (Conviene que tenga a la vista diversas posibilidades: embudos de distintos tamaños, tubos de extensión, bolas de algodón y otros "tapones" parciales.)

3. ¿Podéis imaginar cuál es el instrumento que llena de agua una taza con la máxima rapidez? (Presente un cuentagotas, una cucharita de té, una pajita para beber y una jeringuilla hipodérmica sin aguja.)

Actividad 2: Objetos que flotan y que se hunden

Materiales: Diversos materiales que se hunden y flotan, como
                 Envases de rollos de película   Esponjas
                 Huevos de plástico   Arandelas
                 Corchos   Monedas
                 Piedras   Bloques de madera
                 Hoja de aluminio.

Preguntas:

1. ¿Qué objetos te parece que flotan?
2. ¿Qué objetos crees que se hunden?
3. ¿Por qué hay objetos que flotan en el agua y otros que se hunden?
4. ¿Qué puedes hacer para descubrir si las cosas ligeras flotan siempre y las pesadas se hunden siempre? (Pregunte esto si el niño hubiera sugerido que el flotar y el hundirse dependen del peso.)
5. ¿Puedes encontrar un objeto que flote que sea capaz de aguantar otro que se hunda?
6. ¿Puedes conseguir que se hunda un objeto que flote? ¿Puedes hacer que flote un objeto que se hunde?

Actividad 3: Disuélvelo en agua

Materiales: Recipientes de plástico
                 Cuentagotas
                 Cucharas
                 Diversos líquidos y sólidos, como:
                 Aceite de cocina   Harina de maíz
                 Colorante alimentario   Harina de trigo
                 Pinturas   Sal
                 Champú   Azúcar
                 Arena

Preguntas:

1. ¿Cómo te parece que quedará el agua si viertes en ella _____?
2. ¿Puedes decir qué botella tiene azúcar y cuál tiene sal? ¿Cómo?
3. ¿Parece igual el agua cuando le incorporas colorante alimentario y cuando viertes pintura?

Notas para el maestro o maestra:

Puede etiquetar cada ítem como A, B, C, D, etcétera. Diga a los niños que pueden tomar nota de sus experimentos utilizando letras, por ejemplo: A + B + D = resultado. Asegúrese también de que los niños hagan las mezclas en los recipientes al efecto y no en el cubo de agua.

Actividad 4: Volumen y conservación

Materiales: Recipientes de plástico, jarras de medida y botellas variadas.

Preguntas:

1. ¿Crees que esta botella tiene más agua que la otra?
2. ¿Por qué crees que esta botella tiene más agua?
3. ¿Cómo podemos comprobar si estas dos botellas tienen la misma cantidad de agua?

☐ ¿Qué hace que el pan crezca?

Objetivos: Aprender sobre el cambio químico, realizando experimentos y hor-
                                    neando pan
Componentes fundamentales: Observar
                                    Medir
                                    Probar hipótesis
                                    Registrar e interpretar observaciones

Notas para el maestro o maestra:

1. En las cocinas de todo el mundo, diariamente se produce una increíble demostración química. Unos ingredientes habituales, como la harina, el azúcar y la sal se mezclan y se convierten en pan, caliente, nutritivo y de agradable olor. En esta actividad, los niños realizan diversos experimentos para determinar los ingredientes que hacen que el pan crezca ("suba"). En ese proceso, llegarán a descubrir una de las muchas maneras en que la química influye en nuestra vida cotidiana.

2. En la medida de lo posible, estimule a los niños para que realicen los experimentos y se encarguen ellos mismos de los trabajos de cocina. Hábleles de cómo pueden trabajar juntos como grupo para hacer un experimento o una receta. Pueden realizar las cosas por turno u ofrecerse voluntarios para distintas tareas. Cuando hayan comenzado, présteles apoyo formulándoles las preguntas adecuadas, como: ¿Qué diferencia hay entre una cucharita de té y una cuchara? ¿Cómo puedes asegurarte de haber medido *exactamente* una cucharada sopera o *exactamente* una taza?

3. Esta actividad puede ampliarse de muchas maneras. Por ejemplo, los niños están desarrollando sus destrezas lingüísticas y matemáticas cuando leen las recetas y miden; además, pueden vender sus productos horneados y poner precio y nombre a su pan, dar los cambios y calcular el total de los ingresos. Para promover la comprensión social, puede pedir a los padres que envíen una receta de pan exclusiva de su familia o su cultura. También puede coleccionar las recetas en un libro de cocina de la clase y hornear algunos panes de ese tipo en el aula. Asimismo, puede utilizar el horneado del pan como motivo de una conversación o unidad sobre la nutrición.

Actividad 1: ¿Qué ocurre si...?

Materiales: Utensilios para hornear
                                    Ingredientes para varias barras de pan (entre 3 y 5) (se presenta una receta a modo de sugerencia)
                                    Pizarra y tiza o papel milimetrado y rotuladores

Procedimientos:

1. ¿Qué ocurre si queréis hornear una barra de pan pero no encontráis la levadura? ¿Qué ocurre si ponéis demasiada harina o azúcar? Organice con los niños un torbellino de ideas para elaborar la lista de ingredientes necesarios para hacer una barra de pan y escríbala en la pizarra o en el papel de gráficos. Diga a sus alumnos que van a realizar diversos experimentos de horneado de pan para descubrir qué ingredientes son realmente esenciales. También encontrarán algunas respuestas a la pregunta: ¿Qué hace que el pan crezca?

2. Seleccione una receta de pan que sea relativamente sencilla de preparar. Puede utilizar una de sus recetas favoritas, la que se indica a continuación o una receta familiar especial.

3. Hornee el pan con los niños, siguiendo la receta al pie de la letra, de manera que ellos sepan cómo habrá de ser el aspecto del pan y su sabor. Desafíeles a que adivinen qué ingrediente o ingredientes de la receta hacen falta para que crezca el pan.

4. Hornee de nuevo el pan, pero en esta ocasión elimine uno de los ingredientes que hayan señalado los niños. Anímelos a que lo prueben y observen. Hable de las diferencias que existen entre las dos barras de pan que hayan horneado. ¿El ingrediente eliminado era esencial para hacer una buena barra de pan? ¿Qué hace? ¿Hace que crezca el pan? Si es así, probablemente los niños hayan identificado algún fermento (bicarbonato de sosa, levadura en polvo o levadura no tratada).

5. Pregunte a los niños qué otros ingredientes quieren suprimir. Hornee pan varias veces más, eliminando uno y sólo un ingrediente cada vez. En cada ocasión, hable con los niños acerca de lo que aporte el ingrediente a la masa. ¿Contribuye a que el pan crezca? ¿Hace falta por otra razón? ¿Por qué?

PASTEL DE PLÁTANO DE LA TÍA AMY
© 1998 Sara EVANS, Belmont (Massachusetts)

Ingredientes:

1/2 taza de mantequilla o margarina,
1 taza de azúcar,
1 huevo,
4 cucharadas soperas de yogur natural,
1 cucharadita de té de bicarbonato,
2 plátanos maduros, hechos papilla,
1 1/2 tazas de harina de trigo,
1/4 de cucharadita de té de sal.

Precaliente el horno a 175° C.
En una fuente grande, bata la mantequilla (o margarina) y el azúcar. Añada el huevo, la papilla de plátano y mézclelo bien.
Espolvoree la harina con la sal. En otra fuente, mezcle el yogur y el bicarbonato.
Añada a la mezcla de plátano partes de harina y de mezcla de yogur alternando una y otra.
Unte con mantequilla derretida y harina un molde de 20 × 12 cm. Vierta en él la masa y hornéela durante 55 minutos o hasta que esté cocida (si pincha el pastel con un palillo, éste debe salir limpio). Deje enfriar el pastel antes de cortarlo.

Actividad 2: ¿Qué diferencia hay entre la levadura en polvo y el bicarbonato de sosa?

Materiales:

Bicarbonato de sosa	Harina
Levadura en polvo	6 tazas de papel
Vinagre	Cucharas de medida
Gráfico de registro	Agua.

1. Al hacer el experimento del horneado de pan, es probable que los niños hayan descubierto que el bicarbonato o la levadura en polvo (o ambos, quizá) pueden servir para hacer que el pan crezca, "suba". ¿Estos ingredientes funcionan de por sí o necesitan alguna ayuda? Diga a los niños que, en los experimentos siguientes, combinarán bicarbonato y levadura en polvo con distintos ingredientes para ver qué ocurre.

2. Pida a los niños que cojan tres pares de tazas de papel y las numeren del 1 al 6. A continuación, deben poner en las tazas 1, 3 y 5 una cucharadita de té de bicarbonato. Dígales que limpien y sequen la cuchara con la que hayan medido y pongan una cucharadita de levadura en polvo en las tazas 2, 4 y 6.

3. Los niños deben realizar los siguientes experimentos, utilizando el gráfico para hacer constar los resultados obtenidos (p. ej.: "espuma" o "sin espuma"). Si lo cree conveniente para los niños, escriba los ingredientes para cada taza en la pizarra o en papel milimetrado.

    a. Añade 1/4 de taza de agua a la taza 1 y otro 1/4 de taza de agua a la taza 2. ¿Qué ocurre?

    b. Mezcla 1/4 de taza de harina y 1/2 taza de agua. Añade la mitad de la mezcla a la taza 3 y la otra mitad a la taza 4. ¿Qué ocurre?

    c. Añade 1/4 de taza de vinagre a la taza 5 y otro 1/4 de taza de vinagre a la taza 6. ¿Qué sucede?

	Bicarbonato	Levadura en polvo
1. Agua		
2. Agua		
3. Mezcla de harina		
4. Mezcla de harina		
5. Vinagre		
6. Vinagre		

4. Pida a los niños que revisen sus resultados. ¿Qué creen que hace que la levadura en polvo haga espuma? ¿Qué piensan que hace que el bicarbonato haga espuma? ¿Qué hacen las burbujas en una barra de pan? (Cuando se combinan ácidos y bases, producen el gas dióxido de carbono. La levadura en polvo está hecha con bicarbonato sódico, una base, más ácido en polvo; se activa con el agua y otros líquidos. El bicarbonato de sosa está hecho con bicarbonato sódico, pero sin ácido. En consecuencia, para que el bicarbonato de sosa libere dióxido de carbono, es preciso añadirle algún ácido. Una receta de pan que utilice bicarbonato de sosa como levadura también tendrá que incluir vinagre, zumo de fruta, suero de leche u otro ácido. Examine con los niños un pedazo del pan para ver las bolsitas de aire dejadas por las burbujas de dióxido de carbono.)

5. Pregunte a los niños qué se puede añadir a las tazas 1 y 3 para conseguir que la mezcla de bicarbonato de sosa haga espuma.

Actividad 3: ¡Levadura! ¡Está viva!

Materiales: 3 ó 4 paquetes de levadura   4 globos
                          Azúcar   4 botellas de 1 l
                          Harina   2 tazones
                          Sal   Tazas de medida
                          Zumo de fruta   Embudo
                          Gráfico de registro

Procedimientos:

1. Abra un paquete de levadura y anime a los niños a que la miren, la toquen y la huelan. Explique que es un fermento, como la levadura en polvo y el bicarbonato de sosa, pero, a diferencia de estos otros dos ingredientes, está constituida por pequeños organismos vivos que, en las condiciones adecuadas, crecen y se multiplican. En todas las épocas, se ha utilizado la levadura (un vegetal unicelular) para hacer crecer el pan. Sin embargo, en este experimento, los niños la emplearán ¡para inflar globos!

2. Diga a los niños que pondrán a prueba cuatro alimentos distintos, todos ellos posibles ingredientes adecuados para fermentar, para descubrir cuál es el mejor "alimento" para las levaduras. En primer lugar, los niños vaciarán tres paquetes de levadura en un tazón mezclando todo con una taza de agua templada (la temperatura es importante, como se verá en el experimento siguiente).

3. A continuación, los niños etiquetarán cuatro botellas idénticas, de 1 l cada una, poniendo en las etiquetas el nombre de los cuatro alimentos que van a utilizar: azúcar, harina, sal y zumo de manzana. Haga que preparen las botellas del siguiente modo:

   a. En el tazón, se mezclan 1/2 taza de azúcar y 1/2 taza de agua templada. Se añade 1/4 de taza de la mezcla de levaduras. Se utiliza el embudo para verter la mezcla en la primera botella. Se coge un globo y se fija firmemente a la boca de la botella, que se deja acostada.
   b. Se lavan el tazón y el embudo. Se mezclan 1/2 taza de harina y 1/2 taza de agua templada. Se añade 1/4 de taza de la mezcla de levaduras. Se vierte la mezcla en la segunda botella, fijándose el globo correspondiente a la boca de la botella, que se deja acostada.
   c. Se utiliza el mismo procedimiento con la tercera botella, con 1/2 taza de sal, 1/2 de agua y 1/4 de la mezcla de levaduras.
   d. Se utiliza el mismo procedimiento con la cuarta botella, con 1/2 taza de zumo de manzana y 1/4 de taza de la mezcla de levaduras. El zumo de manzana debe estar a temperatura ambiente.

4. Haga que los niños predigan qué alimento será el mejor para las levaduras. Para comprobar la respuesta, anímelos a que observen las botellas cada media hora y registren sus observaciones en la tabla siguiente, utilizando dibujos, palabras o ambas cosas. ¿Qué aspecto tienen los globos? ¿Cuál está más inflado? ¿Cuál está menos inflado? ¿Qué aspecto tienen las mezclas del interior de cada botella? ¿Hay burbujas o conjuntos de burbujas?

5. ¿Cómo se producen las burbujas? Pregunte a los niños sus opiniones. Explique que las levaduras rompen los almidones, como la harina, formando azúcares, que se convierten en alcohol. Durante estos procesos, se produce dióxido de carbono. Pregunte a los niños qué creen que ocurre cuando se mezcla la levadura con harina, azúcar, sal o zumo de fruta en la masa del pan.

Gráfico de registro del experimento de la levadura

	Pasada 1/2 hora	Pasada 1 hora	Pasada 1 1/2 hora	Pasadas 2 horas
Harina				
Azúcar				
Sal				
Zumo de manzana				

Actividad 4: Caliente y frío

Materiales: 3 paquetes de levadura   3 globos
               Harina   Embudo
               3 botellas de 1 l   Tazas de medida
               2 tazones   Fogón o microondas
               Papel y lápices.

Procedimientos:

1. En cada uno de los experimentos anteriores, se añade un líquido —agua, por regla general— a la levadura. ¿Tiene alguna importancia la temperatura del líquido? Para descubrirlo, diga a los niños que van a
   hacer otra serie de experimentos con levaduras. Sin embargo, en este caso, utilizarán el mismo tipo y la
   misma cantidad de "alimento" en cada una de las botellas. Lo que cambiará es la temperatura del agua.

2. Rotulen las botellas con: *caliente, templada* y *fría*. Haga las indicaciones oportunas para que los
   niños desarrollen los experimentos como se indica a continuación (de todas formas, las fases en las
   que se utiliza agua hirviendo realícelas usted mismo):

   a. Se mezcla 1/2 taza de harina con 1/2 taza de agua. Se utiliza el embudo para introducir la
      mezcla en la primera botella. Ponga a hervir agua en el fogón o en el microondas. Disuelva
      un paquete de levadura en 1/2 taza de agua caliente, agítelo bien y utilice el embudo para
      verter la mezcla en la botella. Fije firmemente un globo en la boca de la botella y déjela acos-
      tada.
   b. Vierta en la segunda botella una mezcla de 1/2 taza de harina y 1/2 taza de agua. Disuelva un
      paquete de levadura en 1/2 taza de agua templada (a unos 30° C) y añada la mezcla a la bote-
      lla. Ajuste el globo a la boca y déjela acostada.
   c. Haga lo mismo con la tercera botella, pero disuelva la levadura en agua fría.

3. Pida a los niños que predigan qué condiciones serán más favorables para el crecimiento de las levaduras. Una vez más, anímelos para que observen cada media hora el contenido de las botellas, ano-
   tando los resultados. Ayúdeles a organizar lo aprendido gracias al experimento: que el agua ha de
   estar suficientemente templada para que la levadura pueda crecer, aunque no demasiado caliente,
   pues la mataría (la levadura comienza a activarse hacia los 10° C, su mejor temperatura de trabajo
   es 30° y empieza a morir a partir de los 50° C, aproximadamente).

Actividades a largo plazo

☐ ¿Cómo crecen las semillas hasta hacerse plantas?

Objetivos: Diseñar y realizar experimentos para aprender sobre la naturaleza de las semillas y las plantas

Componentes fundamentales: Observar
Clasificar
Comparar y contrastar
Formular y probar hipótesis
Registrar e interpretar observaciones

Notas para el maestro o maestra:

1. Los niños disfrutan plantando semillas y observando las plantas mientras crecen. Con ayuda de algunos materiales —semillas y unos recipientes en los que puedan desarrollarse—, los niños pueden iniciar diversos proyectos que ellos mismos planeen, dirijan y realicen.

2. Estas actividades les ofrecen también la experiencia de realizar experimentos con un control. Para reforzar este concepto, ayúdeles a diseñar experimentos que respondan a las preguntas que surjan mientras observen y reflexionen sobre las semillas y las plantas. Oriéntelos acerca de la formulación de hipótesis y a que reflexionen sobre las formas de ponerlas a prueba. Cuando sea posible, observe a los niños mientras trabajan para determinar lo que más les interese y aquello sobre lo que quieran aumentar su aprendizaje.

3. Haga que los niños dialoguen sobre sus proyectos. Ayúdeles a dibujar gráficos o desarrollar otros métodos para documentar sus actividades, observaciones y resultados.

4. Si puede disponer de una parcela de terreno, una forma muy agradecida de estudiar el crecimiento de las plantas, así como otros diversos temas —los insectos, la nutrición, la cadena alimentaria, el cambio estacional—, consiste en plantar un jardín. Consulte a los viveros locales sobre las plantas adecuadas al clima de su zona que puedan cultivarse antes de finalizar el curso.

Actividad 1: Ordenar las semillas

Materiales: Todo tipo de semillas (p. ej., semillas y huesos de frutas, guisantes y alubias, piñas, mata de espino, "helicópteros" de arce)
Bolsas de plástico

Procedimientos:

1. Si es posible, salga al campo a ver semillas y, si le parece conveniente, a recogerlas. Muestre que las semillas pueden adoptar formas muy diferentes: frutos secos, piñas, frutas y bayas. ¿Qué clase de semillas pueden encontrar los niños? ¿De qué tipos de plantas proceden? ¿Qué plantas saldrán de éstas? Si las semillas están en el suelo, ¿a qué distancia se encuentran de la planta "progenitora"?

2. Al volver a clase, dé a los niños las semillas que hayan recogido o algunas que hubiese preparado de antemano. Dígales que las miren y toquen y que las ordenen como mejor les parezca (p. ej., por tamaño, textura, color o tipo). Cuando los niños acaben, anímelos a explicar cómo las han ordenado.

3. Diga a los niños que le gustaría proponer otra forma de ordenar las semillas: ¡según su forma de propagarse! Muchas plantas disponen de métodos veloces de dispersión de sus semillas, de manera que las nuevas plantas pueden desarrollarse a cierta distancia de la planta progenitora. De ese

modo, las plantas no competirán entre ellas por la luz, el agua y los nutrientes del suelo. El viento transporta algunas semillas (como las de los arces y los dientes de león). Otras semillas (como las vainas erizadas de las castañas) están cubiertas de pequeños ganchos o espinas que les permiten "hacer autostop", enganchándose en el pelo de los animales. Los pájaros y los animales terrestres comen otras semillas (como las de los girasoles y las frambuesas), que atraviesan sus sistemas digestivos. Anime a los niños a que estudien sus semillas y su forma de propagarse.

Actividad 2: ¿Qué necesitan las plantas?

Materiales: Tazas de plástico u otros recipientes   Tierra vegetal
                   Semillas de rábano   Papel y lápiz
                   Pizarra y tiza o papel de gráficos y rotulador

Procedimientos:

1. Organice con los niños un torbellino de ideas sobre las distintas cosas que puedan necesitar las semillas para transformarse en plantas (p. ej., aire, agua, luz, tierra vegetal, abono). Haga una lista.

2. Anime a los niños a diseñar experimentos mediante los que comprobar si las semillas de rábano (o las semillas que usted haya escogido) necesitan, en efecto, los distintos elementos de la lista. Por ejemplo, ¿cómo se puede comprobar que las semillas necesitan aire? (Pueden poner las semillas en una taza de agua.) Recuérdeles que establezcan un control en cada uno de sus experimentos y que registren con regularidad sus observaciones.

3. Observen los brotes durante unas semanas para ver si cambian sus necesidades. Por ejemplo, las semillas pueden germinar en la oscuridad, pero las plantas necesitan luz para crecer.

4. ¿Qué otras preguntas hacen los niños sobre las plantas? ¿Pueden hacer una predicción y ponerla a prueba? He aquí algunas cuestiones cuyo estudio puede resultar divertido (no olvide etiquetar los recipientes si son iguales):

   • ¿Las semillas de rábano crecen si se les hacen cortes? ¿Y si se cortan por la mitad?
   • ¿Se observa alguna diferencia si las semillas se plantan en tierra vegetal, arena o grava?
   • ¿Se observa alguna diferencia si se riegan las semillas con agua limpia o con agua sucia, como la jabonosa utilizada para fregar los platos?
   • ¿Cuándo crecen mejor los brotes, cuando hace calor o cuando hace frío?
   • ¿Crecen más deprisa los brotes cuando se les habla?, ¿si se les canta?, ¿si se abonan?
   • ¿Se observa alguna diferencia cuando se utiliza un tipo de semilla diferente? (Por ejemplo, ¿hay otras semillas que sobrevivan con menos calor o con suelo arenoso?)

Actividad 3: Plantar raíces

Materiales: Patata, zanahoria y cebolla   Tazones de agua
                   Maceta u otro recipiente   Estiércol o abono
                   Navaja

Procedimientos:

1. Explique a los niños que no siempre hace falta una semilla para hacer crecer una nueva planta. Dígales que van a cultivar una nueva planta a partir de una patata. Las patatas que comemos se llaman tubérculos y forman parte del sistema de raíces de la planta, que actúa como un almacén subterráneo de energía. Algunas plantas, como la patata, pueden desarrollarse a partir de tubérculos o bulbos.

2. Busque una patata pequeña que tenga, al menos, dos ojos, los agujeritos que aparecen en su superficie. Póngala en un tazón y manténgala parcialmente cubierta con agua. Anime a los niños a

que la observen y registren su aspecto dos veces por semana. ¿Crecen los brotes? ¿Dónde? ¿Crecen las raíces? ¿Dónde? ¿Cuánto tiempo tardan?

3. Cuando los niños hayan observado el crecimiento inicial de la nueva planta, pueden trasladar la patata a una maceta. Los niños pueden colocarla en una zona soleada y regarla con regularidad como un elemento del "jardín" de la clase.

4. Trate de hacer crecer plantas nuevas de la zanahoria y de la cebolla, que también se desarrollan de forma subterránea. Corte los vegetales en piezas grandes. Pida a los niños que predigan qué piezas darán lugar a una planta nueva (p. ej., el extremo superior de la zanahoria) y dónde. Haga que coloquen las piezas en tazones, las cubran parcialmente con agua y observen cómo crecen.

Actividades a largo plazo   **Dirigidas por el maestro/a**
                                                                                 Pequeño o gran grupo

☐ ¿Cómo se registra el tiempo meteorológico?

Objetivos: Observar y registrar los cambios del tiempo meteorológico

Componentes fundamentales: Observar los cambios del ambiente
                                    Registrar e interpretar observaciones
                                    Medir.
                                    Probar hipótesis

Materiales: Cartón
                                    Rotuladores o ceras
                                    Chinchetas
                                    Termómetro de exteriores

Notas para el maestro o maestra:

1. La finalidad de esta actividad de registro, que abarca todo el curso, consiste en ayudar a los niños a convertirse en observadores minuciosos de los cambios del tiempo meteorológico y de las estaciones. Antes de presentar la actividad a los niños, prepare iconos del tiempo meteorológico (p. ej., sol, nubes, lluvia, viento, nieve) y un calendario formado con una tabla cuyas casillas sean lo bastante grandes para alojar un icono de éstos. Los niños los pueden dibujar durante el tiempo dedicado a las actividades de expresión artística.

2. Durante una semana todos los niños deben hacer, por turno, de "hombre —o mujer— del tiempo". Por regla general, el mejor momento para este tipo de información es el rato dedicado a la totalidad del grupo, de manera que toda la clase se sienta involucrada en la actividad y responsable de la misma. La persona encargada de la información del tiempo pone el icono que corresponda en el calendario y explica cómo ha llegado a su decisión (p. ej., observando, escuchando la radio, etc.).

3. Estimule a los niños para que proporcionen también otras informaciones meteorológicas, como la temperatura, la dirección del viento y la velocidad del mismo. Enséñeles a encontrar esta información en el periódico o cuelgue un termómetro en el exterior de la ventana y haga que los niños realicen sus propias lecturas. Incluso, pueden hacer su propia veleta (véanse las instrucciones más adelante).

4. Si lo desea, utilice distintos tipos de gráficos para comparar y contrastar las medidas tomadas en diferentes momentos. Haga que los niños busquen formas de responder a varias preguntas como las siguientes:

   • En este curso, ¿qué mes ha sido más caluroso, septiembre o abril? ¿Qué mes ha sido más frío, diciembre o enero?
   • En este mes, ¿qué semana ha sido más lluviosa? ¿Cuál ha sido más soleada?
   • En esta semana, ¿en qué dirección ha soplado más el viento?

5. Para ampliar esta actividad, realice varios proyectos durante el curso que estudien diversas condiciones meteorológicas y de qué modo cambia el tiempo con las estaciones. A continuación, presentamos un calendario orientativo, relacionado con un clima de inviernos fríos y veranos calurosos.

Septiembre: ¿En qué dirección sopla el viento?

Trabaje con los niños para construir una veleta sencilla. Realicen la base con un recipiente de plástico de medio litro. Haga un agujero en el centro de la tapa y deje que los niños señalen los puntos cardinales (N, S, E y O) en el borde de la misma. Clave una punta muy larga que atraviese la base del recipiente y llegue al agujero de la tapa. Para el puntero de la veleta, recorte una flecha larga de cartón;

asegúrese de que la cola tenga más superficie que la cabeza. Ensarte el centro de la flecha en el extremo de una pajita y coloque ésta encima de la punta y atravesando el agujero de la tapa. Compruebe que ese agujero sea lo bastante grande para permitir que la pajita gire sin tropezar. (Pueden encontrarse instrucciones más detalladas para hacer una veleta y otros instrumentos en: *Make Your Own Weather Station*, de Melvin BERGER.)

Los niños deben sacar la veleta al exterior, utilizar una brújula para hallar el norte y apuntar la N de la veleta en esa dirección. La cabeza de la flecha debe *mirar al* viento, de manera que, si la flecha señala el oeste, signifique que el viento sopla del oeste.

Octubre: Arte foliáceo

Vaya de paseo con los niños y dígales que recojan las hojas que más les gusten. Aconséjeles que las busquen de distintas formas y colores. Aproveche la oportunidad para observar qué árboles pierden las hojas y cuáles no y coménteles las razones de este fenómeno. Cuando regresen a clase, dé a cada niño dos pliegos idénticos de papel parafinado. Pídales que dispongan las hojas sobre un pliego de papel parafinado, espolvoreen algunas virutas de las ceras y cubran todo con el otro pliego de papel parafinado. A continuación, hay que planchar ambos pliegos sin separarlos.

Noviembre: Dar de comer a los pájaros

A finales de otoño, los animales empiezan a disponerse a pasar los fríos días que se avecinan. Las ardillas corretean buscando nueces para esconderlas y muchas aves emigran hacia el sur. Las que se quedan pueden pasarlo bastante mal para encontrar frutas y frutos secos que comer. Ante esto, ¿por qué no prepararles una fiesta de Acción de Gracias? Dé a cada niño una piña grande o, si es posible, llévelos al campo para que cada uno coja la suya. Mezcle una parte de mantequilla de cacahuete con una parte de grasa. Deje que los niños unten la piña con la mezcla y, a continuación, hagan rodar las piñas sobre alpiste. Utilice hilo para colgar los "comederos de aves" de un árbol o haga que los niños las lleven a casa.

Diciembre: Conservar el calor

Hable con los niños de las distintas maneras de conservar el calor que los animales utilizan en invierno (p. ej., los perros aumentan el volumen de su pelaje; las ranas se entierran en el barro, bajo las charcas; los osos hibernan). Ponga en marcha este experimento para mostrar cómo acondicionan los animales sus guaridas para pasar el invierno.

En un día frío, mezcle gelatina con agua hirviendo (siga las instrucciones del paquete) y vierta el líquido en botecitos de rollos de película u otros recipientes pequeños. Sáquelos al exterior y pida a los niños que imaginen que los botes son animalitos que necesiten un hogar cálido. Dígales que busquen el rincón más cálido que puedan y coloquen allí su "animal". Consiga que busquen diversos sitios: un lugar abierto y soleado; bajo la nieve; debajo de un montón de hojas. Abandonen el lugar durante 15 minutos (acaso puedan hacer ejercicio para que los niños no se enfríen) y regresen luego a comprobar los botes. ¿Qué lugares son bastante cálidos para evitar que la gelatina se solidifique? ¡Es posible que los niños se sorprendan al descubrir que la nieve es un buen aislante! Si fuesen animales, ¿dónde pondrían su casa en invierno? ¿Qué materiales podrían conservarla caliente?

Enero: Conservar el frío

A veces, queremos que las cosas permanezcan frías, como los helados en el congelador. Haga una bandeja de cubitos de hielo y envuélvalos en distintos materiales: plástico con burbujas, hoja de aluminio, hoja de plástico, papel de periódico. Aprovechando el experimento de diciembre, empaquete un cubito de hielo en una bola de nieve o envuélvalo con hojas. Ponga los cubitos de hielo en una bandeja y haga que los niños predigan cuál tardará más en fundirse. Han de comprobar periódicamente los cubitos de hielo y anotar los resultados en un gráfico. ¿Qué material aísla mejor? Si quieres que tu bocadillo permanezca fresco hasta la hora de comerlo, ¿qué clase de envoltura tienes que utilizar?

Febrero: Copos de nieve

Lleve a clase un recipiente con nieve y haga que los niños examinen los copos con lupas y, si es posible, con un microscopio. ¿Qué hace que los copos de nieve difieran entre sí? ¿Qué tienen en común?

También puede hacer copos de nieve como un trabajo de expresión artística. Proporcione a cada niño un círculo de papel blanco de unos 15 cm de diámetro. Enséñeles a doblar el papel por la mitad y después en tercios (los copos de nieve tienen 6 lados). Enséñeles a hacer un corte con forma en todos los lados y abra el papel. Exponga los copos de nieve en las paredes y las ventanas de la clase.

Marzo: Medir la lluvia

Un día lluvioso, saque al exterior diversos recipientes —papeleras, barreños, tarrinas de yogur, tarros de mermelada. Pasadas unas horas, recoja los recipientes y utilice una regla para medir cuánta agua se ha recogido. ¿Las medidas son iguales o diferentes? ¿Por qué? A continuación, utilice tazas de medida para averiguar la cantidad de agua contenida en cada recipiente. ¿Las cantidades son iguales o diferentes? ¿Por qué?

Abril: Indicios de la primavera

Diga a los niños que se imaginen que son detectives de la naturaleza al iniciar un paseo en busca de indicios de la primavera. Proporcione a cada uno un lápiz o una cera, una hoja de papel y una pieza de cartulina gruesa para utilizarla como portapapeles y pídales que escriban o dibujen sus descubrimientos. Insístales en que hagan observaciones sobre el tiempo: ¿Hace viento? ¿Hay charcos en el suelo? Haga que utilicen distintos sentidos: ¿Qué olores hay en el aire? ¿Qué sonidos se oyen? ¿Qué colores se ven? ¿Son diferentes los colores de la primavera de los del invierno? Anime a los niños a que observen la vida vegetal y la animal y cómo aumentan la expansión y la actividad de la naturaleza en primavera. ¿Pueden encontrar algunas flores? ¿Pueden descubrir signos de actividad de los animales —huellas, nidos, agujeros en el suelo, frutos o semillas parcialmente comidos? Cuando vuelvan a clase, estimule a los niños para que reflexionen sobre sus observaciones y elaboren un cuadro, un poema o un relato.

Mayo: Estudio de las nubes

Durante una semana o más, salga todos los días con los niños y pídales que hagan dibujos de las nubes que vean en el cielo. ¿De qué color son las nubes? ¿Qué forma tienen? ¿Están muy altas? ¿Qué tiempo hace? Dígales que consulten un gráfico o un libro sobre nubes y utilicen sus observaciones para identificar y nombrar las que hayan dibujado.

Al final de la semana, pídales que reflexionen sobre sus observaciones. ¿Qué nubes se relacionan con el buen tiempo?, ¿y con la lluvia? Tras observarlas, ¿pueden hacer un buen pronóstico del tiempo para el día siguiente?

Actividad para casa n.º 1

☐ *Semillas que brotan*

Objetivos:	Hacer que broten semillas en distintas condiciones.
	Considerar qué condiciones producen los mejores resultados
Materiales:	Varias bolsitas de plástico
	Servilletas de papel
	Un paquete de semillas o un puñado de alubias, habas, frijoles o guisantes

Nota para padres y madres:

¿Qué hace que una planta crezca más que otra? ¿Por qué mueren las plantas si no llueve? Los niños tienen muchas ideas acerca de lo que ocurre en la naturaleza. La realización de experimentos que las pongan a prueba es un medio muy poderoso de ayudarles a que piensen en la causa, el efecto y las condiciones que contribuyen al crecimiento de las plantas.

Procedimientos:

1. Hable con su hijo de lo que necesitan las plantas para crecer. El agua, la luz y el calor son factores importantes. Anímele a que investigue sobre las plantas, trate de alcanzar posibles respuestas a sus preguntas y manifieste lo que haya descubierto en la escuela o en casa.

2. He aquí algunas preguntas que puede hacer a su hijo:

   - ¿Qué le ocurre a una semilla si le falta alguno de los elementos que necesita para convertirse en una planta (agua, luz o calor)?
   - ¿Qué pasa si una semilla tiene luz y calor pero le falta agua?
   - ¿Qué sucede si tiene agua pero no luz?
   - ¿Qué ocurre si una semilla tiene agua y luz pero está en un lugar muy frío?

   Pídale a su hijo que le ayude a montar un experimento para responder a esas preguntas.

3. Ayude a su hijo a preparar el experimento:

   - Ponga algunas semillas o judías en una servilleta de papel.
   - Moje con agua la servilleta de papel, póngala en una bolsa de plástico y colóquela en un lugar cálido y soleado.
   - Haga que su hijo prepare una etiqueta, con palabras o dibujos, que indique que esas semillas tienen agua, luz y calor.

4. Siga con estas operaciones:

   - Coja otra servilleta de papel y ponga en ella algunas semillas o judías (utilice el mismo tipo en todos los experimentos).
   - No humedezca la servilleta. Póngala en una bolsa de plástico en un lugar cálido y soleado.
   - Haga que su hijo ponga una etiqueta que indique que estas semillas tienen luz y calor, pero no agua.

5. Pruebe lo que ocurre en muchas situaciones distintas, de acuerdo con lo que quiera su hijo. He aquí algunas condiciones:

   - poner las semillas en una servilleta mojada y dentro de una bolsa de plástico, colocando la bolsa en el exterior y en un lugar soleado, en invierno (asegúrese de que los animales no puedan acceder a ella). Ponga una etiqueta que indique que esta bolsa tiene agua y sol, pero no calor.

- poner las semillas en una servilleta mojada y dentro de una bolsa de plástico, colocando la bolsa en un armario. La etiqueta indicará que esta bolsa tiene agua y calor, pero no luz.

6. Durante una semana, observe a diario todas las bolsas. Puede utilizar la Tabla que figura a continuación para registrar lo que ocurra. También puede ayudar a su hijo a que elabore su propia tabla e invente algunos símbolos.

7. Haga a su hijo preguntas sobre el experimento, como:

   - ¿Qué semillas han brotado primero?
   - ¿Cuál era el mejor lugar para las semillas? ¿Qué parecen necesitar más las semillas para crecer?

8. También se pueden plantar las semillas en un recipiente de barro. Cuando vayan creciendo, pregunte a su hijo:

   - ¿Cuáles se mantienen sanas?
   - ¿Qué les ha pasado a las otras? ¿Por qué?

9. Ayude a su hijo a elaborar un informe veraz sobre los resultados del experimento.

Puesta en común:

Si le parece, su hijo puede traer a la escuela con mucho cuidado las semillas brotadas, el gráfico o ambas cosas. Así, podrá explicar los experimentos a la clase y describir lo que haya descubierto.

Gráfico de brotes de semillas
(Haz un dibujo)

	L	M	X	J	V	S	D
Agua Luz Calor							
Luz Calor Sin agua							
Agua Luz Sin calor							
Agua Calor Sin luz							

Actividad para casa n.º 2

☐ *Colecciones*

Objetivos:	Reunir, identificar, describir y clasificar una colección de elementos naturales
Materiales:	Una colección de elementos de la naturaleza, como:

Bichos   Mariposas
Conchas   Piedras
Flores   Hojas
Cajón o gran pliego de papel
Pegamento o cinta adhesiva
Bolígrafo o rotulador
Papel

Nota para padres y madres:

Muchos niños tienen alguna colección; es posible que reúnan sellos, cromos de béisbol, conchas, monedas o mariposas. Estas colecciones son, al mismo tiempo, fuente de aprendizaje y motivo de placer cuando los niños comparan las piezas para ver en qué se parecen y en qué difieren. Pueden clasificar sus tesoros por su color, tamaño, el lugar en el que se encontraron o cualquier otra categoría (por ejemplo, "cosas de la playa").

Procedimientos:

1. Salga de paseo con su hijo y recoja cosas interesantes. De vuelta a casa, pídale que describa cada objeto; ayúdele si es preciso. ¿En qué se fija su hijo? ¿Es suave, duro, coloreado, redondo, plano?

2. Haga que su hijo ponga una etiqueta a cada objeto, utilizando trocitos de papel, con palabras o dibujos. Quizá él quiera incluir información sobre el lugar en el que se recogió, cuándo, su color, forma, tamaño, denominación (si la conoce), etcétera.

3. Dígale que puede exponer cada objeto con su etiqueta. El niño puede utilizar una caja, pegar los objetos en un pliego grande de papel o pensar en otro método.

4. Comente con su hijo las diversas formas posibles de organizar o clasificar una colección, de manera que las personas aprendan y disfruten con ella. Pídale que organice los objetos de distintas maneras. ¡Es fácil que proponga algunas que usted no haya imaginado! He aquí algunas preguntas que pueden servir:

   • ¿Cómo vas a exponer las cosas?
   • ¿Pondrás juntas todas las del mismo color?
   • ¿Unirás las del mismo tamaño?
   • ¿Juntarás todas las que tengan el mismo nombre?

5. Estimule al niño para que observe la colección y haga los cambios que crea convenientes. Insista en que hay muchas formas diferentes para clasificar los objetos de una colección.

Puesta en común:

Su hijo puede instalar en su habitación una zona de exposición e invitar a sus amigos y a la familia a que la vean. También querrán verla los compañeros de su hijo. Puede ayudarle a encontrar alguna forma segura de trasladar la colección a la escuela para exponerla allí.

Recursos y bibliografía

Las actividades de las páginas anteriores son sólo una introducción al tema. Para ayudarle a Vd. a realizar futuras exploraciones sobre la enseñanza de las ciencias naturales, le ofrecemos un breve listado de recursos que han resultado muy interesantes para nosotros y nuestros colegas. Lo que intentamos es ofrecer inspiración más que una revisión de la bibliografía. Las obras usadas para la elaboración de este libro están marcadas con asterisco*.

AGLER, L. (1991). *Involving dissolving* (ed. rev.). A GEMS Teacher's Guide. Berkeley: Lawrence Hall of Science, University of California.

AGLER, L. (1991). *Liquid explorations* (ed. rev.). A GEMS Teacher's Guide. Berkeley: Lawrence Hall of Science, University of California.

* BERGER, M. (191). *Make your own weather station.* Nueva York: Scholastic.

BRAUS, J. (Ed.) (1987). *NatureScope: Incredible insects.* Pedidos a : National Wildlife Federation, 1400 Sixteenth St., Washington, DC 20036.

COHEN, J. (1990). *GrowLab: Activities for growing minds.* Pedidos a: National Gardening Association, 180 Flynn Ave., Burlington, VT 05401.

DORIS, E. (1991). *Doing what scientists do.* Portsmouth, NH: Heinemann.

* ELEMENTARY SCIENCE STUDY (1971). *Drops, streams, and containers.* St. Louis: McGraw-Hill.

* ELEMENTARY SCIENCE STUDY (1968). *Light and shadows.* St. Louis: McGraw-Hill.

* GERTZ, L. (1993). *Let nature be the teacher: Seasonal natural history activities for parents and other educators to share with young children.* Belmont, MA: Habitat Institute for the Environment.

GOLD, C. (1991). *Science express: 50 scientific stunts from the Ontario Science Centre.* Reading, MA: Adison-Wesley.

* HERBERT, D. (1959). *Mr Wizard's experiments for young scientists.* Nueva York: Doubleday.

* HOLT, B. G. (1982). *Science with young children.* Washington, DC: National Association for the Education of Young Children.

* KATZ, L. G. y CHARD, S. C. (1990). *Engaging children's minds: The project approach.* Norwood, NJ: Ablex.

* NELSON, L. W. y LORBEER, G. C. (1984). *Science activities for elementary children* (8.ª ed.). Dubuque, IA: W. C. Brown.

PETRASH, C. (1994). *Earthways.* Mt. Rainier, MD: Gryphon House.

* PITCHER, E. V., FEINBURG, S. G. y ALEXANDER, D. A. (1989). *Helping young children learn* (5.ª ed.). Columbus, OH: Merrill.

RICHARDS, R., COLLIS, M. y KINCAID, D. (1990). *An early start to science.* Hemel-Hempstead, UK: Macdonald Educational.

* SPRUNG, B., FROSCHL, M. y CAMPBELL, P. B. (1985). *What will happen if...* Brooklyn, NY: Faculty Press.

* VANCLEAVE, J. (1989). *Chemistry for every kid.* Nueva York: John Wiley & Sons.

* WILLIAMS, R. A., ROCKWELL, R. E. y SHERWOOD, E. A. (1987). *Mudpies to magnets: A preschool science curriculum.* Mt. Rainier, MD: Gryphon House.

ZUBROWSKI, B. (1991). *Messing around with baking chemistry: A Children's Museum activity book.* Boston: Little, Brown.

ACTIVIDADES MUSICALES

Por Roger Dempsey

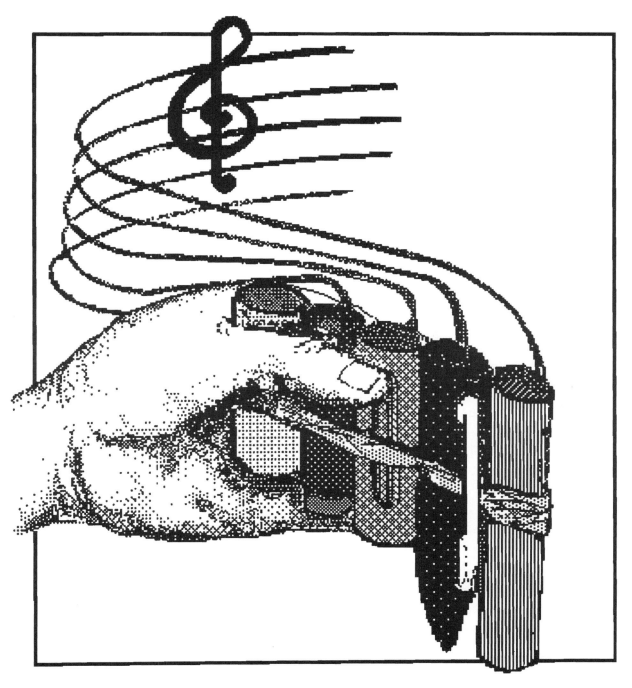

Índice de la guía *

Introducción

Actividades musicales

Percepción musical
Producción musical
Composición musical

Actividades para casa

Recursos y bibliografía 111

---

* Las notas al pie con las canciones españolas, similares a las que cita en el texto original R. Dempsey, han sido efectuadas por Montse Sanuy. *(N. del E.)*

Visión general de las actividades musicales

La música da alegría a nuestras vidas. Algunos tocamos instrumentos y leemos música. Casi todos cantamos, bailamos, escuchamos actuaciones en directo y grabaciones y componemos, aunque sólo sea una tonadilla que tarareemos para nosotros mismos. A muchos de nosotros la música nos acompaña durante el día, bien de fondo, en el coche, en casa y en nuestro lugar de trabajo, bien como centro de las interpretaciones artísticas, fiestas y otros acontecimientos especiales. No obstante, son pocos quienes reciben una abundante enseñanza formal, quizá porque, en la cultura occidental, la capacidad musical se ha considerado tradicionalmente como un "talento" que poseen sólo algunos escogidos y no como una capacidad intelectual intrínseca de todos nosotros. En esta guía, las actividades musicales intentan ampliar el tipo y la profundidad de las ofertas relacionadas con la música que se dirigen a todos los niños de la clase.

Como no todos los alumnos enfocan la música o la disfrutan de la misma manera, esta guía presenta un amplio conjunto de actividades, abarcando experiencias de creación musical, interpretación dramática y audición. Las actividades pretenden introducir a los niños en el mundo de la música y fomentar tres capacidades musicales clave: producción, percepción y composición. Los niños exploran los conceptos de tono, ritmo y timbre, al tiempo que participan en ejercicios de notación sencilla y de composición. Las actividades musicales les invitan también a utilizar diversos sencillos instrumentos de percusión y melódicos. Entre los primeros, están los triángulos, los tambores, los bloques de madera, los bloques de lija (papel de lija sobre bloques de madera) y las panderetas. Los instrumentos melódicos sencillos son las campanas, los xilófonos infantiles, un pequeño teclado eléctrico y vasos o botellas de agua afinados.

Las actividades pueden servir de complemento al programa de música de la escuela y adaptarse también a los gustos de los alumnos. Para enriquecer su experiencia con la música, puede Vd. poner grabaciones musicales o permitirles que utilicen auriculares para escucharlas entre las actividades estructuradas. Seleccione con toda libertad las grabaciones que se adapten a los intereses musicales de los niños y a su nivel de comprensión musical. Estas grabaciones también pueden presentar instrumentos concretos, grupos de instrumentos, tipos de voces y estilos y períodos musicales.

La mayoría de las actividades de esta guía pueden correr a cargo de maestros que carezcan de formación musical. Gran parte de ellas no requiere cantar en grupo, aunque, si Vd. lo desea, pueda incluir el canto en muchas actividades. También puede trabajar con el especialista en música de la escuela o invitar a los padres a que vayan a la clase para cantar o tocar instrumentos ante los niños.

Introduzca las actividades de música (o el área de música, si está poniendo a punto una mesa de audiciones o de instrumentos) del modo que le parezca más conveniente para su clase y que le haga sentirse cómodo. Empiece preguntando a los niños: "¿Qué sabéis de la música?" Escriba sus respuestas. Puede continuar con preguntas más concretas, como:

- ¿Dónde oyes música?
- ¿Escuchas música en casa? ¿Qué tipos de instrumentos escuchas?
- ¿Cómo le cantarías a un bebé?
- ¿Puedes oír música en un bosque? ¿Qué tipo de música oirías? ¿Puedes hacer música silbando, como los pájaros?
- ¿Cuál es el tipo de música que más te gusta?

Puede presentar a los niños el papel del músico aludiendo a los intérpretes conocidos que oyen en cintas magnetofónicas, discos compactos, por la radio, la televisión o en directo, en conciertos. Pídales que digan los nombres de algunos cantantes o instrumentistas que hayan oído en cintas o hayan visto en televisión o en directo. Señale que también ellos son músicos cuando cantan o hacen música.

Cuando los niños nombren a sus intérpretes favoritos, pregúnteles las razones de sus preferencias. Ayúdeles a entender que la música puede suscitar estados de ánimo y emociones. La música puede hacer que nos sintamos felices, tristes o estúpidos, y escuchamos cierta clase de música cuando tenemos determinados sentimientos. Hágales preguntas como éstas: ¿Cantas siempre cuando te sientes feliz? ¿Qué clase de música te gusta cuando estás triste? Si le parece conveniente, toque o interprete una canción alegre y otra triste a los niños o pídales que salgan voluntarios que le ayuden a ello.

Por último, puede presentar algunos instrumentos que se vayan a utilizar en las actividades de música y deje a los niños que los toquen. Pídales que nombren todos los instrumentos musicales que puedan (p. ej., guitarra, piano, trompeta, violín). Muéstreles los instrumentos, en especial los que sean poco convencionales, como los bloques de madera, los bloques de lija y las botellas de agua afinadas. Demuéstreles que estos instrumentos emiten música y refuerce la idea de que hay muchas formas distintas de hacer música. Invite a los niños a que experimenten con los instrumentos.

▢▊ *Descripción de las capacidades clave*

Percepción musical

- Es sensible a la dinámica (fuerte y suave).
- Es sensible al tempo y a las pautas rítmicas.
- Discrimina el tono.
- Identifica los estilos musicales y de los músicos.
- Identifica instrumentos y sonidos diferentes.

Producción musical

- Es capaz de mantener el tono preciso.
- Puede mantener el tempo y las pautas rítmicas exactas.
- Muestra expresividad cuando canta o toca un instrumento.
- Puede recordar y reproducir las propiedades musicales de las canciones y otras composiciones.

Composición musical

- Crea composiciones sencillas, con cierto sentido, el medio y el fin.
- Crea un sistema sencillo de notación.

Percepción musical   **Dirigida por el maestro/a o por un niño/a**
                                                                Pequeño grupo

☐ *Cilindros sonoros fuertes y suaves*

Objetivo: Utilizar cilindros sonoros para aprender las funciones de los distintos sonidos en la música

Componentes fundamentales: Percepción musical
                            Identificación de distintos sonidos

Materiales: 6 cilindros sonoros diferentes (comprados o hechos a mano)

Procedimientos:

1. Ponga los cilindros sonoros frente a los niños y dígales que cada uno contiene materiales diferentes. Sugiera que los agiten y piensen en formas de categorizarlos (por ejemplo, por peso, tipos de sonidos, etc.).

2. Comente las categorías que hayan señalado los niños. Anímelos a que se pregunten entre ellos. Hágales preguntas como: ¿Qué sentidos utilizaste para clasificar (o agrupar) los cilindros?

3. Indique a los niños que utilicen el oído para ordenar los cilindros desde el que produzca el sonido más fuerte al más suave. Estimúleles para que prueben distintos métodos de hacerlo.

4. Hable con los niños de los métodos que les hayan parecido más eficaces para ordenarlos. Si es preciso, ayúdeles a descubrir el sistema siguiente:

   • Agita uno tras otro todos los cilindros. Descubre el que haga el sonido más fuerte y ponlo aparte.
   • De los que queden, encuentra el más fuerte y ponlo a continuación del primero.
   • De los que queden, descubre el que haga el sonido más fuerte y ponlo tras el segundo.
   • Repite la operación hasta que todos los cilindros formen una fila que vaya desde el más fuerte al más suave.

5. Diga a los niños que mezclen los cilindros y repitan el mismo juego.

6. Diga a los niños que piensen en formas de utilizar en música esta especie de maracas fuertes y suaves. ¿Cuáles usarían si quisieran cantar una nana a un bebé? ¿Cuáles en una canción sobre la danza de un elefante?

Variaciones:

Deje que los niños hagan sus propios cilindros sonoros. Deles botes de rollos de fotografía vacíos y pregúnteles qué materiales quieren utilizar para rellenarlos y hacer una especie de maracas de este tipo (p. ej., clips, arroz, fideos). Pegue las tapas una vez cerradas para evitar que se abran. Cuando estén listos, deje los cilindros sonoros a disposición de los niños en momentos adecuados para que puedan estudiar y experimentar con los sonidos que producen.

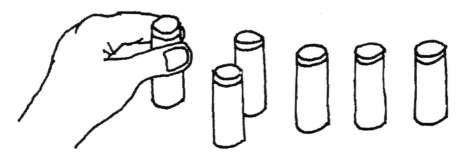

Percepción musical   **Dirigida por un niño/a**
                                                                          Pequeño grupo

☐ *Emparejamiento de cilindros sonoros*

Objetivo: Practicar las destrezas de audición emparejando cilindros sonoros.

Componentes fundamentales: Percepción musical
                            Identificación de distintos sonidos

Materiales: 6 pares de cilindros sonoros, de los que cada par esté relleno con el
                                       mismo material, diferente del utilizado en los demás pares

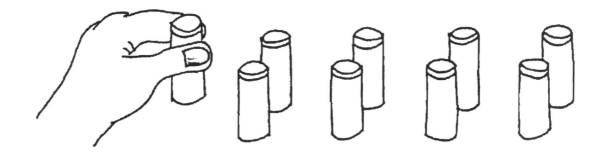

Procedimientos:

1. Muestre a los niños los cilindros sonoros y dígales que Vd. tiene un secreto sobre los sonidos que producen. Pregunte a los niños si se imaginan el secreto. Déles una pista: tienen que agitar todos los cilindros y escuchar los sonidos con mucho cuidado para descubrirlo.

2. Dé los cilindros a los niños. Haga que trabajen en pequeños grupos para que aporten ideas sobre el posible secreto. Después de que hayan manifestado sus conclusiones, haga que dialoguen entre ellos y se hagan preguntas unos a otros sobre sus ideas respectivas.

3. Revele el secreto: cada cilindro tiene una pareja, que ha sido elaborada exactamente con el mismo material, de manera que produzca el mismo tipo de sonido.

4. Ayude a los niños a descubrir una forma eficaz de hallar las parejas de cilindros:

   • Coge un cilindro y agítalo.
   • Sosténlo en una mano y agítalo mientras coges otro con la otra mano y lo agitas también. ¿Suena éste exactamente igual que el primero? Si no, deja el segundo cilindro, coge otro y agítalo.
   • Sigue probando hasta que encuentres un cilindro que suene igual que el primero. Pon las parejas de cilindros en fila o formando una tabla, de manera que los que formen pareja queden juntos.

Variaciones:

1. Estimule a los niños para que hagan sus propios juegos de parejas de cilindros sonoros. Pueden desafiarse unos a otros con estos juegos de cilindros.

2. Utilice estos cilindros como instrumentos rítmicos que pueden tocarse acompañando la música en directo o grabada.

3. Anime a los niños a que creen danzas utilizando los cilindros sonoros como acompañamiento.

Percepción musical

**Dirigida por un niño/a
Pequeño grupo**

☐ *Lotería musical*

Objetivo:	Aprender los sonidos de los instrumentos
Componentes fundamentales:	Discriminación de sonidos Identificación de distintos instrumentos
Materiales:	Magnetófono Grabación con distintos sonidos de instrumentos Fotos o dibujos de los instrumentos reflejados en la grabación

Procedimientos:

1. Para preparar esta actividad, haga que los niños escuchen grabaciones de distintos instrumentos, de modo que se acostumbren a los sonidos. Si es posible, lleve a clase algunos instrumentos para que los alumnos puedan verlos.

2. Con un niño o niña: Ponga una grabación en la que se escuchen sonidos de distintos instrumentos. Pídale que señale la foto del instrumento que corresponda a los sonidos emitidos por la cinta.

3. Con un grupo pequeño: Haga que se sienten en circunferencia y dé a cada niño una foto de un instrumento musical. Cuando el niño oiga un instrumento que, a su parecer, coincida con su foto, debe levantarla.

Variaciones:

Encargue a los niños que planeen y graben su propia cinta de instrumentos musicales y otros sonidos, como los de coches, máquinas, pájaros, campanas y distintos animales. Pueden hacer su propio juego de coincidencias musicales, dibujando o fotografiando las fuentes de sonido o recortando ilustraciones de revistas.

Percepción musical

Dirigida por el maestro/a
Pequeño grupo

☐ *Nombra esa melodía*

Objetivo: Conocer las propiedades musicales adivinando melodías conocidas

Componentes fundamentales: Capacidad de recordar las propiedades musicales de las canciones
Capacidad de mantener el tono exacto
Capacidad de mantener el ritmo exacto

Materiales: Una lista de canciones que conozcan los niños (incluyendo las que cantan en clase y las melodías populares que se emiten por radio y por televisión)

Procedimientos:

1. Haga que cada niño seleccione por turno un título de la lista. El primer jugador tararea la canción sin palabras y los compañeros tratarán de "nombrar esa melodía".

2. Para que el pasatiempo resulte estimulante, el jugador debe tararear sólo las tres primeras notas, detenerse y ver si los demás pueden reconocer la de la canción. Si no la reconocen, puede tararear las cuatro primeras notas... las cinco primeras... las seis..., añadiendo una nota cada vez, hasta que sea reconocida.

3. Anote las puntuaciones y averigüe quién reconoce y nombra las canciones con el menor número de notas.

Variaciones:

1. En vez de hacer que los niños tarareen la melodía, haga que utilicen *kazoos**. También pueden usar grabaciones, haciendo que suene la cinta o el disco hasta que alguien identifique la canción. Pida a los niños que señalen y hablen de las características de la canción que les hayan ayudado a identificarla (p. ej., una voz, un instrumento, un pasaje concreto).

2. Cuando los niños estén más acostumbrados a adivinar y reproducir las canciones, puede practicar variaciones en el juego. Haga preguntas de este tipo:

   • ¿Puedes cambiar el ritmo de la canción (el tiempo que dure cada nota, el tiempo que medie entre notas o las notas que se destaquen)?
   • ¿Puedes cambiar el tempo o la velocidad de la canción?
   • ¿Puedes cambiar el tono del tarareo?
   • ¿Qué cambios dificultan el reconocimiento de la canción?
   • ¿Qué cambios puedes hacer de manera que la melodía suene casi igual?

---

* Peine envuelto en papel de seda que, al cantar con los labios apoyados en él, modifica la voz. *(N. del R.)*

Percepción musical

☐ *El xilófono oculto*

Objetivo:	Participar en un juego para desarrollar la capacidad de "coger el tono"
Componentes fundamentales:	Discriminación de tonos Recuerdo de propiedades musicales
Materiales:	2 xilófonos (con barras independientes que puedan retirarse) 2 mazos 1 cartulina que divida el campo

Procedimientos:

1. Cuando presente la actividad, señale que los dos xilófonos parecen y suenan de igual manera. Demuéstrelo tocando las mismas notas en ambos.

2. Invite a dos niños a que se sienten a ambos lados de la pantalla de cartulina, con un aparato cada uno. Los niños tocan por turno una nota de su xilófono y piden al compañero que toque la misma nota en el suyo (si es preciso, haga que comiencen teniendo sólo unas pocas barras; por ejemplo, deje sólo tres barras y vaya añadiendo más a medida que los niños dominen el ejercicio).

3. Asegúrese de que sigan tocando la misma nota hasta que sus respectivos compañeros hagan su opción definitiva. Éstos pueden decir el color de la barra que tocan para contrastar su elección o mirar por encima de la pantalla de separación mientras el compañero sigue tocando la misma barra para comprobar si la nota es correcta.

4. Tras dominar la destreza de la discriminación de un solo tono, los niños pueden pasar a intentar identificar más de una nota al mismo tiempo.

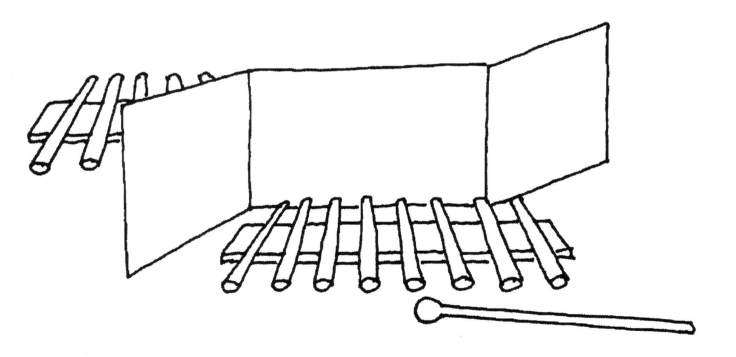

Percepción musical

Dirigida por el maestro/a
Pequeño o gran grupo

☐ *Pinta la música*

Objetivo: Estudiar el estado de ánimo y la dinámica de la música buscando ilustraciones que reflejen las selecciones musicales

Componentes fundamentales: Sensibilidad a la dinámica y a los estilos musicales

Materiales: Magnetófono o tocadiscos
Diversas grabaciones en cinta magnetofónica o discos (que incluya, si es posible, *Cuadros de una exposición*, de MUSSORGSKY y RAVEL)
Revistas antiguas
Papel o cartulina
Pegamento o cinta adhesiva

Procedimientos:

1. Pida a los niños que cierren los ojos. Haga sonar varios pasajes musicales de una cinta o disco. Pregúnteles qué sentimientos les produce la música. Averigüe si les hace recordar algo o a alguien en concreto. Dígales que la música puede suscitar determinados pensamientos o sentimientos.
   La obra *Cuadros de una exposición*, de MUSSORGSKY y RAVEL, ilustra muy bien este concepto. El compositor ruso Modesto MUSSORGSKY compuso la suite de piano original, en la que cada movimiento representa un cuadro diferente. Más tarde, Maurice RAVEL orquestó la pieza. Si es posible, ponga la obra –o algunos pasajes de la misma– para que la escuchen los niños y hable con ellos de cómo el sonido de los distintos movimientos se parece a los cuadros que representan.

2. Ponga ahora otra música o sonidos. Pida a los niños que seleccionen, de libros o revistas, personajes, ilustraciones o escenas de acción que, a su juicio, ilustren la música que han oído. Haga una demostración de la actividad, escogiendo una foto mientras escuchan una melodía. Los niños pueden seleccionar un paisaje tranquilo de la naturaleza y hacerlo coincidir con una melodía suave y una escena urbana agitada con una música más rápida, más movida. También pueden escoger una fotografía de pájaros para combinarla con música de flauta o flautín. Ponga pasajes musicales que representen diversos estilos y emociones. Pida a los niños que expliquen las conexiones que establezcan: ¿Qué aspectos de la música les inducen a hacer sus selecciones?

3. Si lo desean, los niños pueden montar las ilustraciones que hayan recopilado para hacer un cartel o un libro que acompañe las canciones.

Nota para el maestro o maestra:

Fantasía, de DISNEY, es un buen ejemplo de la forma de coordinar las imágenes con la música. Puede alquilar esta película o vídeo y seleccionar ciertos pasajes para demostrar a los niños cómo la música puede sugerir distintas imágenes visuales.

Percepción musical

☐ *Xilófono de botellas de agua*

Objetivo:	Estudiar el tono, haciendo un xilófono con botellas llenas con distinta cantidad de agua
Componentes fundamentales:	Discriminación de tonos Producción musical Composición musical
Materiales:	8 botellas de vidrio idénticas, de 1 l Agua Jarra Embudo Mazos de xilófono (o barras con tiras de cinta adhesiva o goma en el extremo)

Procedimientos:

1. Llene las botellas con distinta cantidad de agua. Ajuste el líquido contenido en cada botella para producir una escala musical aproximada (el mayor o menor volumen de agua eleva o disminuye, respectivamente, el tono). Haga que los niños utilicen los mazos de xilófono para tocar el xilófono de botellas de agua que usted ha creado. Estudie con ellos la razón por la cual difiere el sonido según la cantidad de agua contenida (cuando la botella se llena, la columna de aire se hace más corta, produciendo vibraciones más rápidas y un tono más elevado).

2. Tire el agua e invite a los niños a que llenen las botellas con distintas cantidades utilizando la jarra y el embudo (o el grifo y la pila). Después, podrán jugar con el xilófono que ellos mismos han hecho.

3. Por turno, los niños utilizan estos xilófonos y escriben canciones con ellos. Ayúdeles a poner un símbolo en cada botella, que puede ser una nota tradicional o el que ellos quieran. Después, pueden crear canciones y escribirlas, poniendo los símbolos en el orden correcto, creando, en realidad, su propia partitura. Los niños pueden ayudarse mutuamente para aprender sus canciones poniendo en común sus partituras (véanse actividades relacionadas con ésta en el apartado "Composición musical" de esta guía).

Variaciones:

1. Haga que los niños soplen con fuerza por encima de la boca de las botellas, en vez de golpearlas con el mazo.

2. Ponga pajitas en las botellas y haga que los niños soplen, haciendo burbujas en el agua. Ahora, ¡tiene un órgano! (Para que los niños no sorban el agua accidentalmente, haga agujeritos cerca del extremo superior de las pajitas que impidan la succión.)

Producción musical

☐ *Estudio de los sonidos instrumentales*

Objetivo:	Experimentar con los sonidos y aprenderlos tocando instrumentos sencillos
Componentes fundamentales:	Expresividad al tocar un instrumento Identificación de los sonidos de distintos instrumentos
Materiales:	Tambores, baquetas rítmicas, triángulos y otros instrumentos rítmicos Xilófono Teclado (o piano, si es posible) Mazos de goma, madera y plástico

Procedimientos:

1. Reúna diversos instrumentos que piense vaya a utilizar con los niños durante el curso. Dígales que tendrán tiempo de inspeccionarlos, de experimentar con distintas formas de tocarlos para producir sonidos y, más adelante, de crear música. Invite a uno o dos niños a la vez a que tomen un instrumento y vean cuántos sonidos diferentes pueden crear.

2. Estimule a los alumnos para que experimenten. He aquí algunas sugerencias que guiarán su exploración, basadas en las recomendaciones que hace Bjornar BERGETHON en *Musical Growth in the Elementary School*:

   - Tambores: tocar en distintos lugares. Hacerlo con las puntas de los dedos, la mano abierta, la mano cerrada, distintos objetos. Utilizar un tambor grande y otro pequeño.
   - Xilófono: Golpear la misma barra con un mazo de goma, otro de plástico y otro de madera. Tocar con la mano la barra de metal mientras se golpea en ella.
   - Baquetas rítmicas: Tocar una con otra por la punta; después, cerca de las manos. Tocar con ellas el pupitre, el suelo, un libro, el radiador. Probar con baquetas de distintas longitudes y diámetros.
   - Teclado: Tocar la misma nota en una octava alta y en otra baja. Tocar una serie de notas, de forma individual y creando un acorde. Si tiene un piano a su disposición, haga que los niños observen cómo se producen los sonidos mediante la acción de los martillos sobre las cuerdas. Pruebe tocando los pedales.

3. A medida que los niños experimenten, pídales que describan los sonidos que ellos creen. Hágales preguntas como éstas:

   - ¿Cómo cambia el sonido?
   - ¿Qué le ocurre al sonido cuando tú...?
   - ¿Cómo puedes hacer que sea más fuerte? ¿Y más suave?
   - ¿Cómo tocarías el instrumento para interpretar una nana? ¿Cómo lo harías en la banda de un partido de fútbol?, ¿para celebrar un cumpleaños?, ¿para decir adiós?

Variaciones:

1. Haga comparar a los niños cómo suenan distintos instrumentos cuando tocan el mismo fraseo. Pida voluntarios para que se turnen como directores o compositores. El director puede crear una pauta rítmica y hacer que la "orquesta" la ejecute al unísono. Después, puede señalar a determinados instrumentos individuales que toquen el fraseo solos o en pequeños grupos. Hablen sobre la diversidad de sonidos que se derivan de distintas combinaciones de instrumentos.

2. Haga que los alumnos improvisen, en grupo, una pieza que hayan de tocar por separado o en pequeños grupos. Anímelos a que piensen en los instrumentos que deberían utilizar para crear los efectos deseados. Por ejemplo, escoja un tema como "La tormenta" o "El circo". ¿Qué instrumento ejecutaría la parte del elefante, la del acróbata, la del payaso?

Producción musical

☐ *Los sonidos del exterior y los instrumentos*

Objetivo: Dar un paseo buscando sonidos y estudiando diferentes ruidos y la
                                     forma en que se han producido

Componentes fundamentales: Identificación de distintos sonidos
                                     Exploración de la música presente en el medio

Materiales: Palillos de tambor
                                     Baquetas rítmicas
                                     Cucharas
                                     Campana
                                     Tazón de agua

Procedimientos:

1. Planee un paseo corto por el exterior con un pequeño grupo o con toda la clase. Explique a los niños que utilizarán sus oídos para escuchar sonidos. Para explicar el hecho de que el sonido pueda estar causado por una vibración, golpee una campana. Haga que los niños la toquen inmediatamente y noten las vibraciones. Para ampliar esta explciación, lleve de inmediato el borde de la campana hasta un recipiente que contenga agua y señale las ondas causadas por su vibración. Diga a los niños que, en su paseo a la búsqueda de sonidos, deberán hallar objetos que vibren y suenen al golpearlos.

2. Entregue a los niños un palillo de tambor, una baqueta rítmica o una cuchara. Dígales que, en el paseo, utilizarán estos instrumentos para golpear ligeramente los objetos que vean y descubrir los sonidos que producen. Si es preciso, mencione las reglas básicas: dar golpecitos suaves y no hacerlo con seres vivos o cosas que puedan romperse. Deje que los niños golpeen las vallas y cercas, los cubos de basura, las señales de tráfico y los postes de las mismas, los árboles y los buzones de correos. Pídales que expongan sus hallazgos a sus compañeros. Los demás, deberán dejar de dar golpes durante las demostraciones. Formule a los niños algunas preguntas que les hagan pensar: ¿Qué cosas suenan bien? ¿Cuáles no suenan tan bien? ¿Qué objetos producen un sonido alto? ¿Cuáles producen un sonido bajo? Señale que unos sonidos duran cierto tiempo y van decreciendo hasta desaparecer y otros son muy cortos.

3. Considere qué objetos o "instrumentos" descubiertos en el paseo pueden llevarse sin problemas a la escuela. Agrúpelos según produzcan sonidos altos o bajos y fuertes o suaves. Utilícelos en un grupo rítmico y acompáñelo con música grabada. Si los instrumentos recién descubiertos son lo bastante variados, haga que los niños formen un pequeño grupo musical y creen su propia música.

4. Organice un diálogo sobre los sonidos del exterior y los instrumentos. Pida a los niños que cierren los ojos para volver a captar los sonidos que han percibido durante el paseo. Ayude a que piensen en palabras que los describan: sonido metálico, toque, chasquido, trueno, raspado, repique, etcétera.

Variaciones:

Lleve al paseo un magnetófono y grabe los sonidos que perciba (p. ej., los sonidos de la naturaleza: el viento, los pájaros, los animales, y los de diversos objetos mecánicos: máquinas, campanas, pitos, sirenas, coches). Todos ellos forman parte de la "música" de la vida cotidiana. Al volver a clase, compruebe cuántos sonidos pueden identificar los niños.

Producción musical

Dirigida por un niño/a
Pequeño o gran grupo

☐ *Un kazoo hecho con un peine y papel parafinado*

Objetivo:	Construir uno mismo un instrumento (un *kazoo*) y utilizarlo para tocar una melodía sencilla
Componentes fundamentales:	Producción musical Expresividad Composición musical
Materiales:	1 peine pequeño de plástico para cada niño Papel parafinado Papel de seda y otros tipos de papel

Procedimientos:

1. Entregue a cada niño un peine y un trozo de papel parafinado de un tamaño aproximadamente igual al del peine. Pida a los niños que doblen el papel sobre el peine.

2. Dígales que tarareen manteniendo los labios pegados al lado contrario a las púas del peine. El papel parafinado vibrará, produciendo una especie de zumbido.

3. Sugiera a los niños que creen un "grupo de *kazoo*" que interprete algunas canciones conocidas, como "Mary Had a Little Lamb", "Yankee Doodle" o "Be Kind To Your Web-Footed Friends"*.

4. Anime a los niños a utilizar papel de seda y otras clases de papel con el peine. Dígales que comparen los sonidos que producen los distintos tipos de papel.

Variaciones:

1. Deje que los niños realicen distintos tipos de instrumentos. Proporcióneles diversos materiales y tiempo suficiente para que experimenten. He aquí algunas ideas:

   • Quite la tapa de una caja pequeña y fuerte y ponga a su alrededor anillos de goma de distintos tamaños para hacer un arpa de cuerdas de goma. Los niños pueden hacer un instrumento más elaborado poniendo la tapa y recortando un agujero para hacer una "caja de resonancia" o colocando un lápiz atravesado bajo las gomas que haga de "puente".
   • Construya zampoñas con los capuchones de los rotuladores. Recoja cuatro o cinco de distintos tamaños. Haga que los niños soplen por su extremo superior y ordénelos desde el que produzca un sonido más alto al más bajo. Pegue los capuchones de manera que queden bien fijados a un palillo de helado. Por regla general, cuanto mayor sea el capuchón, más nítido será el sonido.
   • Haga cilindros sonoros (descritos en la pág. 91) o maracas más grandes con botes de especias o de cacao en polvo. Evite las latas metálicas que puedan tener bordes afilados o rotos. ¿En qué tipos de "relleno" (p. ej., arroz, monedas, clips) piensan los niños?
   • Si algún adulto puede encargarse de vigilar a los niños, éstos pueden construir un tipo diferente de instrumento para agitar uniendo dos chapas de botellas por la parte plana de cada una y clavando la pareja sobre el extremo de un palo o bastón. Los niños pueden preparar varias parejas de chapas y experimentar distintas formas de fijarlas al bastón. Por ejemplo, podrían poner todas las chapas en el mismo extremo del bastón o unas en un extremo y otras en el otro, sosteniendo el bastón por el centro.
   • Corte por la mitad una botella de plástico, de 1 litro. Deje que los niños hagan un tambor con la parte inferior, poniendo papel parafinado sobre la abertura y fijándolo con gomas elásticas.

---

* En español se podrían poner como ejemplos: "Ramón del alma mía", "Arroyo claro" y "Quisiera ser tan alta". *(N. de M. Sanuy).*

Producción musical

Dirigida por el maestro/a
Pequeño o gran grupo

☐ *Poema rítmico*

Objetivo:	Aprender el ritmo y el tempo dando palmadas al recitar poemas
Componentes fundamentales:	Capacidad de mantener con precisión el ritmo
Materiales:	Pizarra y tiza o papel de gráficos y rotuladores Cinta magnetofónica o disco

Procedimientos:

1. Ponga música grabada de rap o cualquier otra con un ritmo muy marcado. Haga que los niños den una palmada con cada pulso rítmico. Más adelante, intente que lo hagan con ritmos más complejos.

2. Enseñe a los niños el poema siguiente, remarcando el ritmo dando una palmada en las sílabas acentuadas. Mantenga el ritmo constante a medida que vaya incrementándose el número de sílabas de cada verso. Muestre a los niños las palabras en la pizarra o en el papel pautado. Si cree que desean cantar, puede hacer una melodía que concuerde con el poema. Si le parece conveniente, introduzca la palabra *ritmo* (vea más actividades rítmicas en la Guía de movimiento).

        ,   ,   ,   ,

   (1) Sleep, sleep, sleep, sleep.

        ,   ,   ,   ,

   (2) Lit-tle fair-ies tip-toe in and

        ,   ,   ,   ,

   (3) fly through the air and they spar-kle like gold as they

        ,   ,   ,   ,

   (4) tick-le all our nos-es and they sprink-le us with ros-es while we

        ,   ,   ,   ,

   (5) sleep, sleep, sleep, sleep.

   Este poema muestra los siguientes valores temporales: negras en el primer verso, corcheas en el segundo, tresillos en el tercero, semicorcheas en el cuarto y negras en el quinto*.

3. Anime a los niños a que escriban sus propios poemas rítmicos durante las actividades de lenguaje o en el rato reservado a la escritura. A modo de ejemplo, los niños pueden agrupar los nombres de sus compañeros por sus sílabas acentuadas. Improvisen si no hay suficientes nombres con las sílabas acentuadas adecuadas.

        ,   ,   ,   ,

   Juan, Luis, Fer, Mar,

        ,   ,   ,   ,

   Pepe, Merche, Loli, Pedro,

        ,   ,   ,   ,

   Elena, Alberto, Sofía, Rocío,

        ,   ,   ,   ,   ,   ,

   María Rosa, José Antonio, Pedro Pablo, Luis María,

        ,   ,   ,   ,

   Luz, Blas, Ruth, Sol.

---

* No existe en español una canción con estas características. *(N. de M. Sanuy.)*

Producción musical   **Dirigida por el maestro/a o por un niño/a**
                                                                Pequeño grupo

☐ *Grupo pentatónico*

Objetivo: Componer y ejecutar música en un xilófono para aprender la escala
                                        pentatónica (de cinco tonos)

Componentes fundamentales: Producción musical
                                        Expresividad
                                        Composición musical

Materiales: Xilófono (con barras desmontables)
                                        2 ó más instrumentos rítmicos (p. ej.: campanillas, maracas, tambo-
                                        res africanos)

Procedimientos:

1. Introducir la palabra *pentatónico*. Explique que la escala pentatónica consta sólo de 5 tonos o sonidos. En un xilófono pequeño (de 8 barras), la escala pentatónica se toca con la primera, segunda,
   tercera, quinta y sexta barras. Pida a los niños que retiren las demás barras para hacer xilófonos
   pentatónicos. En un piano, las notas negras forman una escala pentatónica.

2. Anime a los niños a que creen una canción en la escala pentatónica y la interpreten ante la clase.
   Pídales que compongan una canción con una parte fuerte, una suave, una rápida y otra lenta. Pídales también que varíen las *notas*, el *ritmo* y el *tempo* que ejecuten. Si es preciso, revise esos términos. Ayude a los niños a percatarse de que unas notas son altas y otras bajas, pero todas pueden
   tocarse fuertes o suaves. Trate de encontrar diferentes combinaciones de fuerte y suave con alto y
   bajo.

3. Cuando los niños se hayan acostumbrado a la escala pentatónica, pida a un grupo pequeño que
   componga una pieza utilizando dicha escala. Haga que practiquen y ensayen la música.

4. Solicite al grupo que ejecute la música ante la clase. Añada otros instrumentos rítmicos. Escoja a
   un director que presente a los miembros del grupo ejecutante, describa sus instrumentos y anuncie el título de la pieza. Estimule a los niños para que piensen en cómo el director deba indicar la
   entrada a los intérpretes, cuándo tenga que tocar un solista y si deben hacerlo suave o fuerte, rápido o lento.

Nota para el maestro o maestra:

La escala pentatónica se utiliza aquí porque sus cinco notas tienen casi siempre un sonido agradable
cuando se tocan juntas.

Composición musical

☐ *La partitura de una canción*

Objetivo: Aprender a utilizar símbolos para representar sonidos musicales por escrito

Componentes fundamentales: Discriminación de tonos
                            Recuerdo de las propiedades musicales de los sonidos
                            Creación de un sistema de notación sencillo

Materiales: Papel
                            Papel pautado
                            Bolígrafos, lápices o rotuladores de colores
                            Magnetófono
                            Cinta magnetofónica de canciones muy populares

Procedimientos:

1. Ponga una canción de la cinta (p. ej.: "Row, Row, Row Your Boat" o "Twinkle, Twinkle, Little Star"*). Asegúrese de seleccionar aquella que los niños conozcan bien, quizá una que hayan cantado juntos en clase.

2. Pídales que se imaginen un modo de escribir la melodía o la música de la canción (no las palabras) en una hoja de papel, de manera que alguien que no conozca la canción pueda interpretarla. Diga a los niños que pueden utilizar tanto el papel en blanco como el pautado. Si quieren, pueden usar lápices o rotuladores de diferentes colores para representar el ritmo y la melodía de la canción.

3. Cuando los niños hayan terminado sus notaciones, pregúnteles si les gustaría interpretar la canción mientras leen lo que han escrito en el papel. ¿Creen que su notación ayudaría a quien no pudiera recordar la melodía?

4. Muestre a los niños una partitura y explique que ése es el sistema "oficial" que se utiliza para recordar e interpretar las canciones. No tiene por qué ser mejor que los inventados por ellos, pero lo usan los músicos y compositores de todo el mundo para poder leer la música compuesta por otros. Señale a los niños que la notación transmite tanto la melodía (mediante la posición de las notas en el pentagrama) como el ritmo (según las indicaciones de tiempo y el aspecto de las notas: rellena, vacía, etc.). Pídales que comparen el sistema oficial de notación musical con los que ellos han creado.

Notas para el maestro:

1. Para hacer más fácil esta actividad, puede interpretar la canción en un xilófono u otro teclado, además de reproducir la grabación, lo que ayudará a los niños a ver la progresión de las notas y las relaciones entre ellas.

2. Puede conservar las notaciones de los alumnos en un cuaderno o en sus carpetas personales, para compararlas con los trabajos que realicen más adelante, durante el curso.

---

* En español se podrían poner como ejemplos: "Aserrín, aserrán" y "Soy el farolero... (dos y dos son cuatro)". *(N. de M. Sanuy.)*
Esta actividad se ha adaptado de: L. DAVIDSON y L. SCRIPP (1988): "Young children's musical representations: Windows on music cognition", en: J. SLOBODA (Ed.): *Generative processes in music.* Oxford: Clarendon Press.

Composición musical   **Dirigida por el maestro/a o por un niño/a**
                                                                              Pequeño grupo

☐ *Pautas rítmicas*

Objetivo: Aprender que los ritmos pueden registrarse con la notación musical

Componentes fundamentales: Discriminación del ritmo
                            Creación de sistema sencillo de notación rítmica

Materiales: Instrumentos rítmicos (incluyendo los realizados por los niños)
                            Lápices, ceras o rotuladores
                            Papel

Procedimientos:

1. Invite a cada alumno a que improvise pautas rítmicas interesantes. Es posible que, al principio, éstas sean un tanto erráticas e irregulares. Anime a los niños a que sean imaginativos y eviten forzar sus pautas para que quepan en las agrupaciones métricas tradicionales.

2. Estimule a los niños a que repitan las pautas que hayan creado de manera que puedan recordarlas. Pídales también que escriban sus pautas, utilizando cualquier sistema que les ayude a recordar el ritmo.

3. Cuando los niños hayan anotado sus pautas rítmicas, ayúdeles a interpretar las piezas, una tras otra, como una "composición de percusión". Pruebe las pautas en secuencias diferentes; toque la misma pauta con distintos instrumentos; y dialogue sobre las diferencias que se observen.

Variaciones:

1. Pida a un niño que improvise pautas rítmicas mientras los demás realizan movimientos que se ajustan a los sonidos que perciben.

2. Entone una canción conocida y repítala cambiando las pautas rítmicas o variando el tempo. Haga preguntas como: ¿Suena distinta la canción? ¿Por qué? ¿Puedes pensar en formas de variar el tempo que mejoren esta canción? ¿Qué palabras utilizarías para describir los cambios de tempo?

Composición musical   **Dirigida por el maestro/a o por un niño/a**
Pequeño grupo

☐ *Escalas melódicas*

Objetivo: Utilizar una escalera para ayudar a los niños a visualizar la relación
                                   entre los sonidos musicales y las notas escritas

Componentes fundamentales: Creación de un sistema sencillo de notación
                                   Discriminación de tonos

Materiales: Bloques de construcción
                                   Fichas de damas
                                   Papel y lápices
                                   Xilófono

Procedimientos:

1. Utilice los bloques para construir una escalera en miniatura con ocho escalones. Comente el parecido entre éstos y las notas del xilófono. Toque en el xilófono una escala, golpeando una barra cada vez de izquierda a derecha mientras señala los escalones, desde el más bajo al más alto.

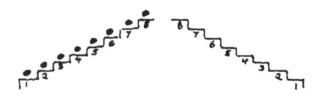

2. Pida a los niños que vayan colocando en los escalones, por turno, una ficha cada vez que usted toque una nota en el xilófono. Mientras ejecute la escala en sentido ascendente, ellos deben situar las fichas en los escalones que van desde el más bajo al más elevado. Después, toque la escala en sentido descendente y diga a los niños que comiencen por el más alto y vaya bajando a medida que ellos sitúen sus fichas.

3. Asigne el número 8 al escalón más alto. Pida a los niños que canten los números mientras cuentan los tramos de la escala.

4. Toque en el xilófono entre 3 y 5 notas. Deje que los niños adivinen qué notas ha tocado y pongan las fichas en la escalera. Pídales que identifiquen las notas —y los escalones— por su número para reforzar la relación.

5. Estimule a los niños a que inventen un método nuevo de ilustrar la escala, como dibujar una escalera, unos pájaros que vuelen hacia arriba y hacia abajo o una familia numerosa, dispuesta en fila, desde el más alto al más bajo de sus miembros.

6. Anime a los alumnos a que escriban una melodía corta utilizando su sistema de notación. Hágales cantar y que expliquen su canción.

Composición musical   **Dirigida por el maestro/a**
                                                            Pequeño o gran grupo

☐ *Notación numérica*

Objetivo: Utilizar los números para anotar e interpretar melodías conocidas y originales*

Componentes fundamentales: Discriminación de tonos
                                               Uso del sistema numérico de notación en música

Materiales: Xilófono
                                               Papel y lápiz

Procedimientos:

1. Utilice la actividad de "Escalas melódicas" para introducir el concepto de que los números pueden usarse para representar las notas musicales (a los niños puede resultarles más fácil ver la relación entre notas y números que con las letras o la posición en la partitura).

2. Utilice la notación numérica para escribir algunas melodías o partes de canciones conocidas (véanse a continuación algunos ejemplos). Cante o toque en un xilófono las melodías mientras escribe. Puede ayudar a los niños a ver la correspondencia entre las notas y los números escribiendo o tocando los números en las barras del xilófono.

3. Deje que los niños toquen el xilófono basándose en las notaciones numéricas.

4. Anímeles a que utilicen el sistema numérico de notación para escribir sus propias melodías e interpretarlas ante la clase.

Mary Had A Little Lamb

```
3   21   23 3 3     2 2 2     3 5 5
Ma-ry had a lit-tle lamb, lit-tle lamb, lit-tle lamb.
3   21   2 3 3 3    3    2    2   3    2 1
Ma-ry had a lit-tle lamb whose fleece was white as snow.
```

Row, Row, Row Your Boat

```
1   1   1   2   3   3   2 3   4 5
Row, row, row, your boat. Gent-ly down the stream.
8   8   5   5   3   3 1   1   5 4 3 21
Mer-rily, mer-rily, mer-rily, mer-rily. Life is but a dream.
```

---

* Se trata del método de Justine Ward *(N. de M. Sanuy).*

Composición musical

Dirigida por un niño/a
Pequeño grupo

☐ *Composición de una melodía con bloques musicales*

Objetivo: Disponer los bloques musicales y tocar las notas de un xilófono para aprender la notación musical

Componentes fundamentales: Composición musical

Materiales: Xilófono
Lápiz
Papel pautado
Bloques musicales (véanse las "Notas para el maestro o maestra")

Procedimientos:

1. Explique a los niños que, a veces, en música, las notas se designan con nombres de letras: A, B, C, D, E, F y G. Señale estas letras en el xilófono (quizá necesite reflejarlas en él).

2. Tras haber practicado la escala, nombre algunas notas y compruebe si los niños pueden encontrarlas en el xilófono. A continuación, haga que un alumno enumere las notas en voz alta mientras otro intenta hallarlas en el xilófono.

3. Presente los bloques musicales. Explique a los niños que, poniendo las letras de distintas maneras, pueden escribir melodías sencillas. Demuestre el concepto disponiendo los bloques de manera aleatoria, tocando las notas en el xilófono, cambiando los bloques de lugar y tocando la nueva melodía.

4. Pida a los niños que compongan una melodía poniendo los bloques como quieran. Dígales que prueben varias distribuciones hasta que encuentren la que más les guste. Anímelos a que usen el lápiz y el papel para escribir las melodías que compongan, utilizando letras para representar las notas. Quienes lo deseen, pueden dibujar las notas en el papel pautado y escribir debajo las letras. Los niños pueden utilizar esta notación para interpretar sus melodías y las de otros.

Notas para el maestro:

Para hacer los bloques musicales, tome un juego de bloques de madera, todos del mismo tamaño, y pinte o pegue las letras, de la A a la G, una en cada bloque o escríbalas en papel pautado, junto con la notación musical. Pegue los papeles pautados en los bloques correspondientes de manera que, cuando se alineen, las notas aparezcan seguidas en el pentagrama, como en las partituras.

Composición musical   **Dirigida por el maestro/a o por un niño/a**
                                                  Pequeño o gran grupo

☐ *Banda sonora*

Objetivo: Producir y grabar música vocal e instrumental para unas secuencias
                             fílmicas, con el fin de aprender la función desempeñada por la músi-
                             ca en el cine

Componentes fundamentales: Creación de composiciones sencillas
                             Relacionar los estilos musicales con las imágenes visuales

Materiales: Cortometraje en filme, vídeo o dibujos animados
                             Magnetófono y cinta virgen

Procedimientos:

1. Seleccione unos dibujos animados, un vídeo o unas secuencias (de 2 a 5 minutos) de una película grabada en vídeo, preferiblemente con mucha acción. Observen la película o el vídeo *sin* sonido. Cuando lo estén viendo, detenga de vez en cuando la proyección y haga que el grupo dialogue sobre cómo *pudieran* ser las voces de los personajes. ¿Qué tipo de música iría mejor como fondo sonoro? Explique que, en la televisión y en el cine, los personajes principales pueden ir acompaña- dos por una música especial que se oye cuando se acercan o hacen su aparición en escena. La música también puede crear un estado de ánimo o advertir al espectador de que algo importante o espantoso está a punto de ocurrir. Hablen del tipo de música que pueda introducir a los personajes de esta película y acompañe la acción.

2. Tras el diálogo, ayude a los niños a hacer una grabación magnetofónica con música y efectos de sonido para la escena que acaben de ver. Tenga en cuenta los siguientes aspectos:

   • ¿Cómo pueden utilizar su voz y los instrumentos de clase (incluyendo los construidos por ellos mismos) para componer la banda sonora de la obra?
   • ¿Cómo pueden interpretar distintos niños a los diferentes personajes de la obra?
   • ¿Cómo pueden utilizar objetos que haya en clase para crear los efectos de sonido deseados?
   • ¿Cómo pueden coordinar las voces y la música que han creado con los personajes y la acción de la película?

3. Sincronice la banda sonora con la película y deje que los niños disfruten con ello.

Notas para el maestro o maestra:

La producción de una banda sonora es un proyecto a largo plazo. Los niños tienen que ver la película y ensayar la voz, la música y los efectos de sonido muchas veces para poder ejecutar la tarea con éxito. Pue- de realizar una actividad menos estructurada del mismo tipo si baja al máximo el volumen del vídeo y deja que los niños se diviertan haciendo los sonidos, pero sin grabar sus realizaciones.

Actividad para casa n.º 1

☐ *¡Oigo venir un tren!*

Objetivos: Aprender el tono utilizando el sonido para representar si un vehículo
                                    se acerca o se aleja
                                    Aprender a imitar distintos sonidos

Materiales: Ninguno

Nota para padres y madres:

Usted va conduciendo y oye una sirena. Sin pensarlo, sabe si la ambulancia se acerca o se aleja. ¿Cómo? A causa del *efecto Doppler:* el tono del sonido parece más alto cuando la ambulancia se acerca y más bajo (o más profundo) cuando se aleja.

Utilizar el sonido para saber si una ambulancia, un tren, un coche u otro vehículo se está acercando o alejando es un buen modo de que su hijo aprenda cosas sobre el tono y practique una atenta escucha.

Procedimientos:

1. Puede poner en práctica esta actividad frente a su casa, de paseo, en la parada del autobús, en la estación del tren o en cualquier lugar por el que circulen vehículos. Explique a su hijo que los trenes y otros carruajes hacen un sonido agudo cuando se acercan y que éste cambia y se hace más grave cuando pasan y se alejan. Hágale escuchar e imitar los sonidos de los coches, los camiones o autobuses que pasen. Estimule a su hijo para que haga preguntas sobre estos cambios del sonido.

2. Pruebe ahora con un juego. Cuando vea que se acerca un coche (autobús, tren u otro vehículo), pida a su hijo que cierre los ojos y escuche con atención el sonido que produce. Pregúntele: "¿El coche (autobús, tren, etc.) suena como si viniera hacia nosotros o como si se alejase?" Hágale otra vez la pregunta cuando el vehículo pase frente a ustedes y cuando se aleje.

3. Su hijo y usted pueden realizar otros juegos. Por ejemplo, él puede actuar como si acabasen de contratarle para producir efectos sonoros en un programa de radio. Dígale que imite con la voz el ruido de un tren que entre en una estación, pase frente a él y se aleje; un coche patrulla de la policía pasando a gran velocidad; un coche de bomberos que acude a apagar un fuego; la banda de música del instituto en marcha hacia el partido de fútbol.

Puesta en común:

Haga que su hijo pregunte a otros familiares si pueden saber si los vehículos se acercan o alejan. Su hijo también puede enseñar el juego a sus compañeros durante el tiempo escolar que se pasa al aire libre.

Actividad para casa n.º 2

☐ *Las canciones de la familia*

Objetivos:	Coleccionar y comparar las nanas, las canciones de cumpleaños y las de fiesta que entona su familia y las de otras familias Aprender a cantar estas canciones tradicionales
Materiales:	Ninguno

Nota para los padres y madres:

La música puede constituir una parte importante de la tradición familiar. Muchas familias entonan canciones especiales al ir a la cama, en los cumpleaños, en las fiestas religiosas y en otras celebraciones. Cada familia tiene su propia forma de cantarlas. Por ejemplo, hay muchas variaciones de la canción "Cumpleaños feliz" y, para un niño, puede ser muy interesante descubrir las distintas versiones. En esta actividad, su hijo practicará la memoria musical y descubrirá las diferencias que hay entre las canciones. También explorará los orígenes de las distintas melodías y su función en la conservación de las tradiciones familiares y culturales.

Procedimientos:

1. Escoja una canción que su familia cante a menudo. ¿Tiene alguna nana especial o una melodía que a su hijo le guste escuchar en vacaciones o en otras celebraciones familiares? Enseñe a su hijo esa canción.

2. Seguidamente, haga que su hijo pida a un amigo (o vecino, abuelo u otro pariente) que le diga qué canción canta su familia en las mismas ocasiones. Deje que su hijo aprenda también esa canción.

3. Haga a su hijo preguntas que le ayuden a comparar distintos aspectos de las canciones. Por ejemplo:

   • ¿En qué se parecen las canciones? ¿Tienen la misma melodía?
   • ¿Se refieren al mismo tema, aunque empleen otras palabras?
   • ¿Utilizan básicamente las mismas palabras, aunque en idiomas diferentes?
   • ¿En qué otros aspectos difieren las canciones?
   • ¿De dónde proceden las canciones? ¿Te dicen algo especial de tu familia y de la familia de tu amigo?
   • ¿Cómo han aprendido estas canciones los miembros de tu familia y los de la familia de tu amigo?

Puesta en común:

Puede realizar esta actividad por su cuenta o coordinándose con el maestro, que podrá aprovechar un cumpleaños o fiesta para que los niños comparen las canciones familiares.

Recursos y bibliografía

Las actividades de las páginas anteriores son sólo una introducción al tema. Para ayudarle a Vd. a realizar futuras exploraciones sobre la enseñanza de la música, le ofrecemos un breve listado de recursos que han resultado muy interesantes para nosotros y nuestros colegas. Lo que intentamos es ofrecer inspiración más que una revisión de la bibliografía. Las obras usadas para la elaboración de este libro están marcadas con asteriscos.

BAYLESS, K. M., y RAMSEY, M. E. (1987). *Music: A way of life for the young child* (3.ª ed.). Columbus, OH: Merrill.

BEALL, P., y NIPP, S. (1984). *Wee sing and play.* Los Ángeles: Price/Stern/Sloan.

* BERGETHON, B. (1980). *Musical growth in the elementary school.* Nueva York: Holt, Reinhart & Winston.

BIRKENSHAW, L. (1982). *Music for fun, music for learning* (3.ª ed.). Toronto: Holt, Reinhart & Winston.

COHN, A. (1993). *From sea to shining sea.* Nueva York: Scholastic.

* DAVIDSON, L. y SCRIPP, L. (1988). "Young children's musical representations: Windows on music cognition". En J. SLO-BODA (Ed.), *Generative processes in music.* Oxford: Clarendon Press.

DEBEER, S. (Ed.). (1995). *Open ears: Musical adventures for a new generation.* Roslyn, NY: Ellipsis Kids.

DUNLEAVY, D. (1992). *The language beat.* Portsmouth, NH: Heinemann.

* FLEMMING, B. (1977). *Resources for creative teaching in early childhood education.* Nueva York: Harcourt Brace Jovanovich.

JALONGO, M. (1996, julio). "Using recorded music with young children: A guide for nonmusicians". *Young Children, 51,* páginas 11-14.

JENKINS, E. (1984). *Learning can be fun* [video]. Washington, DC: National Association for the Education of Young Children.

HART, A. y MANTELL, P. (1993). *Kids make music! Clapping and tapping from Bach to rock!* Charlotte, VT: Williamson.

* KRONE, B. (1959). *Help yourselves to music.* San Francisco: Howard Chandler.

MCDONALD, D. T. (1979). *Music in our lives: The early years.* Washington, DC: National Association for the Education of Young Children.

NICHOLS, B. (1989). *Beethoven lives upstairs* [audiocasete]. Toronto, Ontario: Classical Kids.

PAGE, N. (1995). *Sing and shine on! The classroom teacher's guide to multicultural song leading.* Portsmouth, NH: Heinemann.

PROKOFIEV, S. (1977). *Peter and teh wolf* [audiocasete]. Nueva York: Columbia Records. [Trad. cast.: *Pedro y El Lobo* (Compact Disc) Narrador: Iñaki Gabilondo. Russian Season Orchestra. Dir.: Andrey Chistiakov (Harmonia Mundi).]

UPITIS, R. (1990). *This too is music.* Portsmouth, NH: Heinemann.

UPITIS, R. (1992). *Can I play you my song?* Portsmouth, NH: Heinemann.

ACTIVIDADES DE MOVIMIENTO

Por Julie Viens

Índice de la guía

Introducción

Actividades de movimiento

Actividades para casa

Recursos y bibliografía

Visión general de las actividades de movimiento

La actividad física constituye una parte importante del desarrollo de todos los niños. Éstos utilizan sus cuerpos para expresar emociones e ideas, probar destrezas atléticas y comprobar los límites de sus capacidades físicas. Las actividades de movimiento que se describen en esta guía les dan oportunidad de experimentar estilos de movimiento creativos y atléticos. (No obstante, hemos resaltado el movimiento creativo porque la mayoría de los programas de los primeros cursos de primaria ya contemplan juegos y ejercicios deportivos.) Las actividades están diseñadas para promover las capacidades infantiles relativas al control corporal, la sensibilidad al ritmo, la generación de ideas de movimiento y la utilización del cuerpo para expresar sentimientos, emociones y pensamientos.

La conciencia cinestésica y corporal de los niños suele progresar en etapas sucesivas: *1)* el reconocimiento del niño del yo físico; *2)* la realización de diversos movimientos y pautas de movimiento, y *3)* el movimiento del niño como fuente de expresión creativa. La comprensión de estas etapas y las distintas tasas de progreso de los niños a través de ellas pueden ayudarnos a orientar la planificación de las sesiones de movimiento en clase.

Las actividades que recoge esta guía están organizadas según la capacidad clave, en un orden que refleja las etapas evolutivas. Cada apartado comienza con una acción introductora básica, que va seguida por otros ejercicios más complejos. Por ejemplo, las actividades rítmicas comienzan con la búsqueda y estudio del propio ritmo: los latidos del corazón. A continuación de este ejercicio de introducción se encuentran unas actividades que suponen reconocer y moverse de acuerdo con diversos ritmos. Más adelante, se da oportunidad a los niños para que creen sus propias pautas rítmicas. Nótese que sólo hay una actividad de "sensibilidad a la música"; esta categoría ocupa un espacio reducido porque la música es una parte importante de las otras actividades. Es posible evaluar la sensibilidad de los niños a la música durante cualquier ejercicio que la incluya.

También se introduce un apartado denominado "Técnicas básicas", que presenta ejercicios de calentamiento, enfriamiento y relajación. Pueden utilizarse los mismos ejercicios de calentamiento y relajación en todas las sesiones, de manera que constituyan un método consistente de transición entre las acciones de movimiento y las que no lo son. Las actividades de movimiento son únicas, en el sentido de que la mayoría requiere la dirección del maestro y pueden suscitar problemas en los niños que no participen en ellas. De todas formas, los ejercicios de elasticidad y de enfriamiento son tranquilos y relajantes; una vez que el maestro los ha explicado y se hayan celebrado varias sesiones prácticas, los niños suelen sentirse cómodos haciéndolos por su cuenta.

De acuerdo con la teoría de las inteligencias múltiples, la capacidad de resolver problemas o de crear productos con el propio cuerpo es una forma característica y diferente de inteligencia. Llevar un balón de baloncesto más allá de la defensa, contar una historia a través de la danza y mantener el equilibrio en una postura difícil son ejemplos de las distintas formas en las que los niños pueden "pensar" con sus cuerpos. Al darles oportunidad de aumentar su vocabulario de movimiento y su eficiencia corporal, se les puede ayudar a prepararse para utilizar sus cuerpos como herramientas de resolución de problemas. Es más, las actividades de movimiento pueden proporcionarles unas experiencias activas y divertidas a través de las cuales puedan explorar el mundo que les rodea.

Cuando los niños llegan al segundo ciclo de la educación infantil y a primero de primaria, la mayoría ha participado ya en juegos al aire libre y conoce muchos ejercicios básicos de movimiento deportivo. Para introducir las actividades de esta guía, puede pedirles que comenten lo que sepan sobre el movimiento en general y el movimiento creativo en particular. Escriba sus respuestas. Después, puede decirles que van a participar en algunas actividades de movimiento creativo en las que utilizarán su cabeza, brazos, piernas y cuerpos para expresar sus pensamientos y emociones. Pueden dar rienda suelta a su fantasía imnaginándose que son todo tipo de cosas, utilizando sus cuerpos para expresarse.

A continuación, puede iniciar el juego "Dice Simón". Siga las reglas tradicionales, pero, en vez de dar instrucciones como: "Dice Simón: 'tócate la nariz'", estimule a los niños para que utilicen su imaginación y piense que "son" cosas diferentes. Ponga varios ejemplos, como imitar un mono o una flor, de manera que los niños tengan una idea de lo que puedan representar. Anímeles a hacer los gestos que crean adecuados a las instrucciones de Simón. Cuando hayan practicado el juego de este modo, pueden dirigirlo por turno. He aquí una muestra de ideas de movimiento creativo:

Dice Simón que es...
un árbol alto en un día de viento,
una semilla que crece hasta hacerse una flor,
maíz que estalla, haciéndose palomitas,
espagueti, antes y después de cocinarlo,
una persona que camina por el barro,
un perro que anda por el barro,
una persona que rema en un bote,
un robot,
la letra *o*,
un copo de nieve que cae del cielo.

Puede decir a los niños que han actuado de forma muy creativa porque han utilizado su imaginación —y su cuerpo— para representar que son muchas personas y cosas. Explíqueles que, durante el tiempo destinado a actividades de movimiento, participarán en muchos más juegos.

Hay diversas actividades de movimiento que exigen recordar una sucesión de pasos concretos, tarea que puede resultar difícil para niños pequeños. En consecuencia, a veces, presentamos un guión que les ayude a "hablar" durante un ejercicio, describiendo cada movimiento que deban realizar. Actúe con libertad y utilice, si lo desea, sus propias palabras.

▢▣ *Descripción de las capacidades clave*

Control corporal

- Manifiesta tener conciencia de las distintas partes del cuerpo y capacidad de aislarlas y utilizarlas.
- Planea, secuencia y ejecuta movimientos con eficiencia: los movimientos no parecen aleatorios ni inconexos.
- Es capaz de replicar sus movimientos y los de otros.

Sensibilidad al ritmo

- Se mueve en sincronía con ritmos estables o cambiantes, sobre todo musicales (p. ej., el niño trata de moverse siguiendo el ritmo, sin pasar por alto los cambios del mismo).
- Es capaz de establecer su propio ritmo y de regularlo para alcanzar el efecto deseado.

Expresividad

- Evoca estados de ánimo e imágenes mediante el movimiento, utilizando gestos y posturas corporales; el estímulo puede ser una imagen verbal, una señal o la música.
- Es capaz de responder a la calidad tonal o al estado de ánimo que evoque un instrumento o selección musical (p. ej., utiliza movimientos ligeros y fluidos ante la música lírica y movimientos fuertes y entrecortados ante una marcha).

Generación de ideas de movimiento

- Es capaz de inventar ideas de movimiento interesantes y novedosas, de manera verbal, física o de ambos modos, o de ampliar ideas (p. ej., indicando que los niños levanten los brazos para sugerir las nubes flotando en el cielo).
- Responde de inmediato a ideas e imágenes con movimientos originales.
- Crea la coreografía de una danza sencilla, enseñando incluso a otros.

Sensibilidad a la música

- Responde de forma diferente a distintos tipos de música.
- Manifiesta sensibilidad al ritmo y expresividad al responder a la música.
- Explora el espacio disponible (vertical y horizontal) utilizando sin problemas distintos niveles, moviéndose con facilidad y fluidez por él.
- Se anticipa a los demás en un espacio común.
- Experimenta el movimiento del cuerpo en el espacio (p. ej., dando vueltas y girando sobre sí mismo).

Técnicas básicas

Dirigida por el maestro/a
Pequeño o gran grupo

☐ *Ejercicios de calentamiento "en la granja"*

Objetivo: Facilitar el calentamiento y la elasticidad antes de la actividad de movimiento creativo

Componentes fundamentales: Flexibilidad
Coordinación
Control corporal

Materiales: Ninguno

Procedimientos:

1. Pida a los niños que se levanten. Invítelos a que se unan a usted para pasar una jornada imaginaria en una granja, como una forma divertida de adquirir elasticidad y calentar el cuerpo para los ejercicios de movimiento creativo (o deportivo). Puede comenzar haciendo que los niños cierren los ojos y se imaginen que les despierta el canto de un gallo.

2. Utilizando este guión o con sus propias palabras, diga a los niños que salten de la cama y se estiren. Pídales que eleven hacia el techo su brazo derecho, estirando el lado derecho de su tórax y doblándose ligeramente hacia la izquierda. Deben repetir el movimiento con el brazo izquierdo y realizar ambos ejercicios varias veces.

3. A continuación, dígales que tienen que ejercitar la articulación del cuello, moviendo lentamente la cabeza hacia arriba y hacia abajo y, después, hacia la derecha, la izquierda y hacia atrás. Dígales que movilicen los hombros hacia las orejas y, después, hacia abajo. Pídales que los muevan en círculo: primero hacia las orejas; después, hacia atrás, como si fuesen a tocarse; hacia abajo, adelante y a la posición de reposo. Una vez realizados varios ejercicios de este movimiento circular de los hombros, diga a los niños que es hora de ponerse los abrigos (deben simular que se los ponen) y salir al exterior.

4. Diga a los niños que hagan varias inspiraciones profundas. ¿A qué huele: a aire fresco, a heno o a tortitas con embutidos? Tendrán que hacer sus tareas antes de desayunar. Pida a los niños que realicen los siguientes movimientos u otros que usted mismo prepare para favorecer la elasticidad de los principales grupos musculares.

   - *Acaricia al gato:*
   Por regla general, los gatos de los graneros suelen ser muy nerviosos, por eso tú debes moverte muy despacio, para no asustarle. Empezamos con la cabeza, llevándola hacia el suelo. Dejamos caer la barbilla sobre el pecho y, lentamente, dejamos que la cabeza caiga hacia el suelo. La siguen los hombros y la espalda. Quedamos colgando y dejamos que los brazos caigan a plomo. Acariciamos al gato y después, lentamente, comenzamos a subir, poniendo recta la espalda, los hombros y la cabeza, hasta quedar en posición vertical. *(Se repite).*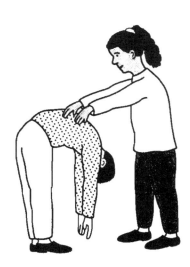

   - *Haz el pollito:*
   Siguiendo la visita, vemos que las cabezas de los pollitos se mueven hacia adelante y hacia atrás mientras andan. ¿Puedes mover el cuello y la cabeza como ellos, aunque no muy deprisa?

   - *Andando por el barro (levantar las rodillas):*
   Fijaos: algunas partes de la granja están muy embarradas. ¡Hay que levantar la rodilla hasta la cadera para poder dar un paso! Nota la tensión de la parte superior del muslo cada vez que das

un paso. [*Haga que los niños trabajen con cada una de las piernas alternativamente, manteniendo la rodilla en alto hasta contar 3*].

- *Rastrilla el jardín:*
   Estamos al principio de la primavera y es hora de rastrillar el jardín y prepararlo para plantar. Estira los brazos al rastrillar y recoger las plantas y hojas viejas.

- *Quita las hierbas:*
   Al rastrillar has recogido muchas hierbas, pero tienes que inclinarte y quitar el resto. Mantén las piernas ligeramente separadas y dobla las rodillas lentamente. Alarga las manos, coge un manojo de hierbas con cada mano, levántate y tíralas al montón de estiércol.

- *Carga el heno:*
   Imagina que tienes una horca en la mano y estás cargando heno en el remolque. ¡Desde luego, el heno pesa mucho! Nota el esfuerzo que hacen tus brazos.

- *Dale una patada a las ruedas del tractor:*
   ¿Tienen bastante aire las ruedas? Haz como si dieses una patada fuerte a cada neumático, alternando las piernas.

Nota para el maestro o maestra:

El hecho de comenzar la sesión de movimiento con ejercicios de calentamiento contribuye a instaurar el hábito de procurar adquirir cierta elasticidad antes de hacer ejercicio como forma de prevenir lesiones. La historieta puede ayudar a crear un ambiente divertido para las tareas de movimiento que sigan; puede utilizar distintos escenarios de acuerdo con el interés demostrado por los niños, las estaciones o la unidad que esté impartiendo.

Técnicas básicas

☐ *Ejercicios de desentumecimiento*

Objetivo: Relajarse y estirarse para facilitar el calentamiento

Componentes fundamentales: Flexibilidad y control corporal

Materiales: Alfombrillas cuadradas (opcionales)

Procedimientos:

- **Ejercicio de desentumecimiento N.º 1 – Instrucciones del maestro a los niños:**

  1. Echaos en el suelo, sobre el estómago, con las manos a los lados [*utilice las alfombrillas si dispone de ellas*].

  2. Mientras hacéis una inspiración lenta y profunda, doblad las piernas por las rodillas, llevad las manos hacia atrás, hasta coger los tobillos y tirad de ellos con suavidad. Respirad. [*Se repite dos veces.*]

  3. El paso siguiente es igual, pero, cuando cogais los tobillos, basculad hacia adelante y hacia atrás mientras respiráis.

  4. Ahora, tumbaos de espaldas con las rodillas elevadas hasta el pecho. Los brazos tienen que estar rectos y a los lados. Rodad sobre las caderas de lado a lado, tocando el suelo con la rodilla en cada extremo. Inspirad al rodar y espirad al tocar el suelo con la rodilla. [*Se repite entre tres y cinco veces.*]

- **Ejercicio de desentumecimiento N.º 2 – Instrucciones del maestro a los niños:**

  1. Sentaos en el suelo, con las piernas al frente, dobladas ligeramente por las rodillas. Mientras inspiráis, adelantad los brazos hacia las puntas de los pies. Mantened la cabeza hacia abajo. Quedaos inclinados hacia adelante hasta que sintáis un ligero tirón en la parte trasera de las piernas. Mantened esa postura mientras contáis hasta tres. Espirad y volved lentamente a la posición de sentados. [*Se repite tres veces.*]

  2. Sentaos en el suelo con las piernas estiradas a ambos lados. De nuevo, mientras inspiráis, avanzad los brazos hacia los dedos del pie izquierdo. Mantened la cabeza hacia abajo. Moveos hacia adelante hasta que sintáis un ligero tirón en la parte de atrás de la pierna. Mantened esa postura mientras contáis hasta tres; después, espirad y volved lentamente a la posición de sentados. [*Se repite el ejercicio con la pierna derecha y después, se vuelve a ejecutar completo.*]

- **Ejercicio de desentumecimiento N.º 3 (el desentumecimiento del gato) – Instrucciones del maestro a los niños:**

  1. Ahora, vamos a estirarnos como los gatos. Cerrad los ojos e imaginad el aspecto de un gato y lo que siente cuando se estira. Poneos a cuatro patas y arquead la espalda hacia arriba. Dejad que la cabeza cuelgue hacia abajo.
  2. Inclinad la espalda y levantad la cabeza y los hombros, estirando el cuello y mirando al techo. [*Se mantiene la postura durante unos segundos y se repite el ejercicio una vez al menos.*]

Nota para el maestro o maestra:

El desentumecimiento del gato, basado en un movimiento de estiramiento de yoga, es un buen ejercicio de relajación. Puede utilizarlo para ayudar a los niños a tranquilizarse cuando estén cansados o necesiten redirigir su energía.

Técnicas básicas   **Dirigida por el maestro/a**
Pequeño o gran grupo

☐ *Ejercicio de relajación*

Objetivo: Relajarse tras la actividad de movimiento creativo

Componentes fundamentales: Flexibilidad
Control corporal

Materiales: Ninguno

Procedimientos:

1. Para empezar los ejercicios de enfriamiento y relajación tras una actividad agitada de movimiento creativo, clase de gimnasia o recreo, pida a los niños que se sienten en círculo (o como se pueda) y hagan inspiraciones lentas y profundas. A continuación, dígales: "Cerrad los ojos y dejad caer la barbilla sobre el pecho. Pasado un momento, levantad lentamente la barbilla y abrid los ojos".

2. Utilice este guión o sus propias palabras para hacer que los niños se estiren con suavidad: "Elevad las manos por encima de la cabeza y hacia el techo. Ahora bajad los brazos y, suavemente, comenzad a bajar la cabeza hacia el suelo; primero, inclinad la cabeza; después, el cuello, los hombros, la espalda, un movimiento tras otro. Quedaos como colgados y dejad que los brazos cuelguen. Lentamente, haced los movimientos inversos: la espalda, los hombros, la cabeza, hasta alcanzar la posición vertical. Ahora, de nuevo hacia el techo. Mantened las manos por encima de la cabeza y quedad de puntillas. Ahora, asentad los pies en el suelo y bajad los brazos".

3. Repita varias veces este ejercicio de estiramiento y viceversa. La última vez, haga que los niños queden en posición sentada en el suelo.

4. Cuando los niños estén sentados, dígales: "Cerrad los ojos e inspirad profundamente. Aguantad la respiración durante un segundo. Ahora, id soltando el aire lentamente". Repita la inspiración profunda otras tres veces, contando hasta tres al inspirar y tres al espirar (p. ej.: inspirar-dos-tres; espirar-dos-tres).

5. Tras la respiración profunda, diga a los niños que abran despacio los ojos. Pídales que pongan los pies en el suelo y se levanten, pero quedando en cuclillas. Ahora, dígales que cuenten despacio hasta cuatro para quedar en pie. Cuente en voz alta hasta que todos estén de pie.

6. Pregúnteles si todos están relajados y dispuestos a emprender otras actividades. Relájense algo más, si es preciso.

Nota para el maestro o maestra:

Si es posible, ponga música suave cuando realice ejercicios de enfriamiento y relajación.

Control corporal

☐ *Juego del espejo*

Objetivo:

Aprender a aislar partes del cuerpo tratando de imitar los movimientos de otra persona, como si fuésemos un espejo, con la máxima precisión posible

Componentes fundamentales: Control corporal
Generación de ideas de movimiento

Materiales:

Ninguno

Procedimientos:

1. Diga a los alumnos que van a jugar por parejas al "Juego del espejo". Explique que uno será el espejo, reflejando exactamente cada movimiento que realice su compañero.

2. Pida a un niño que sea su compañero y haga de modelo de la actividad. Deben estar de pie, uno frente a otro, a la distancia de la longitud de un brazo. Pida al niño que copie exactamente lo que usted haga y al mismo tiempo. Sus movimientos deben reproducir los suyos, como si fuese un espejo. Muévase de forma deliberada, aislando partes de su cuerpo. Por ejemplo, gire las muñe-

cas, mueva los dedos, mueva sus manos desde la cabeza a los hombros, a la cintura y a las rodillas, etcétera.

3. Tras ejecutar varios ejercicios, intercambien sus papeles: dígale que realice él los movimientos mientras usted actúa como espejo.

4. Tras la demostración, empareje a los niños y dígales que representen el Juego del espejo. Si es preciso, recuérdeles que no consiste en despistar al compañero (yendo demasiado deprisa o cambiando los movimientos de forma repentina), sino en tratar de moverse al unísono, en ser una imagen especular exacta.

Variaciones:

1. Es fácil que los niños quieran realizar el Juego del espejo durante el recreo o en el tiempo dedicado al juego libre y preparar un ejemplo para presentarlo al resto de la clase. Con práctica, pueden perfeccionar una serie de movimientos relativamente compleja.

2. Los niños pueden formar también una circunferencia y hacer circular por ella un movimiento coordinado, como una ola.

Nota para el maestro o maestra:

Puede utilizar el Juego del espejo para estudiar diversos componentes del movimiento. Por ejemplo, puede experimentar con el uso del espacio (p. ej., agacharse, dar un paso atrás, estirarse) o con la expresividad y la calidad del movimiento (p. ej., hacer movimientos continuados y después otros entrecortados). También puede poner una grabación durante el Juego del espejo y pedir a los niños que se muevan con el ritmo de la música, mientras observa su sensibilidad a la misma. Cuando hayan aprendido la actividad, los niños pueden interpretar el Juego del espejo por parejas entre las actividades estructuradas o durante el tiempo de juego libre.

Control corporal

☐ *Juego de la estatua*

Objetivo:	Responder con el movimiento a estímulos verbales y rítmicos
Componentes fundamentales:	Control corporal Coordinación Sensibilidad al ritmo
Materiales:	Tambor y baqueta

Procedimientos:

1. Diga a los niños cómo realiza el Juego de la estatua. Explíqueles que usted tocará el tambor mientras ellos se mueven alrededor de la clase siguiendo el ritmo. En cuanto deje de sonar el tambor, deben quedarse parados como estatuas, congelados, y mantener la postura en la que estuvieran.

2. Dé cuatro toques seguidos y pare. Recuerde a los niños que deben quedarse como estatuas. Dé ocho toques seguidos y pare. ¡Congelados!

3. Cambie el tempo y la categoría de los toques. Por ejemplo, hágalo con mayor rapidez, más despacio o dé más toques.

4. Identifique una pauta rítmica como la frase de movimiento y otra como la frase de detención. Es decir, pida a los niños que se muevan con una frase y se queden como estatuas en otra. Por ejemplo: moverse con ocho toques seguidos; detenerse con cuatro toques seguidos. Repítalo dos o tres veces. Cambie la pauta rítmica.

5. Asigne posturas específicas para las frases de estatua. Por ejemplo: moverse durante ocho toques, agacharse y quedarse quietos durante otros ocho toques; o moverse durante ocho toques, quedarse en equilibrio sobre una pierna durante cuatro toques, etcétera.

Nota para el maestro o maestra:

1. Puede preparar a los niños para esta actividad jugando con ellos a "Seguir al jefe". Pídales que se pongan en fila a continuación de usted y copien exactamente sus movimientos al desplazarse por la clase. Al principio, coménteles lo que haga: "Cuando yo ande, vosotros debéis andar. Cuando me pare, os paráis. Cuando salte, saltáis". Más adelante, pruebe con una serie más larga de movimientos sin hablar. Diga a los niños que presten mucha atención a sus movimientos y a la forma de realizarlos, deteniéndose cuando usted se detenga. También puede animarles a que, por turno, todos sean "jefes".

2. Otra forma de preparar el "Juego de la estatua" consiste en dirigir las actividades rítmicas de esta guía ("Latidos" y "He cogido el ritmo") y de la Guía de Música ("Poema rítmico").

Control corporal

Dirigida por un niño/a
Pequeño grupo

☐ *Cuatro cuadros*

Objetivo: Practicar el control corporal y el equilibrio con un juego conocido

Componentes fundamentales: Control corporal y equilibrio
                             Ejecución del movimiento planeado
                             Estrategia

Materiales: Tiza
                             Pelota

Procedimientos:

1. Este juego se desarrolla al aire libre. Los jugadores dibujan con tiza una cuadrícula de cuatro cuadros en el suelo y numeran los cuadros de 1 a 4.

2. En cada uno de los cuadros se sitúa un niño. Los demás forman una fila al lado de la casilla 1.

3. El niño de la casilla 4 comienza lanzando la pelota al cuadro de otro jugador. Los niños lanzan la pelota hacia los demás jugadores hasta que uno la pierde.

4. Cuando un niño pierde la pelota, debe dejar su cuadro e ir al final de la fila. Los jugadores avanzan un cuadro hasta llenar el espacio vacío y la primera persona de la fila se sitúa en la casilla 1.

Notas para el maestro o maestra:

1. Se trata de un buen juego de exterior porque, cuando los niños han aprendido las reglas, pueden realizar solos.

2. Otros juegos conocidos, como el tejo, también pueden utilizarse para ayudar a los niños a desarrollar el control corporal, el equilibrio y los movimientos estratégicos. Si lo desea, varíe los juegos dejando que los niños establezcan y empleen sus propias reglas (posibilidades del tejo: lanzar el testigo mientras se esté a la pata coja; cerrar los ojos al lanzar el testigo; jugar por parejas; modificar el diagrama).

3. Proporcione a los niños otros materiales (aros, pelotas, combas, sacos) y anímelos a que creen sus propios juegos. Si es preciso, hágales algunas sugerencias. Pueden hacer rodar los aros, dejarlos en el suelo para hacer botar una pelota o para una carrera de obstáculos. Los sacos pueden utilizarse para el tejo o un concurso de equilibrio. Deje que los niños actúen en pequeños grupos y muestren después su actividad a toda la clase.

Control corporal

□ *Carrera de obstáculos*

Objetivo:	Practicar un conjunto de destrezas deportivas adecuadas a la etapa evolutiva
Componentes fundamentales:	Control corporal, haciendo especial hincapié en: Equilibrio Potencia (fuerza explosiva) Velocidad Agilidad (habilidad para hacer movimientos rápidos y sucesivos en direcciones diferentes)
Materiales:	Cinta métrica Tablas de madera (una ancha, para el trampolín; otra estrecha, para el balancín) Mojones de señalización Vallas Colchón o colchoneta

Procedimientos:

1. Seleccione una zona suficientemente amplia para celebrar en ella una carrera de obstáculos de seis puestos. Lo mejor es un patio de recreo, pero, si no está disponible, bastará con un gimnasio o un aula dispuesta para actividades de movimiento.

2. Establezca el itinerario de la carrera de obstáculos. Los elementos que se describen seguidamente se diseñaron para poner en práctica un conjunto amplio de destrezas deportivas. No obstante, puede diseñar su propia carrera de obstáculos ajustada a las necesidades e intereses de su clase.

3. Trate de utilizar el equipamiento que tenga a mano en clase. Por ejemplo, puede preparar el salto de longitud pegando una cinta métrica al suelo. Al aire libre, puede pintar con tiza en el suelo una línea que sirva como si fuese una viga sobre la que guardar el equilibrio o hacerla realmente con un madero, cinta adhesiva o cinta textil; en un gimnasio, puede utilizar cualquiera de las líneas pintadas en el suelo. Como mojones, puede usar conos de tráfico, sillas, neumáticos o libros apilados o cualesquiera otras señales aceptadas por todos y seguras. El trampolín puede hacerse fijando una tabla ancha al suelo por un extremo que descanse sobre una base elevada por el otro extremo. Las vallas puede hacerlas con bloques, cinta textil o cañas de bambú.

4. Es posible que tenga que actuar por ensayo y error antes de encontrar el itinerario que mejor se adapte a sus actividades y al espacio de que disponga. Un modo eficaz de organizar la carrera de obstáculos Spectrum consiste en adoptar la forma de herradura, ya que permite con facilidad acabar al *sprint*. Para una carrera sin *sprint*, la forma de circunferencia o de cuadrado es la más fácil de construir para los maestros y de utilizar para los niños. Cada elemento lleva directamente al siguiente hasta que el niño llega de nuevo al principio y se une al grupo. Los itinerarios en forma de "8" suelen confundir a los niños, mientras que los que constan de una línea recta dan pie a que se alejen demasiado.

5. Antes de empezar, cerciórese de que todo el equipamiento sea estable y no plantee problemas de seguridad. Después, recorra el itinerario con los niños, mostrando la actividad que deban desarrollar en cada puesto. Quizá convenga que les deje hacer un "recorrido de prueba" o les dé oportunidad de que todo el grupo practique los ejercicios.

6. Pida a cada niño que realice la carrera de obstáculos por su cuenta para eliminar las confusiones y para que usted pueda observar cómo ejecuta cada uno las actividades de cada puesto.

7. En sesiones posteriores, puede cambiar los ejercicios realizados en los puestos para dar variedad a la actividad o para adaptarla a su programa docente. Quizá convenga pedir a los niños que den ideas de otros instrumentos (como los aros) o juegos (como las carreras de sacos).

Carrera de obstáculos de Spectrum

Puesto 1: Salto de longitud

Los niños deben estar en pie y quietos al principio del salto. Muestre y describa que hay que mantener los pies juntos antes y después de saltar y cómo hay que utilizar los brazos y el torso para impulsar el cuerpo hacia adelante. Las rodillas deben estar ligeramente flexionadas al principio del salto. Muestre cómo se efectúa un buen balanceo de brazos: los brazos se balancean hacia atrás para dar el impulso necesario para saltar mientras los brazos avanzan hacia adelante. Remarque que el objetivo del salto de longitud es el movimiento horizontal, no el vertical.

Puesto 2: Equilibrio sobre la viga

Los niños atraviesan despacio la viga. Las conductas en las que hay que insistir y hay que mostrar son la alternancia de pies, la mirada hacia adelante al andar y la utilización del cuerpo para mantener el equilibrio. Si se utiliza una viga o tablón elevado, no hay que perder de vista a los niños.

Puesto 3: Carrera alrededor de obstáculos

Llegados aquí, los alumnos están preparados para correr. Pídales que zigzagueen alrededor de cinco obstáculos o mojones, ciñéndose al máximo a ellos, corriendo todo lo que puedan. En primer lugar, muestre cómo se realiza una carrera correctamente: se mira hacia adelante, más allá de los obstáculos, se balancean los brazos (ni demasiado poco ni en exceso), se presta atención a las rodillas que se elevan y se corre ligero, apartando balones con los pies. Insista en que el objetivo consiste en ceñirse al máximo a los mojones, corriendo cuanto se pueda. Después del movimiento cuidadoso y deliberado del equilibrio en la viga, la carrera alrededor de los obstáculos ofrece a los niños la oportunidad de moverse libremente.

Puesto 4: Salto desde cierta altura

El trampolín facilita una buena transición entre la carrera alrededor de obstáculos a la carrera y el salto sobre vallas. Los niños suelen pasarlo muy bien en esta actividad porque, en general, están acostumbrados a este tipo de salto y les resulta un movimiento estimulante. Puede colocar una colchoneta en el suelo para amortiguar la caída. Fije al suelo un extremo de una tabla ancha y eleve el otro extremo unos 60 cm. Pida a los niños que corran por el trampolín y salten, con los pies juntos y las rodillas flexionadas, al suelo o a la colchoneta. Indíqueles que utilicen los brazos para mantener el equilibrio.

Puesto 5: Vallas

Sitúe tres o cuatro vallas separadas entre sí alrededor de 1 m, de manera que quede espacio suficiente entre ellas para que los niños se recuperen, den dos zancadas y se preparen para saltar la siguiente. Las vallas pueden hacerse colocando en soportes unos bastones de plástico o de caña de bambú, de manera que no opongan mucha resistencia. Muestre a los niños cómo deben correr y saltar sobre las vallas sin detenerse entre ellas. Si un niño duda mucho o no parece estar muy dispuesto a saltar, pregúntele si le gustaría acabar la carrera de otra forma (arrastrándose, por ejemplo). También, puede elevarlas y pedir a los niños que pasen por debajo, arqueando la espalda.

Puesto 6: Carrera

Un *sprint* relativamente largo al final de la carrera puede proporcionar a los niños una sensación de logro y de término. Trate de encontrar un espacio suficiente para que puedan correr unos 20 m con una línea de meta. Para que no entren en zonas peligrosas cuando vayan corriendo, quizá sea conveniente poner barreras que impidan el paso.

—————— Carrera de obstáculos de Spectrum ——————

#1. Salto de longitud ⟶ **#2.** Equilibrio en la viga ⟶ **#3.** Carrera de obstáculos ———┐

#6. *Sprint* final ◄——— **#5.** Vallas ◄——— **#4.** Salto desde cierta altura ◄——┘

Sensibilidad al ritmo

☐ *Latidos*

Objetivo:	Familiarizare con el ritmo descubriendo los "golpes" rítmicos naturales de uno mismo
Componentes fundamentales:	Sensibilidad rítmica, en especial la identificación del ritmo Moverse siguiendo el ritmo
Materiales:	Fonendoscopios (si se dispone de ellos) Reloj o cronómetro

Procedimientos:

1. Enseñe a los niños a encontrar el pulso en el cuello o en la muñeca. Explique, con tanto detalle como desee, que el corazón nos marca nuestro propio ritmo. Es como si tuviésemos nuestro propio tambor dentro del cuerpo. Cuando los niños se encuentren el pulso, haga que marquen los latidos con el pie. (Si dispone de fonendoscopios, deje que los utilicen para escucharse unos a otros los latidos del corazón. Pueden señalar el pulso o los latidos del corazón de sus compañeros con golpecitos o palmadas.)

2. Explique que podemos cronometrar nuestros latidos o pulso para ver lo rápido o lento que sea. Utilice un reloj o cronómetro y haga que los niños cuenten por turno sus pulsaciones durante 15 segundos cada uno. Cada uno debe llevar la cuenta de sus pulsaciones. Como actividad de matemáticas, los niños pueden preparar también un gráfico que muestre las frecuencias de pulso de todos los compañeros. ¿Cuál es la frecuencia más rápida? ¿Cuál es la más lenta? ¿Cuál es la más corriente?

3. Haga que los niños participen en actividades aeróbicas cada vez más vigorosas. Haga que anden, después que salten, que salten rápido, hagan concursos de saltos, etcétera. Si están al aire libre, hágales correr. Después de cada actividad, deben controlar sus latidos. ¿Qué ocurre? Cada niño puede hacer un gráfico que manifieste la velocidad de sus pulsaciones durante las distintas actividades. Recuerde que, tras un ejercicio vigoroso, hay que hacer otros de enfriamiento y relajación.

4. Póngales distintas clases de música pidiéndoles que sigan el ritmo con palmadas, golpecitos o tarareando. Comente cada pieza. ¿El ritmo recuerda a los niños el paseo, los saltos o la carrera?

Nota para el maestro o maestra:

Esta actividad puede extenderse durante varias sesiones y utilizarse como introducción a otras de realización de gráficos, ritmo o composición musical. Por ejemplo, puede pedir a los niños que sigan el ritmo de sus latidos con distintos instrumentos de percusión o que los utilicen para mostrar cómo cambia el ritmo cuando pasean, saltan y corren. Las composiciones musicales pueden grabarse y ponerlas en común con los compañeros.

Esta actividad se ha adaptado de: E. NELSON (1979): *Movement games for children of all ages.* Nueva York: Sterling.

Sensibilidad al ritmo

☐ *Llevo el ritmo*

Objetivo:	Estudio de los ritmos moviéndose de acuerdo con toques de tambor
Componentes fundamentales:	Moverse en sincronía con un ritmo cambiante Expresividad
Materiales:	Tambor y baqueta Campana o xilófono

Procedimientos:

1. Siente a los niños en el suelo, formando una circunferencia. Dígales que van a experimentar con los ritmos y cantando. Pídales que escuchen con mucha atención mientras usted toca en el tambor con un ritmo constante. Pasado un momento, pídales que den una palmada cada vez que toque el tambor.

2. Cuando hayan cogido el ritmo, pruebe con otro diferente. Dígales que primero escuchen y después den la palmada cuando toque el tambor. Utilice un ritmo de vals (uno-dos-tres, con el toque más bajo o más fuerte en *uno*) y deje que sigan dando la palmada con el toque de tambor.

3. Pida a los niños que se levanten y marquen el paso, dando uno cada vez que toque el tambor. Dígales que este ejercicio se parece mucho a lo que hacían cuando se movían a su ritmo, salvo en que ahora marcan el paso a golpe de tambor.

4. Pruebe con otros ritmos y varíe la velocidad (cuplés, compás de compasillo, etc.). Deje a los niños que se muevan por el aula llevando el compás. Anímelos a que desarrollen sus propias pautas mientras caminan y mueven distintas partes de su cuerpo. Usted les puede sugerir: "¿Podéis mover los brazos a compás?, ¿y la cabeza?, ¿y los pies?"

Variaciones:

1. Una vez que los niños tengan cierta experiencia con la actividad, asigne movimientos específicos a cada tiempo del compás. Por ejemplo: al primer tiempo le corresponde un salto; a los dos segundos, un paso. Así, un ritmo de vals sería: salto-paso-paso, salto-paso-paso. Haga que los niños realicen secuencias diferentes.

2. Lleve el compás con una campana, además de con el tambor. Por ejemplo, puede utilizar los tambores con ritmos rápidos y la campana (o el xilófono) con un ritmo más lento. Toque distintos ritmos y pida a los niños que los identifiquen como rápidos o lentos. A continuación, dígales que se muevan por el aula llevando el compás marcado por el instrumento. Cuando los niños se hayan acostumbrado, cambie el ritmo. En todo caso, siempre puede dejar que toquen por turno el tambor y la campana para el resto de la clase.

Sensibilidad al ritmo

◻ *El sonido de los tambores*

Objetivo:	Estudio del ritmo con voces y tambores
Componentes fundamentales:	Sensibilidad al ritmo Establecer un ritmo propio Expresividad
Materiales:	Tambores, otros instrumentos de percusión o ambos

Procedimientos:

1. Como los latidos o el pulso, las pulsaciones naturales del lenguaje constituyen una forma maravillosa de ayudar a los niños a estudiar el ritmo. Comience haciendo que golpeen con palillos, den palmadas o toquen un tambor siguiendo el ritmo de su propio lenguaje. Explique que cada sílaba es una señal rítmica y practiquen juntos con unas oraciones. Después, deje que ellos simulen que están hablando por teléfono con un amigo, se encuentran con un alumno nuevo o participan en otro escenario que usted hubiera creado. También puede pedirles que den palmadas siguiendo todo cuanto digan durante los tres minutos siguientes.

2. A continuación, pídales que dejen de pronunciar las palabras y se limiten a tararear su mensaje mientras dan los correspondientes toques de tambor o golpecitos. Haga hincapié en la atención que hay que prestar a la pulsación del mensaje para comprenderlo.

3. Por último, estimule a los niños para que no pronuncien nada y utilicen sólo el tambor u otros instrumentos rítmicos para comunicarse.

4. Comenten los motivos por los que los mensajes del tambor son difíciles de entender. ¿Cómo pueden cambiar el pulso del mensaje para aclarar el significado? Si es preciso, haga preguntas orientadoras: ¿Cómo sonarían las buenas noticias? ¿Cómo sonarían las noticias malas o tristes? ¿Cómo sonaría un toque tímido de tambor? Pida a los niños que pongan en práctica sus ideas. También puede ser conveniente reflejar sus comentarios en papel de gráficos, creando un juego de instrucciones: "Consejos para hablar con el tambor".

5. Organice un juego de adivinanzas. Invíteles a trabajar por parejas, enviando y adivinando mensajes, fundándose en los "consejos" dados por ellos. Vea si los niños pueden desarrollar una conversación extensa. Después, pídales que digan qué tal han funcionado los consejos.

6. Estimule a los niños para que escenifiquen los mensajes: un niño toca el mensaje en el tambor, mientras otro se mueve al son del mismo.

Nota para el maestro o maestra:

Véase el *Poema rítmico* de la pág. 101 de la Guía de música, para adquirir más práctica en el descubrimiento del ritmo en la palabra hablada.

Esta actividad se ha adaptado de: E. NELSON (1979): *Movement games for children of all ages.* Nueva York: Sterling.

Expresividad

Dirigida por el maestro/a
Pequeño o gran grupo

☐ *¡Mis sentimientos!*

Objetivo:	Aprender a expresar diferentes sentimientos mediante el movimiento
Componentes fundamentales:	Responder a claves verbales Evocar estados de ánimo mediante el movimiento
Materiales:	Cinta magnetofónica con música sobre "sentimientos"

Procedimientos:

1. Diga a los niños que van a hacer una actividad de movimiento que estudia los sentimientos. Escucharán música y se moverán por el aula de distintas maneras, dependiendo de lo que les haga sentir la música. Pídales que se repartan por el aula. Ponga fragmentos musicales, preferiblemente de una cinta grabada de antemano. Dígales que describan la música en relación con los sentimientos, ayudándoles con el vocabulario. ¿Cómo suena la música: feliz, triste, excitada?

2. Comience poniendo música que ejemplifique un sentimiento determinado, como la felicidad. Pregunte qué sentimiento manifiesta la música. Cuando los niños respondan: "feliz", anímelos a que hagan distintos movimientos de felicidad. Puede decirles, por ejemplo: "¿Cómo pones la cabeza cuando te sientes feliz? ¿Cómo queda tu espalda? Enséñame unos hombros alegres, unos pies animados, unas rodillas contentas". Siga durante 2 minutos y déjeles descansar.

3. A continuación, ponga música que suene a triste. Una vez más, dé ideas: "¿Cómo puedes hacer saber a tus amigos que estás triste sin palabras? ¿Cómo están los hombros tristes? ¿Cómo se mueven los brazos tristes, las piernas y los dedos de los pies tristes? ¿Cómo son una cabeza, una boca y unas cejas tristes? ¿Qué aspecto tienen y cómo se mueven las distintas partes de tu cuerpo cuando se sienten tristes?" Continúe durante 1 ó 2 minutos y diga a los niños que se detengan.

4. Siguiendo con esta pauta, ponga música "de miedo", "loca", "excitada" y otros tipos diferentes. Utilice ciertos estímulos como: "Dejad que vuestro cuerpo 'tenga miedo' ('se enfade', 'se excite', 'se sorprenda', etc.), y moveos por la clase". Otra estrategia de estimulación consiste en hacer que los niños imaginen situaciones: "¡Estáis celebrando una fiesta de cumpleaños!" "Tu mejor amigo se está mudando de casa".

5. Para ampliar esta actividad, invite a los niños a que piensen en canciones (o lleven a clase discos) que evoquen una emoción o emociones concretas. Anímelos a que hablen sobre los distintos aspectos de la canción (ritmo, tempo, melodía, letra) que les hagan sentirse felices, enfadados, tristes, etcétera. Pueden trabajar en pequeños grupos para coreografiar movimientos para toda la canción que hayan seleccionado o para parte de ella. Después, pueden realizar estos movimientos ante los demás.

Nota para el maestro o maestra:

Quizá convenga que grabe (o compre) una cinta magnetofónica sobre "sentimientos", compuesta por selecciones musicales que se refieran a distintas emociones (p. ej.: ira, felicidad, tristeza, tranquilidad, estupidez). He aquí algunos ejemplos:

Tristeza:	"Jeannie with the Light Brown Hair" (Stephen FOSTER).
Ira:	"Obertura Coriolano" (Ludwig van BEETHOVEN).
Miedo:	"Una noche en el Monte Pelado" (Modesto MUSSORGSKY).
Alegría:	"Isn't She Lovely?" (Stevie WONDER).
Confusión:	"Confusion" (Fela KUTI).

Esta actividad se ha adaptado de: G. HENDRICKS y K. HENDRICKS (1983): *The moving center: Exploring movement activities for the classroom.* Englewood Cliffs (NJ): Prentice Hall.

Expresividad

Dirigida por el maestro/a
Pequeño o gran grupo

☐ *¿Puedo moverme como...?*

Objetivo: Estudio de distintas maneras posibles de utilizar el movimiento para crear

Componentes fundamentales: Expresividad
                                   Generar ideas de movimiento
                                   Destrezas de observación

Materiales: Ninguno

Procedimientos:

1. Pida a los niños que se pongan en pie. Explique que van a participar en un juego en el que utilizarán sus cuerpos para imitar distintas acciones, personas y cosas. Por ejemplo, ¿cómo moverían su cuerpo si fueran granos de maíz a punto de estallar y convertirse en palomitas o si fueran andando pisando barro muy profundo? Hable con el grupo sobre el movimiento en términos de: la *cualidad* del movimiento (p. ej., ¿cómo es un movimiento ligero, pesado, saltarín, variable?); la *velocidad* del movimiento (p. ej., ¿qué cosas se mueven despacio, muy despacio, rápido?), y la *orientación en el espacio* (p. ej., ¿qué se mueve por el suelo, por el aire, entre ambos?).

2. Pregunte a los alumnos cómo se moverían si hubiera un tigre acechando para atacar, un pez nadando en un estanque, una hoja agitada por el viento. Anímeles a representar esas imágenes.

3. Con ayuda de los niños, reúna las combinaciones sin sentido. Por ejemplo, pregúnteles cómo volarían si fueran pájaros que llevaran una chaqueta o un tigre con una pata rota. Anímelos a que sugieran sus propias combinaciones.

4. Coloque a los niños por parejas. Ayúdeles a desempeñar distintos papeles y a preparar una escena corta para representarla ante los demás, como:

   - remar en un bote y pescar;
   - comer;
   - realizar patinaje artístico;
   - verse atrapados en una tormenta repentina;
   - ser pájaros y construir juntos un nido.

   Anímelos a que digan sus propias ideas sobre una escena.

Notas para el maestro o maestra:

1. Puede convertir este ejercicio en una adivinanza. Haga movimientos y pida a los niños que adivinen quién (o qué) es usted y qué está haciendo. Después, invierta los papeles y deje que sean los niños quienes interpreten la acción.

2. También puede establecer un juego más estructurado preparando tarjetas con ilustraciones de distintas escenas (puede mostrar un tema, como los animales, las actividades deportivas o los libros). Un niño coge una tarjeta e interpreta la ilustración hasta que algún compañero adivina lo que aparezca ella. Este niño pasa a desempeñar la función de "actor".

Expresividad

Dirigida por el maestro/a
Pequeño o gran grupo

La danza del cuento

Objetivo:	Estudio de las posibilidades expresivas del cuerpo, utilizando el movimiento para representar un cuento
Componentes fundamentales:	Expresividad Generar ideas de movimiento
Materiales:	Libros con muchas ilustraciones, con o sin palabras (p. ej.: *Where the Wild Things Are*, de Maurice SENDAK. Trad. cast.: *Donde viven los monstruos*, Madrid, Altea, 1998, 4.ª ed.)

Procedimientos:

1. Comience leyendo un libro corto. Hable de cómo las palabras y las ilustraciones cuentan la historia. Pida a los niños que piensen lo que les transmite una determinada ilustración. Si no pueden hablar, ¿cómo pueden contar la misma historia?

2. Muestre cómo puede utilizarse sólo el movimiento para interpretar parte de una historia. Tome una página con texto que pueda representarse con toda claridad, como "El Sr. Smith cierra la puerta". Se interpreta cerrando la puerta.

3. Explique que pueden representarse historias completas. Haga que los niños se pongan en pie e interpreten un cuento que usted haya escogido. Siga el libro página a página: lea la página, enseñe la ilustración y haga que todos los niños la representen. Repita la operación, desde el principio al fin, una vez al menos.

4. A modo de proyecto, puede dejar que pequeños grupos de niños escojan los libros que quieran representar. Asigne a los grupos distintos rincones del aula (o momentos diferentes) para que se reúnan e interpreten sus relatos. Haga que un niño de cada grupo narre la historia mientras los demás la interpretan. Pasee por la clase para ayudar a los grupos. Haga que cada grupo interprete su historia para el resto de la clase.

Nota para el maestro o maestra:

Si graba vídeos o hace fotografías de la actividad, puede crear una biblioteca de clase de "historias en acción".

Generación de ideas de movimiento

☐ *El "boogie" de la anatomía*

Objetivo:	Estudiar y generar conjuntos de ideas de movimiento centrando la atención en el movimiento de partes del cuerpo, con independencia del resto
Componentes fundamentales:	Control y conciencia corporales Generar ideas de movimiento Expresividad
Materiales:	Pañuelos, si lo desean Cintas magnetofónicas o radio

Procedimientos:

1. Diga a los alumnos que, en esta sesión de movimiento, van a moverse al son de la música (aunque sin bailar). Explique que nuestros cuerpos pueden efectuar movimientos diferentes, porque tenemos distintas partes del cuerpo cada una de las cuales puede moverse con independencia de las demás. En conjunto, un cuerpo puede hacer muchas combinaciones de movimientos diferentes. Esta actividad explorará las distintas maneras de mover cada parte del cuerpo.

2. Haga que, mediante un torbellino de ideas, los niños elaboren una lista de diferentes partes del cuerpo que puedan mover. Confeccione una lista en cartulina. Haga sus propias sugerencias o estimule a los niños para que realicen una lista completa.

3. Pida a los niños que se levanten. Empezando por el principio de la lista, solicite que demuestren de qué modo pueden mover cada una de las partes del cuerpo. Póngase de acuerdo con el grupo acerca de los movimientos en cuestión. Por ejemplo, en la lista correspondiente a los "ojos", pueden figurar: "cerrar, parpadear, guiñar"; en relación con los hombros, pueden incluirse: "encoger, sacudir, girar", etcétera.

4. Bien el mismo día u otro diferente, repita el ejercicio con música. Céntrese en una sola parte del cuerpo cada vez, utilizando la lista como guía. Ponga distintos tipos de música y vea si los niños aportan nuevas ideas. Estimúleles para que dialoguen sobre si la música les ayuda a descubrir nuevas posibilidades de movimiento. Cuando cambia la música, ¿cambia su forma de moverse?

5. Puede utilizar la música de distintas maneras. Por ejemplo, los niños pueden mover diferentes partes del cuerpo con la misma pieza musical: ¿Qué tienen en común los movimientos de distintas partes del cuerpo? También, pequeños grupos de niños pueden coreografiar y exhibir bailes cortos basados en movimientos de la lista del *"Boogie* de la anatomía".

Nota para el maestro o maestra:

La música puede inspirar a los niños para que creen movimientos diferentes, de manera que conviene que pruebe las distintas clases de música que pueda conseguir. Puede animarles para que traigan a clase las que ellos prefieran. También puede utilizar una radio, deteniendo aleatoriamente el dial en emisoras que tengan diferentes tipos de música. También puede sacar los pañuelos y dejar que los niños experimenten con las pautas de movimientos que puedan crear.

Esta actividad se ha adaptado de: G. HENDRICKS y K. HENDRICKS (1983): *The moving center: Exploring movement activities for the classroom*. Englewood Cliffs (NJ): Prentice Hall.

Generación de ideas de movimiento

❏ *Formas geométricas*

Objetivo:	Mejorar la conciencia espacial utilizando el cuerpo para crear formas geométricas
Componentes fundamentales:	Generar ideas de movimiento Reconocer formas Conciencia espacial Resolución de problemas
Materiales:	Tarjetas (tarjetas con ilustraciones de triángulos, cuadrados, circunferencias y otras figuras geométricas) o bloques de formas geométricas.

Procedimientos:

1. Divida la clase en grupos de cinco o seis. Estimule a los niños para que trabajen juntos en sus grupos, utilizando sus cuerpos para hacer las formas geométricas que usted indique. Comience mostrándoles la ilustración de un cuadrado.

2. Lleve a los niños a distintas zonas del aula y dígales que traten de representar la figura. Vaya de grupo en grupo mientras trabajan. Después, pídales que hagan una o dos más formas básicas.

3. Pida a los niños que representen formas más complejas, como un hexágono. Después de que cada grupo haya conseguido realizar una forma, pueden mostrarla a toda la clase. Estimule todas las ideas que se les ocurran a los niños. Si los alumnos de un grupo no consiguen hacer una forma satisfactoriamente, ayúdelos a distribuirse de otro modo para configurarla correctamente.

Variaciones:

Los niños también pueden utilizar su cuerpo, individualmente o en grupo, para formar las letras del alfabeto. Anímeles a que prueben distintos métodos, como tumbarse en el suelo, sentarse y ponerse de pie, y ponga de manifiesto las diferencias existentes entre las ideas de unos y otros.

Nota para el maestro o maestra:

Si los niños tuvieran dificultades con esta actividad, haga que, al principio, utilicen desatascadores de pipa para configurar las formas o letras, como primer paso para realizarlo después con sus cuerpos.

Generación de ideas de movimiento   **Dirigida por el maestro/a**
                                                                          Pequeño o gran grupo

☐ *Triple salto*

Objetivo: Ampliar el repertorio de ideas de movimiento imaginando formas diferentes de cruzar el aula o el patio de recreo

Componentes fundamentales: Generar ideas de movimiento
                                    Control corporal
                                    Expresividad

Materiales: Ninguno

Procedimientos:

1. Pida a los niños que se alineen en un extremo del aula o del patio de recreo. Dígales que cada uno tendrá que atravesarlo hasta el otro lado, ¡pero tendrán que pensar en una forma distinta para hacerlo!

2. Incite a los niños a que describan o demuestren diferentes maneras de cruzar (saltando a la pata coja, dando saltitos, a saltos grandes, al galope). Quizá tenga que insinuarles algo. (¿Qué puedes hacer con tus brazos y piernas?, ¿Tienes que andar necesariamente?)

3. Deje que los niños desarrollen sus ideas o hágales las siguientes sugerencias:

   • andar en cuclillas,
   • enlazar el brazo y el pie con los de otro compañero y hacer juntos el camino yendo despacio,
   • cerrar los ojos y hacer que alguien te guíe,
   • ir de puntillas,
   • ir dando zapatazos,
   • andar en zigzag,
   • andar hacia atrás,
   • ir a cuatro patas,
   • ir a cuatro patas y hacia atrás,
   • andar sin rumbo fijo,
   • rodar,
   • ir dando volteretas.

4. Después, comente con los niños la actividad, haciendo una lista (en cartulina, si lo desea) de las diversas ideas de movimiento presentadas por ellos.

5. Añada música a la tarea, pidiendo a los niños que varíen sus movimientos según les sugiera la música.

Esta actividad se ha adaptado de: G. HENDRICKS y K. HENDRICKS (1983): *The moving center: Exploring movement activities for the classroom.* Englewood Cliffs (NJ): Prentice Hall.

Generación de ideas de movimiento

☐ *Máquinas corporales*

Objetivo:	Hacer una "máquina" con los cuerpos para estudiar de qué modo pueden trabajar juntos las partes móviles y los niños
Componentes fundamentales:	Generar ideas de movimiento Comprender las relaciones causales
Materiales:	Trituradora de comida Otras máquinas sencillas con partes móviles (opcional) Papel y ceras

Procedimientos:

1. Ponga sobre la mesa una trituradora de comida u otra máquina pequeña. Pida a los niños que la examinen y la hagan funcionar por turno, si no han tenido ocasión de hacerlo como actividad de mecánica (véanse "Desmontar" y "Montar" en las páginas 36 y 37 de la guía de "Actividades de mecánica y construcción").

2. Modere una conversación sobre el modo de funcionamiento de este aparato en términos de relaciones de causa a efecto (p. ej.: ¿qué pasa con la comida, con el eje espiral central o con el disco triturador cuando das vueltas a la manivela?). Demuestre cómo un mecanismo influye en el siguiente.

3. Diga a los niños que van a hacer máquinas con sus propios cuerpos. Cada persona actuará como parte del aparato, igual que cada una de las partes que están sobre la mesa se ajustan con las demás para constituir una máquina de verdad. Utilice como modelo la trituradora de comida. Pida voluntarios y deje que cada niño se imagine que es una parte de la máquina. Por separado cada niño puede representar su parte y después interpretarlo todos a la vez.

4. Divida a la clase en grupos de entre 5 y 8 niños. Haga que, los grupos lancen ideas sobre las máquinas que puedan crear y el movimiento que pueda realizar cada uno. Los alumnos pueden buscar en el aula una máquina auténtica a la que imitar (p. ej., un afilalápices).

5. Los niños también pueden inventarse una máquina imaginaria (como un "aplastarrábanos"). Usted puede hacer que los grupos comiencen haciendo un boceto de sus máquinas. Ayúdeles a que tengan en cuenta las partes que pueda necesitar su máquina (p. ej., un elemento para aplastar el rábano, un brazo que suba y baje el aplastador, un muelle para mover el brazo); las relaciones de causa a efecto entre las partes, y la forma de mover los niños sus cuerpos para actuar como las partes mecánicas.

6. Tras una sesión de práctica, haga que cada miembro de cada grupo describa la parte que le corresponda. Después, el grupo puede demostrar el funcionamiento de su máquina al resto de la clase.

Variaciones:

1. Construya una máquina añadiendo un niño cada vez. Cuando diga su nombre el niño debe sumarse a la máquina como "parte" nueva, y así hasta que toda la clase esté participando. Si es posible, grabe esta actividad en vídeo, de manera que puedan verla más tarde.

2. Añada claves verbales, como: "Estoy vertiendo en esta máquina mantequilla de cacahuete" o "Estoy engrasando los engranajes". Haga que los niños demuestren cómo influyen sus acciones en el funcionamiento de la máquina.

3. Retire una "parte" y pida al niño que busque otro sitio en el que encaje. ¿Cómo se ajustará el resto de los componentes?

Esta actividad se ha adaptado de: E. NELSON (1979): *Movement games for children of all ages.* Nueva York: Sterling.

Sensibilidad a la música

Dirigida por el maestro/a o por un niño/a
Pequeño o gran grupo

◻ *Danza libre*

Objetivo:	Estudiar cómo distintos tipos de música sugieren diferentes clases de movimiento y formas de bailar
Componentes fundamentales:	Sensibilidad a la música Generar ideas de movimiento Expresividad Control corporal
Materiales:	Magnetófono Cinta que contenga diversos tipos de música

Procedimientos:

1. Diga a los niños que va a poner una cinta con diversos tipos de música y que ellos bailarán, respondiendo a los sentimientos que les produzcan esas melodías.

2. Ponga en marcha la cinta y deje que los niños se muevan libremente por el espacio disponible. Pregunte: "¿Cómo te parece que te impulsa a moverte esta música?" Si un niño dijera, por ejemplo: "Esto me suena a ritmo de marcha", desfile con ellos por la clase.

3. Añada un nuevo componente: pida a los niños que sigan bailando hasta que finalice la música que se están oyendo. Después, tienen que detenerse lo más rápido que puedan y quedarse, como congelados, en la posición en la que se encuentren.

4. Haga que sigan bailando con la música, recordando a los niños que deben quedarse "congelados" al acabar la pieza. Finalice la sesión de danza con la tonada que ellos escojan.

5. Ayude a los niños a tranquilizarse, poniendo una música lenta, suave. Baje también el volumen. Pídales que busquen un sitio en el suelo y se sienten, haciendo descender lentamente el cuerpo hasta el suelo. Haga que los niños cierren los ojos y escuchen la melodía.

6. Suspenda la música y pida a los niños que escuchen su propia respiración. Dígales que dejen caer la barbilla sobre el pecho y se queden sentados en silencio, respirando profundamente. Tras uno o dos minutos, dígales que levanten la cabeza y abran los ojos; que eleven los brazos por encima de la cabeza y sacudan las manos, y que, poco a poco, dejen los brazos en reposo. Pasado un momento, los niños pueden volver a su sitio.

Notas para el maestro o maestra:

1. Ésta es una buena actividad para interiores en días de lluvia. También puede utilizarse cuando parezca que los niños no sean capaces de permanecer sentados.

2. Pídales que traigan a clase cintas de la música que les guste.

3. La danza libre da a los niños la oportunidad de mostrar varias capacidades clave del movimiento. Si es posible, grabe en vídeo la sesión. Tenga en cuenta los siguientes aspectos:

   - ritmo: qué niños se ajustan a los cambios de ritmo de una pieza a otra y mantienen el ritmo durante toda la canción;
   - uso del espacio: qué alumnos experimentan con movimientos altos y bajos y con el movimiento en distintas direcciones del aula o espacio de trabajo;
   - expresividad: qué niños se muestran muy expresivos y modifican su expresión de una canción a otra;
   - generación de ideas de movimiento: qué alumnos enseñan o indican a otros compañeros distintos movimientos según las diferentes canciones.

Actividad para casa n.º 1

☐ *Elasticidad*

Objetivos: Aprender la función de los distintos músculos
                                     Aprender a relajar y tensar los músculos

Materiales: Ninguno

Nota para padres y madres:

La conciencia corporal es un elemento importante del movimiento deportivo y del creativo. Esta actividad está diseñada para hacer que su hijo sea más consciente de los músculos de su cuerpo. También le ayudará a usted a observar hasta qué punto él es capaz de decir los músculos que esté moviendo y si puede tensar o relajar determinados músculos sin mover otros cercanos a los primeros.

Procedimientos:

1. Pida a su hijo que se tienda en el suelo y se estire, como lo hace al despertarse por la mañana. Ahora, dígale que estire o alargue un grupo de músculos a la vez y que se dé cuenta de cómo lo siente: cuello, hombros, brazos, dedos de las manos, pecho, barriga, piernas, pies, dedos de los pies.

2. A continuación, dígales que tense los músculos de una parte del cuerpo cada vez. Cuando tense un músculo, debe mantenerlo hasta que todos los músculos del cuerpo estén tensos. Pasado un momento, deje que su hijo vaya relajando un grupo muscular tras otro, hasta que todos los músculos estén relajados.

3. Pida a su hijo que mueva un músculo (o juego de músculos) sin mover los que lo rodeen. Por ejemplo, ¿puede mover el "músculo del tobillo" sin mover el "músculo del dedo del pie"?, ¿el del dedo meñique sin mover el anular?

Puesta en común:

Es fácil que su hijo quiera realizar estos ejercicios ante sus amigos del colegio o mostrárselos a su maestro o maestra.

Actividad para casa n.º 2

☐ *Movimiento a cámara lenta*

Objetivo: Planear una serie de movimientos y realizarlos

Materiales: Ninguno

Nota para padres y madres:

Esta actividad resalta el control corporal y la memoria del movimiento. Puede observar la capacidad de recordar e imitar movimientos de su hijo y de planear una serie de movimientos y realizarlos.

Procedimientos:

1. Pídale que cierre los ojos y se imagine a alguien corriendo una distancia larga. Su hijo debe imaginarse a la persona corriendo a cámara lenta. ¿Qué hacen las piernas del corredor?, ¿y los brazos, el rostro, los dedos de las manos?

2. Dígale que abra los ojos y se imagine que está corriendo a cámara lenta.

3. A continuación, haga que su hijo se imagine que es un jugador de béisbol, un ciclista, un pianista, un conductor de camión u otra persona que esté desarrollando una actividad física. Recuérdele que debe prestar atención a todas las partes de su cuerpo, de manera que la acción parezca real.

Puesta en común:

En el colegio, su hijo puede representar una acción deportiva u otra actividad, dejando que su maestro o sus compañeros y compañeras adivinen lo que esté haciendo.

Actividad para casa n.º 3

☐ *Fiebre de danza*

Objetivo:	Crear una danza corta basada en la música que su hijo escuche en la radio y en los movimientos que vea en la televisión o en los vídeos
Materiales:	Cinta magnetofónica o de vídeo de música de baile

Nota para padres y madres:

El baile o la danza da ocasión a los niños para que expresen sus sentimientos y afinen diversas destrezas de movimiento. Cuando su hijo baile, observe su sensibilidad al ritmo, su capacidad de utilizar el movimiento para comunicar sentimientos o ideas, su conciencia del espacio y su sensibilidad a la música.

Procedimientos:

1. Si tiene un vídeo con música de baile, deje que su hijo ponga una canción y lo vea y oiga varias veces. Después, dígale que baile imitando a alguna persona del vídeo. Como alternativa, puede utilizar una cinta magnetofónica o disco compacto y dejar que su hijo cree su propia danza.

2. Ayúdele a planear un baile que concuerde con la música. ¿Cómo debe ser: rápido o lento, alegre o triste, brusco o suave?

3. Para ayudar a su hijo a que se concentre en su danza, oscurezca la pantalla del televisor para que sólo se escuche la música. También puede cerrar el volumen y dejar que su hijo se invente una melodía para el baile.

4. Estimule al niño para que ponga un nombre a su danza que transmita al público el significado de la música y de los movimientos.

5. Si su hijo es demasiado tímido para desenvolverse solo, baile usted con él o pida a sus hermanos o hermanas mayores que le ayuden.

Puesta en común:

Un bailarín necesita público. Deje que su hijo represente su danza ante usted y el resto de la familia e, incluso, muéstrelo a sus amigos o al maestro.

Recursos y bibliografía

Las actividades de las páginas anteriores son sólo una introducción a la enseñanza del movimiento. Para ayudarle a Vd. a realizar futuras exploraciones, le ofrecemos un breve listado de recursos que han resultado muy interesantes para nosotros y nuestros colegas. Lo que intentamos es ofrecer inspiración más que una revisión de la bibliografía. Las obras usadas para la elaboración de este libro están marcadas con asterisco*.

BELKNAP, M. (1980). *Taming your dragons: A collection of creative and relaxation activities for home and school.* Buffalo, NY. DOK.

BENZWIE, T. (1980). *A moving experience. Dance for lovers of children and the child within.* Tucson, AZ: Zephyr Press.

BOAL, A. (1992). *Games for actors and non-actors.* Nueva York: Routledge.

CARR, R. (1980). *See and be: Yoga and creative movement for children.* Englewood Cliffs, NJ: Prentice Hall.

COLE, J. (1989). *Anna banana, 101 jump rope rhymes.* Nueva York: Scholastic.

FLUEGELMAN, A. (1981). *New games book.* Nueva York: Doubleday.

FRASER, D. L. (1991). *Playdancing: Discovering and developing creativity in young children.* Princeton, NJ: Princeton Books.

GILBERT, A. (1977). *Teaching the three Rs through movement experience.* Nueva York: Macmillan.

GREGSON, B. (1982). *The incredible indoor games book.* Belmont, CA: Fearon Teacher Aids.

* HENDRICKS, G. y HENDRICKS, K. (1983). *The moving center: Exploring movement activities for the classroom.* Englewood Cliffs, NJ: Prentice Hall.

JENKINS, E. (1989). *Adventures in rhythm* [audiocasete]. Washington, DC: Smithsonian/Folkways; Cambridge, MA: Rounder Records.

JONES, B. y HAWES, B. L. (1972). *Step it down: Games, plays, songs and stories from the Afro-American heritage.* Atenas: University of Georgia Press.

JOYCE, M. (1973). *First steps in teaching creative dance.* Palo Alto, CA: National Press.

LOWDEN, M. (1989). *Dancing to learn: Dance as a strategy in the primary school curriculum.* Londres: Falmer Press.

* MICHAELIS, B. y MICHAELIS, D. (1977). *Learning through non-competitive activities and play.* Palo Alto, CA: Learning Handbooks.

NELSON, E. (1989). *Dance sing and listen* [audiocasete]. Pedidos a: Dimension 5, Box 403-Kingsbridge Station, Bronx, NY 10463.

NELSON, E. (1987). *Everybody sing and dance!* Pedidos a: Dimension 5, Box 403 Kingsbridge Station, Bronx, NY 10463.

* NELSON, E. (1979). *Movement games for children of all ages.* Nueva York: Sterling.

ORLICK, T. (1982). *The second cooperative sports and games book.* Nueva York: Pantheon Books.

* PANGRAZI, R. y DAUER, V. (1981). *Movement in early childhood and primary education.* Minneapolis, MN: Burgess.

SULLIVAN, M. (1982). *Feeling strong, feeling free: Movement exploration for young children.* Washington, DC: National Association for the Education of Young Children.

YOLEN, J. (Ed.) (1992). *Street rhymes around the world.* Honesdale, PA: Wordsong/Boyds Mill Press.

ACTIVIDADES DE MATEMATICAS

Por Winnifred O'Toole, Jie-Qi Chen y Miriam Raider-Roth

Índice de la guía

Introducción

Actividades de matemáticas

Actividades para casa

Recursos y bibliografía

Visión general de las actividades de matemáticas

Esta guía ayuda a los niños a desarrollar los conocimientos y el pensamiento lógico-matemático a través de actividades "manuales" y "mentales". Las actividades pueden enriquecer el currículum infantil del principio de la primaria al relacionar conceptos abstractos con materiales concretos y situaciones conocidas, reforzando de ese modo las destrezas que presentan currícula como *Everyday Mathematics* o *Mathematics Their Way*. Combinando el juego cooperativo con los problemas que se plantean al niño de forma individual, las actividades invitan a los alumnos a considerar las matemáticas como algo a la vez divertido y útil, como un modo de responder a muchas de sus preguntas sobre el mundo.

Seguidamente, encontrará Vd. instrucciones para hacer dos tableros de juego: el "Juego del dinosaurio" y el "Juego del autobús", elaborados por el personal de Spectrum para evaluar y reforzar determinadas destrezas matemáticas. También se presentan varias métodos para adaptar juegos conocidos, como los de cartas: "Guerra" y "Cincos", para estimular a los niños para que practiquen el cálculo, la adición, la estimación, el reconocimiento de modelos y otras destrezas matemáticas. Estas actividades pueden servir de modelos que les ayuden a utilizar otros juegos conocidos de números y de estrategia, como el juego de cartas de *Las parejas* y el de *Tres en raya*, para favorecer el aprendizaje de las matemáticas.

Los juegos y demás actividades de esta guía estimulan a los niños para que piensen en los números y en las cantidades de objetos, para que hagan y comparen conjuntos, para que desarrollen estrategias de resolución de problemas y para que trabajen e intercambien ideas entre ellos. Se basan en tres principios: *a)* ayudar a los niños a explorar muchas facetas de los números y las diversas relaciones que existen entre los números; *b)* pedirles que actúen y reflexionen sobre la acción con el fin de desarrollar la comprensión, y *c)* estimularles para que piensen de manera activa y autónoma en muy distintas situaciones.

La guía está organizada en tres apartados que se corresponden con las tres capacidades clave del área de la inteligencia lógico-matemática: razonamiento numérico, razonamiento espacial y resolución de problemas lógicos. Dentro de cada categoría, las actividades progresan desde las relativamente sencillas: experiencias exploratorias con números, modelos y relaciones, hasta las tareas más complejas, orientadas a objetivos y proyectos. En el apartado de resolución de problemas lógicos tan sólo se incluyen algunas actividades porque esta capacidad ya se trata en muchas tareas de los otros apartados.

Cuando presente Vd. las actividades de matemáticas, es probable que desee comenzar describiendo algunos materiales que encontrarán los niños, como rompecabezas, juegos, bloques e instrumentos de medida. Puede mostrar hasta qué punto dependen de las matemáticas ciertas tareas con las que disfrutan, como cocinar, comprar dulces, llevar los tanteos de los deportes. Anime a los alumnos a que pongan en común sus ideas sobre las matemáticas haciendo preguntas como: ¿Qué significan para ti las matemáticas? ¿Cómo las utilizas en casa, en la calle y en el colegio? ¿Cuándo hacen falta las matemáticas a las personas? ¿Cuál es su finalidad?

Si está preparando una zona especial para las actividades de matemáticas, haga saber a los niños que, en esta zona, trabajarán con números, formas, tamaños, pesos, alturas, tiempo y dinero. También podrán participar en juegos e inventar los suyos. Explíqueles que van a aprender a resolver problemas con algunos elementos matemáticos muy especiales, como las balanzas, los cubos Unifix, los relojes, las reglas y las cintas métricas. Si es posible, enséñeles estas herramientas y hable de las diversas formas de utilizarlas los adultos y los niños.

◼ *Descripción de las capacidades clave*

Razonamiento numérico

- Le gustan los cálculos (p. ej., busca atajos).
- Es capaz de hacer estimaciones.
- Le gusta cuantificar objetos e informaciones (p. ej., guarda registros, crea notaciones eficaces, realiza ficos).
- Puede descubrir relaciones numéricas (p. ej., probabilidad, proporción).

Razonamiento espacial

- Descubre pautas espaciales.
- Le gustan los rompecabezas.
- Utiliza imágenes para visualizar y conceptualizar un problema.

Resolución de problemas lógicos

- Se centra en las relaciones y en la estructura general del problema y no en datos aislados.
- Hace inferencias lógicas.
- Generaliza reglas.
- Desarrolla y utiliza estrategias (p. ej., cuando participa en juegos).

◻◼ *Descripción de los materiales*

Juego del dinosaurio de Spectrum

Este juego es fácil realizarlo utilizando una plancha de espuma prensada (nosotros usamos una de 68,6 × 78,7 cm), varias figuritas de dinosaurios, dos dados numéricos y un dado direccional (véase la ilustración de la pág. 157). Para hacer el tablero, recorte de una plancha de cartón un gran dinosaurio y un fondo de rocas y árboles; después, péguelos sobre la plancha de espuma. Con rotuladores, dibuje un camino formado por 35 casillas numeradas que empiecen en la boca del dinosaurio, sigan por su espinazo y acaben en la punta de la cola. Escriba: *Salida* o *S* en la casilla marcada con el 15. Puede colorear la última casilla, la 35, con un color diferente o marcarla con: *Fin*. Utilice dos dados comerciales o hágalos con cubos de 1,5 cm. Puede hacer el dado direccional con un cubo, en el que dibuje un signo más (+) en 3 lados y un signo menos (−) en los otros 3.

Juego del autobús de Spectrum

Este juego está hecho con un autobús de juguete, un tablero, paradas de autobús, cochera de autobuses, viajeros y materiales de escritura para hacer las anotaciones. Para realizar el tablero de juego, utilice una pieza grande y rectangular de espuma prensada (de 50 × 85 cm, aproximadamente). El autobús circulará de una esquina a otra del tablero, siguiendo el perímetro interior. Pegue papel adhesivo de color para crear las calles y, si lo desea, ponga árboles u otros materiales decorativos. Puede forrar el tablero con papel adhesivo transparente para que se conserve mejor.

Utilice su imaginación para hacer 4 paradas de autobús de entre 7 y 10 cm. En la versión de Spectrum, las paradas son: una pluma, una llave, un cepillo de dientes y una piña. Monte los materiales sobre plastilina o fíjelos sobre tapas de plástico grandes con algún pegamento de resinas que se endurezca. Ponga la cochera de autobuses inmediatamente después de la última parada. Puede hacerla con una cajita de cartón y poner una puerta, alguna ventana y un letrero que diga: *Cochera de autobuses*, bien con pintura, bien con papel autoadhesivo de colores.

El autobús puede hacerse con una pequeña caja de zapatos u otra de cartón (de 15 × 22 × 10 cm aproximadamente), cubriéndola con planchas de espuma. Pinte o dibuje las ventanillas, en vez de recortarlas, para que el niño no pueda ver a los "viajeros". Recorte una puerta delantera que pueda accionarse para que los viajeros suban al autobús. En la parte trasera del autobús, recorte una trampilla que se abra como puerta de salida y permita vaciarlo con facilidad al terminar cada viaje.

Los "viajeros" —10 adultos (10 cm) y 6 niños (entre 5 y 6,5 cm)— pueden hacerse de cartón duro, montándolos en pequeños pies de madera o cartón. Como los jugadores tienen que llevar la cuenta del número de adultos y de niños que suben y bajan del autobús, sus tamaños deben distinguirse con facilidad. Puede dibujar sus propios personajes, recortar fotos de revistas o utilizar figuras de juegos comerciales (como las de *Playmobil*).

Razonamiento numérico

☐ *Juegos de estimación*

Objetivo: Participar en juegos en los que se practiquen las destrezas de esti-
                                   mación

Componentes fundamentales: Calcular y estimar
                                   Prever y comprobar las previsiones
                                   Razonamiento espacial

Materiales: Taza de medida
                                   Ensaladera o cazuela grande
                                   Recipientes diversos (p. ej., tazas de medida, cajas pequeñas)
                                   Nueces, alubias, macarrones o arroz
                                   Agua

Procedimientos:

1. Pida a los niños que adivinen cuántas tazas llenas de agua caben en la ensaladera o cazuela y tome
   nota de sus respuestas.

2. Utilice la taza de medida para llenar la cazuela, mientras los niños cuentan el número de tazas que
   usted vierte en ella. Pida a los niños que comparen la cantidad real con las estimaciones. ¿Cuánto
   se han acercado al valor real?

3. Dé a los niños diversos recipientes y "rellenos" (p. ej.: nueces, alubias, arroz o macarrones). Pídales
   que diseñen sus propios experimentos. Deben estimar cuántas tazas harán falta para rellenar un
   recipiente y comprobar a continuación su estimación, llenándolo.

Variaciones:

1. Proporcione a los niños algunas nueces y 3 ó 4 tazas de papel, de diferentes tamaños. Pídales que
   respondan a las siguientes preguntas, estimando primero el resultado y llenando después las tazas:

   • ¿Cuántas nueces caben en la taza más pequeña?
   • ¿Cuántas nueces caben en la taza más grande?
   • ¿Cuántas tazas pueden recoger más de 10 nueces? ¿Cuántas recogen menos de 5 nueces?
   • ¿Hay alguna taza en la que quepan exactamente 15 nueces?

Razonamiento numérico   **Dirigida por un niño/a**
                                                                              Pequeño grupo

☐ *Pesos y medidas*

Objetivo: Realizar diversas tareas para familiarizarse con los instrumentos de
                                       medida normalizados y no normalizados

Componentes fundamentales: Comparar y contrastar
                            Aprender por ensayo y error
                            Razonamiento lógico

Materiales: Regla   Bolsa pequeña
                             Palillos de dientes   Piezas de poliestireno expandido
                             Clips   Clavijas de madera
                             Lápices   Tazas pequeñas de papel
                             Papeles de colores   Cuerda
                             Arcilla de modelar   Percha de alambre
                             Bloque de madera   Botellas
                             Bol o botella grande

Procedimientos:

1. Medida de longitud: Dé a los niños una regla, palillos de dientes, una cadena de clips y lápices. Dígales que midan la longitud de un lado de la pizarra, un libro, un pupitre, una puerta o la pared de la clase. Anímeles a que piensen en otras formas de medir los objetos, por ejemplo, utilizando los pies o las manos. Pídales que rellenen la hoja de registro y contesten a las preguntas de la página siguiente, comparando los resultados obtenidos por cada uno. Comente con los niños los instrumentos de medida normalizados y los no normalizados. Estos últimos pueden venir bien, aunque no sean muy precisos: siempre puedes utilizar las manos y los pies, pero, ¿darán el mismo resultado los tuyos y los de tu maestro?

2. Medida del área: Proporcione a cada niño un juego de figuras recortadas de papel de distintos colores y formas. Dígales que las ordenen a simple vista, de la más pequeña a la más grande. A continuación, pídales que intenten imaginar un modo de medir el área de las figuras. Pasado un momento, dígales que pueden recortar las figuras de manera que obtengan distintas formas, más fáciles de comparar (p. ej., convertir un triángulo en un rectángulo y ver cuántas veces puede incluirse en él el rectángulo más pequeño). Pida a los niños que ordenen de nuevo las figuras por tamaños y comparen su nueva alineación con sus "estimaciones".

3. Medida del peso: Entregue a los niños 3 ó 4 piezas de arcilla de modelar y pídales que descubran cuál es la más pesada y cuál la más ligera. Otro ejercicio consiste en proporcionarles un bloque de madera, una bolsa pequeña y varias piezas de poliestireno expandido y decirles que llenen la bolsa con este material hasta que pese lo mismo que el bloque. Anime a los niños a que prueben distintos modos de medir el peso, como utilizar las manos para estimarlo o construir sus propias balanzas. Por ejemplo, pueden hacer platillos de balanza con tazas de papel y suspenderlos de un soporte con una cuerda (deben atar cada platillo por tres o cuatro sitios para que las tazas queden equilibradas). También pueden hacer una balanza que parezca un balancín colocando una regla en equilibrio sobre un lápiz.

4. Medida de volumen: Dé a los niños 3 ó 4 botellas de distintos tamaños y formas y llénelas de agua. Pídales que imaginen qué recipiente contiene más agua. Estímulelos para que reflexionen sobre las diferencias entre peso y volumen (si una de las botellas se llenara de arroz, en vez de agua, ¿el volumen sería el mismo?, ¿y el peso?) ¿Por qué es mejor para medir el volumen un bol o una botella grande que una balanza?

Hoja de registro de pesos y medidas

	Pizarra	Libro	Pupitre	Puerta	Pared	Otros
Regla (¿Cuánto mide de largo?)						
Palillos de dientes (¿Cuántos?)						
Clips (¿Cuántos?)						
Lápices (¿Cuántos?)						
Pies (¿Cuántos?)						
Otros						

¿Cuál es la herramienta más fácil de utilizar para medir un objeto? _____
¿Por qué? _____
¿Cuál es la herramienta más difícil de utilizar para medir un objeto? _____
¿Por qué? _____

☐ *Pautas en el calendario*

Objetivos: Aprender las relaciones entre los días, las semanas y los meses
                                Estudiar las pautas numéricas de los calendarios

Componentes fundamentales: Comprender el calendario
                                Reconocimiento de pautas
                                Suma y resta

Materiales: Rotuladores o ceras
                                Cartelera (40 × 45 cm)
                                Regla o metro
                                Papel autoadhesivo transparente
                                Cartulina

Procedimientos:

1. Utilice la cartulina para preparar una tabla de calendario con 7 casillas horizontales y 5 verticales. Diga a los niños que van a contribuir a hacer un calendario para anotar hechos importantes. Hable con ellos sobre la tabla. ¿Por qué hay 7 casillas horizontales? Haga que los niños digan qué días hay que escribir en las casillas de arriba, comenzando por el "lunes".

2. Recubra la tabla con papel autoadhesivo en el que los niños puedan pegar números e imágenes sin estropearla. Pida a un grupo de voluntarios que recorte números de cartulina, desde el 1 hasta el 31, ambos inclusive.

3. El primer día de cada mes, los niños pueden quitar los números y ponerlos en el orden correspondiente al mes que se inicia. También pueden pegar ilustraciones hechas en cartulina para señalar acontecimientos especiales, como vacaciones, cumpleaños y excursiones. Asimismo puede utilizar el calendario para anotar el tiempo meteorológico (véase la pág. 80) o los acontecimientos semanales (clase de música el martes; gimnasia el viernes).

4. Practique con los alumnos el uso del calendario. He aquí algunas preguntas que puede emplear para estudiar las pautas numéricas que configuran el calendario; no dude en utilizar preguntas preparadas por usted.

   • Si miras de arriba abajo una columna de días, ¿qué tienen en común? (Son del mismo día de la semana.)
   • ¿Cuántos días tiene un mes? ¿Cuántas semanas tiene un mes?
   • Si hoy es miércoles, ¿cuántos días faltan para el viernes?
   • Si el miércoles es 10, ¿qué día es el viernes?

   Las preguntas siguientes son más difíciles:

   • Haz una lista de los martes, los miércoles y los sábados. ¿Observas alguna pauta repetida en esos números? (Hay que sumar 7 para obtener el siguiente.)
   • ¿Por qué es así? (La semana tiene 7 días.)
   • ¿Qué otras pautas observas en el calendario?

Variaciones:

1. Estudie las pautas dando a cada niño una pequeña tabla de calendario (haga que ellos pongan los números). Pídales que encuentren la casilla con el número 2 y la coloreen de rojo. Dígales que sumen 2 y coloreen de rojo la casilla correspondiente; que sumen 2 de nuevo y pinten de rojo la casi-

lla indicada; que añadan otros 2 y pinten de rojo la casilla que corresponda y así sucesivamente hasta completar el calendario. A continuación, deben buscar la casilla del número 3 y colorearla de azul.
Después, han de sumar 3 y colorear de azul la casilla correspondiente y así hasta terminar el calendario (pueden colorear algunas casillas de rojo y de azul). ¿Qué pauta descubren?

1	2 (rojo)	3 (azul)	4 (rojo)	5	6 (rojo) (azul)	7
8 (rojo)	9 (azul)	10 (rojo)	11	12 (rojo) (azul)	13	14 (rojo)
15 (azul)	16 (rojo)	17	18 (rojo) (azul)	19	20 (rojo)	21 (azul)
22 (rojo)	23	24 (rojo) (azul)	25	26 (rojo)	27 (azul)	28 (rojo)
29	30 (rojo) (azul)	31				

2. Dé a cada niño una tabla de 100 casillas (10 horizontales por 10 verticales). ¿Qué pauta se forma si
   colorean todas las casillas pares? ¿Y si colorean con otro color todas las que sean múltiplos de 3?
   Puede hacer una gran tabla de 100 casillas para la clase, con el fin de mostrar las pautas que resulten cuando los niños cuenten de 2 en 2, de 5 en 5, de 10 en 10, etcétera. También puede utilizar la
   tabla como calendario y celebrar después los 100 días de clase.

3. Anime a los niños para que creen sus propias tablas y pautas. Algunos niños querrán formar pautas
   en sus tablas sin poner ningún número; otros preferirán poner los números y ver hasta dónde pueden llegar rellenando una tabla.

Razonamiento numérico

☐ *La guerra*

Objetivo: Jugar a un juego de cartas para practicar la comparación y la adición de números

Componentes fundamentales: Identificación de números
Comparación de números
Adición

Materiales: Baraja inglesa de cartas

Procedimientos:

1. Enseñar a los niños a jugar a "La guerra". En esta versión, hay que retirar de la baraja todas las cartas que representen figuras. Pida a los niños que corten el resto de la baraja (del as hasta el 10), hagan dos montones iguales y entreguen un montón a cada jugador, con las cartas boca abajo.

2. Cada jugador pone boca arriba la primera carta de su montón y los dos la comparan. El que tenga el número más alto coge las dos cartas y las pone al final de su montón. Cuando las cartas de ambos jugadores sean del mismo valor, ponen boca arriba sus respectivas cartas siguientes (¡la guerra!). El jugador que tenga el número más alto se lleva las cuatro cartas. El juego continúa hasta que todas las cartas estén en poder de un jugador.

3. A continuación, pruebe la "Guerra doble". Es igual que "La guerra", pero los jugadores ponen boca arriba dos cartas de su montón a la vez y comparan las sumas. El jugador que obtenga la suma más alta se lleva las cuatro cartas. Cuando los jugadores obtengan la misma suma, dan la vuelta a una tercera carta. El jugador que obtenga la suma más alta se lleva las seis cartas. Si los niños tienen problemas con la suma, déjeles que utilicen fichas para contar y sumar los números de las cartas.

Variaciones:

Deje que intervengan juntos tres o cuatro niños, de manera que puedan comparar más cartas y, por tanto, más números.

Nota para el maestro o maestra:

Anime a los niños a que realicen otros juegos de naipes, para reforzar el reconocimiento de números y pautas, la suma y otras destrezas matemáticas.

Razonamiento numérico   **Dirigida por un niño/a**
                                                                             Pequeño grupo

☐ *Cincos*

Objetivo: Participar en un juego de cartas para practicar la suma de números

Componentes fundamentales: Suma
                                             Concepto de conjuntos
Materiales: 2 barajas inglesas
                                             Bandeja

Procedimientos:

1. Tome las dos barajas y pida a los niños que busquen todas las cartas numeradas de 1 a 4, lo que hace un total de 32 cartas. Reparta estas cartas por igual entre 2, 3 o 4 jugadores. Los niños deben mantener las cartas formando un montón y boca abajo. Ponga las cartas que sobren en la bandeja y boca arriba. Asegúrese que haya, al menos, una carta en la bandeja (es decir, si sólo juegan dos niños, las dos últimas cartas no se reparten, sino que se dejan en la bandeja).

2. Para empezar a jugar, cada niño debe poner boca arriba una carta y después otra. Si las dos cartas suman 5, el jugador las aparta. Si las cartas no suman 5, el jugador puede descartarse de una, que deposita en la bandeja y cambia por otra que esté en ella, de manera que, al combinarla con la que tenga en su poder, sume 5. Si ninguna de las cartas que añada sirve para sumar 5, el jugador tiene que esperar hasta el turno siguiente, en el que pone otras dos cartas boca arriba (por lo que puede tener hasta 4 cartas boca arriba). Llegado aquí, el jugador puede tener más de una combinación que sume 5. El juego continúa hasta que se hayan utilizado todas las cartas.

3. Los jugadores comparan y quizá anotan cuántas combinaciones posibles hay que sumen 5.

Notas para el maestro o maestra:

1. Para que el juego sea más estimulante, utilice más cartas y anime a los niños a que añadan más de 2 cartas para sumar 5.

2. Los juegos como "Cincos" y "Guerra doble" estimulan el aprendizaje activo y autónomo. Los niños deben imaginarse por su cuenta problemas de suma y llegar a un acuerdo sobre las respuestas. Con frecuencia, la retroinformación inmediata facilitada por los compañeros o maestros es más eficaz que la simple corrección. Por ejemplo, si el niño dice que 4 + 2 = 5, en vez de corregirle, puede preguntarle: "¿Cómo has obtenido 5?" En esa situación, cuando el niño trate de explicar su razonamiento, puede corregirse él mismo de forma espontánea.

Razonamiento numérico

Dirigida por un niño/a
Pequeño grupo

❑ *Dados*

Objetivo:	Un juego para aprender sobre la probabilidad y la elaboración de gráficos
Componentes fundamentales:	Crear gráficos Empleo de estrategias
Materiales:	Dado Hojas de registro o papel milimetrado Lápices

Procedimientos:

1. Proporcione a cada niño un dado, un lápiz y una hoja de registro (véase una muestra en la página siguiente). Haga preguntas como: ¿Cuántos lados tiene un dado? ¿Cuántos números tiene un dado? ¿Es cierto que cualquiera de los números sale con la misma frecuencia que los demás o hay uno que aparece más veces? Hagamos un experimento para ver la frecuencia con que aparece cada número.

2. Pida un voluntario para tirar el dado. Cada niño puede anotar el número que haya salido en la columna correspondiente en su hoja de registro.

3. Haga que los niños trabajen de forma independiente. Pídales que tiren y anoten los números en sus respectivas columnas hasta que una de ellas llegue al extremo superior del diagrama. Comente con ellos los resultados. ¿Los números obtenidos eran muy distintos o casi iguales? Haga que cada niño diga qué número ha salido con mayor frecuencia. Ayúdeles a comparar los resultados y a que se den cuenta de que todos los números aparecen aproximadamente el mismo número de veces.

4. Para hacer más estimulante la actividad, pídales que lancen dos dados al mismo tiempo, registren la suma y comparen los resultados. Tendrá que proporcionarles o ayudarles a hacer una hoja de registro de 12 columnas.

5. A continuación, hágales participar en un juego que requiere un pensamiento estratégico. Pídales que hagan dos columnas en una hoja de papel. Después, anímeles a tirar un dado y a que decidan si escriben el número en la columna izquierda o en la derecha. Tienen que lanzar de nuevo el dado y poner el número en la columna vacía. Si el número de la columna izquierda es menor que el de la derecha, el niño gana un punto. Pida a los niños que piensen estrategias que les ayuden a ganar puntos (p. ej., si sacan en primer lugar un 4, un 5 o un 6, deben ponerlo en la columna derecha).

Hoja de registro de lanzamiento de dado

									6
									5
									4
									3
									2
									1

Razonamiento numérico   **Dirigida por el maestro/a o por un niño/a**
                                                                               Pequeño grupo

☐ *El juego del dinosaurio*

Objetivo: Participar en un juego para aprender conceptos numéricos, destre-
                                  zas de cálculo y estrategia

Componentes fundamentales: Destrezas de cálculo
                                  Cumplimiento de reglas
                                  Capacidad para manejar dos variables
                                  Suma y resta

Materiales: Juego del dinosaurio de Spectrum (véase la Descripción de materia-
                                  les, pág. 147).

Procedimientos:

1. Presente el juego en una reunión de grupo. Cuando describa las reglas y el objetivo, hágalo con los
   materiales. Explique que los jugadores representan a pequeños dinosaurios que corren sobre el dor-
   so de un gran diplodoco que quiere comérselos. El objetivo del juego consiste en mover las piezas
   (pequeños dinosaurios de plástico) hasta la punta de la cola del diplodoco, lo más lejos posible de
   sus hambrientas fauces. Pueden jugar 2 ó 3 niños. Para empezar, ponen sus piezas en el espacio
   señalado con la *S* en el tablero (casilla 15). Después, tiran los dados por turno para mover sus piezas de una a otra casilla.

2. Dedique el tiempo necesario para mostrar y explicar cómo se utilizan los dados. Hay dos que tienen
   entre uno y seis puntitos en cada cara, como los normales y corrientes. Los jugadores los tiran y
   suman los puntos obtenidos en ambos para saber cuántas casillas tienen que contar para mover sus
   piezas. Puede preguntar a los niños: "Si saco estos números, ¿cuántas casillas tengo que avanzar?"
   Recuerda que estás intentando escapar de las fauces hambrientas del diplodoco, por lo que avanzar significa alejarse de la boca y correr hacia la cola".
       El tercer dado tiene signos "más" y "menos" que indican a los jugadores si han de mover sus
   piezas alejándose de las fauces o acercándose a ellas. Pregunte a los niños: "¿Qué signo, más o
   menos, te parece que indica que avances? [+] Si saco estos resultados de los tres dados, ¿adónde debo llevar mi dinosaurio?" (Deje que los niños practiquen lanzando los dados y moviendo las
   piezas hasta que Vd. esté seguro de que comprenden que avanzar significa moverse hacia la
   cola.)

3. Algunas reglas más: Si los jugadores tienen que retroceder y acaban en la casilla situada en el interior de la boca del diplodoco, tienen que permanecer allí hasta que saquen un signo más que indique que pueden salir. El primer jugador que llegue a la última casilla de la cola del diplodoco gana
   la partida.

Variaciones:

1. Añada otro dado, de manera que los niños tengan que sumar tres números para descubrir en cuántas casillas tienen que moverse sus piezas.

2. Cambie las reglas de modo que el dado de los signos más y menos indique si hay que sumar o restar los números de los otros dos dados, en vez de indicar la dirección del movimiento de las piezas. El juego comienza al lado de las fauces del diplodoco y el movimiento siempre es hacia la cola.

   Antes de que los niños jueguen a esta versión, ayúdeles a practicar el lanzamiento de los tres dados. Pregúnteles para que tengan que responder en voz alta. ¿Qué ocurre si les sale un 2, un 5 y +? ¿Y qué pasa si sacan un 1, un 6 y un –?" Explíqueles que no pueden restar un número mayor de un número menor, por lo que tendrían que ejecutar la instrucción: 6 – 1 =. Pregúnteles qué hacen si sacan: "–, 4 y 4". ¿Cuánto es "4 – 4"? ¿Cuántas casillas tiene que avanzar el jugador?

3. Cerciórese de que estén numeradas todas las casillas del tablero de juego. Pida a los niños que utilicen la suma y la resta para imaginarse adónde tendrían que moverse en el tablero, en vez de contar una a una las casillas correspondientes. Por ejemplo, si un jugador está en la casilla 5 y saca: +, 3 y 5, debe hacer los cálculos necesarios para saber que ha de pasar a la casilla 13.

4. Estimule a los niños para que trabajen en grupos pequeños para hacer sus propios juegos de mesa. Pídales que hablen de los juegos numéricos que puedan desarrollar fuera del colegio, como *Candy Land* o *Chutes and Ladders*, y expliquen las reglas de los mismos a los demás. Después, deles diversos materiales —peonzas, dados, naipes, pliegos grandes de cartón o cartulina, etiquetas, reglas, fichas de juego, figuritas, cochecitos de juguete, rotuladores— y anímelos a que creen un juego. Adviértales que no dejen de incluir un dispositivo numerador (p. ej., aguja giratoria, unos dados, naipes). Cuando los juegos estén preparados, los alumnos pueden reunirse en pequeños grupos para explicar a los demás las reglas respectivas y jugar con ellos.

   Para conseguir una actividad más estructurada, puede especificar un concepto matemático que tengan que utilizar los niños en su juego, como la suma, la resta o la dirección del juego (hacia adelante, hacia atrás). También puede especificar un tema para el juego (p. ej.: animales, contaminación) para vincularlo con otras áreas curriculares o intereses de la clase.

Notas para el maestro o maestra:

1. Cuando los niños participen por primera vez en el Juego del dinosaurio, observe quiénes recuerdan las reglas y a quiénes hay que explicárselas de nuevo. Para ver si los niños comprenden las reglas y la lógica del juego, pídales que se las expliquen mutuamente.

2. Si hay niños que tengan dificultades con los números, trabaje con cada uno de ellos por separado para descubrir qué aspectos del juego entienden y cuáles no.

Razonamiento espacial

**Dirigida por el maestro/a
Gran grupo**

☐ *Diagrama de tarta*

Objetivo: Mostrar cómo pueden utilizarse los gráficos para organizar la información

Componentes fundamentales: Ordenar y clasificar
Hacer y comparar conjuntos

Materiales: Tiza
Cuerda
Tijeras

Procedimientos:

1. Haga que los alumnos se separen en grupos, según el color de sus ojos u otros criterios (p. ej., niños y niñas, número de hermanas y hermanos).

2. Si están al aire libre, dibuje en el suelo una gran circunferencia con tiza; si permanecen en el interior del edificio, utilice una cuerda. Pida a los niños que unan las manos alrededor de la circunferencia, de manera que los miembros de cada grupo estén al lado de sus compañeros de grupo.

3. Ponga una "X" en el centro de la circunferencia. Haga que los niños dibujen líneas (con tiza o cuerda) desde la "X" hasta el borde de la circunferencia, en los puntos que separan los grupos.

4. Diga a los niños que acaban de crear un diagrama de tarta vivo y gigante. ¿Qué grupo forma el sector mayor? ¿Cuál forma el más pequeño? Haga que creen otros diagramas teniendo en cuenta características diferentes, como edad, número de hermanos, género, color del pelo.

Variaciones:

1. Realice un diagrama de barras tridimensional utilizando bloques de construcción. Haga que los niños se agrupen de nuevo por categorías, pero, en esta ocasión, pueden utilizar un bloque para representar a cada niño, apilando los bloques en columnas que representen los grupos.

2. Organice una tormenta de ideas sobre las formas de presentar la misma información con distintos tipos de gráficos. Muestre a los niños ejemplos de gráficos de barras y de ilustraciones. Haga que ellos sugieran otros tipos de información que puedan presentarse gráficamente (p. ej.: platos preferidos, programas favoritos de televisión, animales de compañía). Anímelos a utilizar gráficos para registrar los resultados de los experimentos de ciencias y de otras investigaciones.

¿En qué mes celebras tu cumpleaños?

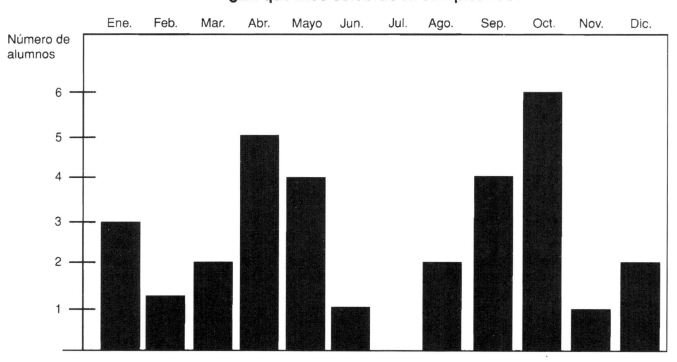

Dirigida por el maestro/a
Gran grupo

☐ *Relación entre área y volumen*

Objetivo:	Realizar un experimento que relacione el área y el volumen
Componentes fundamentales:	Resolución de problemas Contrastar y comparar Extraer conclusiones
Materiales:	Pizarra o papel para rótulos Tiza o rotuladores Cartulina fuerte Tijeras Cinta adhesiva Arroz, alubias o pasta seca

Procedimientos:

1. Presentar la actividad preguntando a los niños qué saben acerca del área y de la relación entre el área (medida bidimensional o cantidad de superficie dentro de un conjunto de líneas) y el volumen (medida tridimensional o cantidad de espacio ocupada por un objeto). Escriba sus respuestas en el papel para rótulos o en la pizarra.

2. Pida a los niños que realicen el siguiente experimento: Corta por la mitad un pliego de papel (p. ej., de 23 × 30 cm). (Cerciórese de que los niños sepan que los dos trozos de papel deben ser del mismo tamaño.) Enrolla cada trozo de papel formando un tubo; un trozo ha de enrollarse a lo largo, de manera que el fondo sea un círculo pequeño, y el otro, a lo ancho, de manera que la base sea un círculo grande. Pegue los extremos con cinta adhesiva.

3. Pregunte a los niños si ambos tubos podrán contener la misma cantidad de arroz (o alubias, pasta, etc.). Si no, ¿cuál contendrá más, o sea, tendrá mayor volumen? Haga que los niños llenen los tubos para descubrir la respuesta.

Variaciones:

1. Si su clase tiene una alfombra, pida a los niños que estimen la longitud, anchura y superficie (área) que ésta cubre. Después, haga que la midan. Busque por la escuela otros espacios en los que quepa la alfombra. Mídalos para asegurarse. También puede buscar algún sitio del aula en el que pueda colocar muebles grandes, como pupitres y librerías.

2. Realice más actividades relativas al volumen. Recoja recipientes de distintos tamaños para comprobar en cuáles caben más libros o más lápices.

Esta actividad se ha adaptado de: M. Burns (1975): *The I hate mathematics! book*. Boston: Little, Brown.

Razonamiento espacial

Dirigida por un niño/a
Pequeño grupo

☐ *Duplicado con bloques*

Objetivo: Dar e interpretar instrucciones de manera que un niño pueda reconstruir el diseño de otro

Componentes fundamentales: Razonamiento espacial
                                   Resolución de problemas
                                   Uso de la imaginería visual

Materiales: Bloques (2 de cada tamaño y color)
                                   Pantallas de separación de cartón

Procedimientos:

1. Dos niños cogen el mismo número y tipo de bloques para cada uno; cerciórese de que ambos conjuntos de bloques sean iguales. Ponga una pantalla de separación de manera que ninguno pueda ver los bloques del otro.

2. Uno de los jugadores hace una construcción con los bloques o los dispone de un modo concreto. Después, intenta explicar al otro cómo hacer lo mismo (p. ej.: "pon el bloque rojo pequeño encima del bloque grande azul"). El compañero intenta hacer una construcción idéntica sin mirar.

Variaciones:

1. Si juegan tres niños, uno puede hacer la construcción original, el segundo puede dar las instrucciones y el tercero reconstruir la primera construcción.

2. Para practicar la realización de gráficos, utilice dos tableros de juego que tengan una red de coordenadas. Un jugador puede apilar los bloques en la red y utilizar las coordenadas para decir al compañero cómo hacer una construcción idéntica (p. ej.: pon el bloque azul en A1 y el bloque rojo en B6).

Razonamiento espacial

Dirigida por un niño/a
Pequeño grupo

☐ *Duplicado de diseños en tableros con coordenadas*

Objetivo: Dar e interpretar instrucciones de manera que un niño pueda reconstruir el diseño de otro

Componentes fundamentales: Destrezas de cartografía con coordenadas
                               Uso de estrategias
                               Razonamiento espacial

Materiales: Tablero con coordenadas
                               Anillos de goma

Procedimientos:

1. Determine la posición de las clavijas del tablero, utilizando las letras de la A a la E para nombrar cada columna y los números del *1* al *5* para enumerar cada fila. Asigne a dos niños para cada tablero. Pida a un jugador que elabore un diseño muy sencillo utilizando un anillo de goma, sosteniendo el tablero de manera que su compañero no pueda verlo. El primer jugador utiliza las coordenadas para decirle a su compañero cómo crear exactamente el mismo diseño en su tablero. Por ejemplo, el primer jugador puede decir: "Engancha tu goma en B2 y estírala hasta engancharla también en D2". No puede señalar ninguna clavija en el segundo tablero.

2. El segundo jugador intenta interpretar lo mejor posible las instrucciones del primero. Cuando hayan terminado, comparan los tableros. ¡A menudo, los resultados son muy graciosos!

3. Ahora, el segundo jugador hace un diseño y proporciona las instrucciones pertinentes al primero.

Nota para el maestro o maestra:

Quizá sea necesario enseñar durante el tiempo de grupo cómo se juega y cómo se dan las instrucciones nombrando las coordenadas de la red. Cuando entiendan el procedimiento, los niños pueden jugar solos.

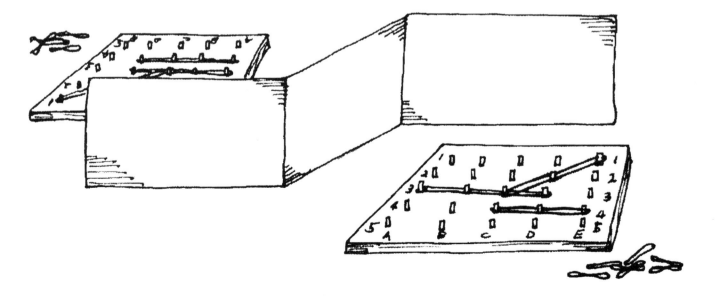

Razonamiento espacial

La búsqueda del tesoro

Objetivo:	Utilizar las destrezas gráficas para resolver un rompecabezas
Componentes fundamentales:	Uso de estrategias Creación de una notación eficaz Registro de actividad
Materiales:	Mapa del tesoro (véase la página siguiente) Rotuladores o ceras

Procedimientos:

1. Explique que en este juego participan dos jugadores. Cada uno debe "esconder" cuatro tesoros en la cuadrícula del Mapa del tesoro y adivinar en qué lugares ha ocultado sus tesoros el compañero. Dé a los niños las cuadrículas o mapas del tesoro en blanco y haga que practiquen, utilizando las coordenadas para identificar las casillas (p. ej., C2, E5).

2. Deje que los niños piensen en cuatro tesoros y creen en secreto una leyenda, dibujando un símbolo sencillo para representar cada uno de los tesoros. Por ejemplo, pueden dibujar una circunferencia para representar una moneda de oro, un rombo en representación de un anillo de diamantes, un triángulo por un osito de peluche y un cuadrado por un regalo. Los jugadores deben comunicarse los nombres de los cuatro tesoros que hayan escogido. Si coincide algún tesoro, un jugador tendrá que cambiarlo por otro.

3. Los niños "esconden" los cuatro tesoros en sus mapas. Sin dejar que los vea el contrincante, pueden dibujar un símbolo en la casilla C4, otro en E5 y así sucesivamente.

4. Por turno, cada niño intenta adivinar la situación de los tesoros de su contrincante. Los niños deben anotar los resultados de sus intentos en su diagrama, utilizando el sistema que mejor les parezca, de manera que se recojan dos cosas: los resultados de la búsqueda de los tesoros del compañero y la situación de los suyos. Cuanto mejor sea el registro, más fácil será hallar los tesoros del contrincante. (Si es preciso, ayude a los niños a encontrar un modo de anotar sus intentos de descubrimiento. Anímelos a que experimenten con distintos métodos.)

5. Si un niño encuentra un tesoro, tiene derecho a un nuevo intento. El juego termina cuando los dos jugadores han encontrado todos los tesoros.

Mapa del tesoro

	A	B	C	D	E	F
1						
2						
3						
4						
5						

Leyenda:

1.	2.	3.	4.
=	=	=	=

Razonamiento espacial

☐ *Hacer un edredón*

Objetivo:	Estudiar el concepto de simetría y crear dibujos geométricos
Componentes fundamentales:	Razonamiento espacial Uso de imágenes visuales
Materiales:	Surtido de papeles de colores, cortados en cuadrados de 6 cm de lado, triángulos rectángulos de catetos de 6 cm y rectángulos de 3 × 6 cm Pliegos de papel blanco de 18 × 18 cm (un pliego por niño) Barras de pegamento Cartelera

Procedimientos:

1. Explique a los niños que van a hacer un edredón de papel, utilizando cuadrados, rectángulos y triángulos. Dé a cada uno un pliego de papel blanco que sirva de base. El papel debe tener dibujada una cuadrícula que divida el cuadrado en 9 cuadrados más pequeños (3 cuadrados de lado). Proporcióneles, además, un surtido de cuadrados, triángulos y rectángulos de colores brillantes.

2. Pida a los niños que experimenten colocando sobre la cuadrícula formas y colores diferentes. Explique que la cuadrícula puede ayudarles a alinear las piezas y a estudiar sus relaciones geométricas (de todas formas, no hay problema porque un niño no consiga pegar los fragmentos en la cuadrícula).

3. A continuación, pídales que creen un dibujo que cuente, al menos, con un eje de simetría —dicho de otro modo, que la pauta sea la misma a ambos lados de ese eje. (Si los niños no hubieran estudiado aún la simetría, quizá convenga hacerlo antes de realizar esta actividad.) Cuando los niños hayan hecho el dibujo en cuestión, pídales que lo peguen en el papel.

4. Deje que cada niño realice, al menos, otros tres cuadrados para su edredón. Hágales que pongan sus cuatro cuadrados en el suelo o en una mesa. Cerciórese de que los bordes de los cuadrados queden alineados. Deje que los niños los intercambien hasta que encuentren una disposición que les guste.

5. Haga que cada niño monte sus cuadrados sobre un pliego de cartulina y exponga su obra en el aula.

Resolución de problemas lógicos

Dirigida por un niño/a
Pequeño grupo

□ *Relaciones numéricas*

Objetivo: Participar en un juego para aprender las relaciones numéricas y la estrategia

Componentes fundamentales: Descubrir relaciones
Aprender por ensayo y error
Uso de estrategias

Materiales: Palillos de dientes

Procedimientos:

1. Proporcione a cada niño 16 palillos. Pregúnteles de cuántas formas diferentes pueden ordenarlos en cuatro filas (p. ej., cuatro filas de cuatro; dos filas de dos y dos filas de seis; dos filas de tres y dos filas de cinco). Pida a los niños que escriban las diferentes disposiciones.

2. Para jugar, dos niños se sientan uno frente a otro con los 16 palillos entre ellos, dispuestos en cuatro filas. Actúan por turno; en cada turno, pueden quitar tantos palillos como deseen, pero sólo de una fila a la vez. El objetivo consiste en obligar al otro jugador a coger el último palillo.

3. Cuando los niños aprendan a jugar, puede pedirles que reflexionen sobre su estrategia. ¿Hay alguna forma infalible de evitar tener que coger el último palillo? ¿Tiene alguna importancia el número de palillos que deje un jugador en una fila? ¿Importa algo ser el primer jugador o el segundo?

Variaciones:

1. Esta variante también requiere dos jugadores. Disponga 15 palillos en una pirámide, con un palillo en la fila superior, dos en la segunda y así, hasta cinco palillos en la quinta fila. Como en el juego anterior, los jugadores pueden retirar tantos palillos como quieran en cada turno, pero sólo de una fila a la vez. Deben procurar NO verse obligados a coger el último palillo.

2. Dos jugadores disponen 12 o más palillos en tantas filas como quieran. Por turno, van quitando palillos, cogiendo uno o dos en cada jugada. Quien se quede con el último palillo tiene que levantarse dando dos veces un salto. Pida a los niños que reflexionen sobre la estrategia de este juego. ¿Es diferente de la de los juegos precedentes?

3. Haga una cuadrícula de 8 cuadrados de larga y 4 de ancha. Dos o más jugadores ponen señales en uno o dos cuadrados a la vez. Los dos cuadrados deben estar pegados por arriba, por abajo o por un lado, pero no en diagonal. Los jugadores intentarán evitar rellenar el último cuadrado.

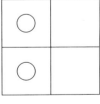
BIEN

BIEN

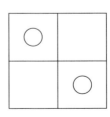
MAL

La panadería

Objetivo:	Aprender el valor de las monedas y estudiar distintas maneras de sumar euros
Componentes fundamentales:	Planificar y decidir Suma y resta
Materiales:	Dinero (real o de juguete), con monedas de 1 euro y de 10, 20 o 50 céntimos de euro Rosquillas, galletas y pasteles de juguete Caja registradora de juguete Hoja de registro (véase al pie)

Procedimientos:

1. Crear la panadería imaginaria. Acuerde con los niños el precio de los artículos. Por ejemplo, los pasteles a 50 céntimos, las rosquillas a 20 céntimos y las galletas a 10 céntimos.

2. Pueden jugar a la vez cuatro niños: uno como tendero y los otros tres como clientes. Cada cliente comienza con 1 euro. El objetivo consiste en ser el primer cliente que gaste exactamente 1 euro, pero no más. Cada cliente puede gastar en cada turno 50 céntimos.

3. Cuando los clientes hayan realizado su pedido, el tendero les proporciona los artículos y la vuelta. Todos los jugadores deben prestar atención a los cálculos para cerciorarse de su exactitud. Tras cada turno, los clientes deben utilizar la hoja de registro que aparece al pie para anotar el dinero que tenían al principio y los gastos que han realizado.

Registro de la panadería

Nombre: _____　　　Fecha: _____

Compré	Empecé con	Gasté	Ahora tengo

Resolución de problemas lógicos   **Dirigida por el maestro/a o un niño/a**
                                                                              Pequeño grupo

☐ *El juego del autobús*

Objetivo: Participar en un juego en el que se utilicen números y se efectúen las
                             anotaciones pertinentes

Componentes fundamentales: Destrezas de cálculo
                             Mantenimiento de registros y uso creativo de la notación
                             Suma y resta
                             Capacidad de manejar más de una variable

Materiales: Juego del autobús (véase la Descripción de los Materiales, pág. 147)
                             Dos dados (uno con puntos o números y el otro con un signo más en
                             tres lados y un signo menos en los otros tres)
                             Papel y lápiz
                             Fichas

Procedimientos:

1. Confeccione el tablero de juego y los materiales de acuerdo con las instrucciones de la pág. 147. Después presente el juego en una reunión del grupo. Explique las reglas y demuestre su funcionamiento siempre que sea posible.

2. En este juego, los jugadores se turnan como inspector y conductor del autobús. El conductor lleva el autobús por el tablero de juego de una parada a la siguiente. En las dos primeras paradas, el conductor tira el dado numérico para saber cuántos viajeros debe recoger el autobús. En la tercera y cuarta paradas, el conductor tira también el dado de signos más y menos para saber si los viajeros tienen que subir al autobús (+) o bajar de él (–). Superadas las cuatro paradas, el inspector debe decir cuántos viajeros llegan en el autobús sin mirar en su interior. El inspector puede utilizar papel y lápiz para llevar la cuenta.

3. Realice varios viajes de prueba. Comience con la subida de sólo uno o dos viajeros a la vez. Pida a los niños que lleven la cuenta del número de personas que suben al autobús y bajan de él *en cada parada*. Anímelos a llevar la cuenta con papel y lápiz. Si resultara demasiado difícil, pueden utilizarse fichas u otros objetos manejables. Haga que comparen los diversos sistemas de notación que hayan utilizado para representar cada parada y el número de personas que suben y bajan del autobús.

4. Cuando los niños dominen las reglas y un sistema de notación, forme las parejas y déjelas que actúen por su cuenta.

Variaciones:

1. Puede comenzar esta actividad sólo con el dado numérico, dejando que los niños practiquen la suma de nuevos viajeros en cada parada. Más adelante, puede introducir un dado de los signos más y menos, de manera que también puedan descender viajeros en las paradas y los niños practiquen la resta.

2. Para hacer más difícil el juego, designe a algunos viajeros como adultos y a otros como niños y haga que los jugadores lleven la cuenta de ambos grupos por separado. También pueden contarse otras categorías de viajeros, como mujeres y hombres o personas altas y bajas.

3. Introduzca el dinero. Haga que los usuarios paguen un billete y pida al inspector que lleve la cuenta de la recaudación.

Esta actividad, basada en el trabajo de Joseph WALTERS y Matthew HODGES, se explica con mayor detalle en: *Proyecto Spectrum: Manual de evaluación de la escuela infantil.*

Actividad para casa n.º 1

☐ ¿Cuántos minutos faltan para comer?

Objetivos: Utilizar un reloj para decir la hora
                                  Aprender la relación entre segundos, minutos y horas

Materiales: Un reloj con manecillas (preferiblemente con segundero y sin que
                                  aparezcan señalados los minutos ni las horas)

Nota para padres y madres:

Los relojes constituyen el medio más corriente para conocer la hora. Este ejercicio ayuda a su hijo a desarrollar el sentido del tiempo (por ejemplo, comprendiendo la diferencia entre un minuto y una hora) y a practicar la lectura de la hora mirando las manecillas del reloj.

Procedimientos:

1. Haga que su hijo le ayude a utilizar el reloj para cronometrar un minuto y un segundo. Enséñele el segundero, el minutero y la manecilla de las horas y a comparar las diferencias de velocidad de cada una. Pregúntele: "¿Qué es más largo: un segundo, un minuto o una hora?"

2. Ayude a su hijo a tomar mayor conciencia de su horario. Por ejemplo, el autobús llega a las 8 de la mañana; el colegio acaba a las 2'30 de la tarde; la hora de cenar es las 6'30 de la tarde; la hora de irse a la cama es las 8 de la tarde. Su hijo puede aprender a prever estos momentos y, quizá, a estar preparado por su cuenta.

3. Haga un horario relativo a determinados momentos de la vida familiar: la comida, un programa de televisión, un anuncio, el baño, la lectura de un libro, el día escolar, la hora de cenar. Estimule a su hijo para que enumere actividades cuyo horario se pueda fijar. Si le parece bien, él puede hacer un gráfico, con dibujos, que muestren la duración de esas actividades. Por ejemplo:

Actividad	Momento del día	Horas	Minutos	Segundos

4. Su hijo puede remitirse al gráfico para responder a preguntas de este tipo:

   • ¿Qué tarda más: un anuncio o un programa de televisión?
   • Si tuvieses hambre, ¿preferirías que la comida estuviera preparada en un segundo, un minuto o una hora?
   • ¿Tardas horas o minutos en lavarte los dientes? ¿Y en ver una película?

5. Pida a su hijo que busque por la casa otros aparatos para medir el tiempo, como relojes de cocina, el temporizador del microondas, un cronómetro y un despertador. ¿Cuántos encuentra?

Puesta en común:

Si su hijo elabora un gráfico, puede llevarlo al colegio para enseñárselo al maestro y a sus compañeros. También el profesor puede pedirle que consulte el reloj y anuncie la hora del recreo o de la comida.

Actividad para casa n.º 2

☐ *¿Cuánto mides?*

Objetivos:	Medir y estimar la longitud
	Utilizar gráficos para conservar la información
Materiales:	Cuerda
	Regla
	Pliego grande de papel o pared en la que se pueda escribir

Nota para padres y madres:

A los niños les gusta mucho llevar la cuenta de su estatura: consideran que los cambios son prueba de que están creciendo. En esta actividad, los niños practican la medida y la estimación empleando diversas unidades de medida.

Procedimientos:

1. Enseñe a su hijo la señal de 1 cm en una regla o dele un pedacito de cuerda en donde hayan marcado la distancia de 1 cm. Dígale cómo debe utilizar la cuerda para medir un libro, una puerta, una mesa, su dedo, un osito de peluche y otros objetos.

2. Proporciónele un pliego de papel y haga que dibuje líneas de distintas longitudes, indicándolas con sus rótulos respectivos (p. ej.: 1 cm, 4 cm, 6 cm).

3. Pregunte ahora a su hijo:

   • ¿Qué objeto es más largo: la puerta o el libro? ¿Cómo lo sabes?
   • ¿Cuál es más larga: la línea de 3 cm o la de 1 cm? ¿Cómo lo sabes?
   • ¿Puedes decirme *cuánto mide* esto?

4. Haga que su hijo se sitúe pegado a la pared. Haga una señal en ella (o en un pliego grande de papel que haya adherido previamente) que corresponda a la altura máxima de su cabeza. Déjele que se encargue él mismo de medirlo, con la cuerda marcada con 1 cm o con la regla, desde el suelo hasta la señal. Conserve el gráfico, de manera que él pueda llevar la cuenta de lo que vaya creciendo.

5. Es muy posible que él también quiera medir a otros miembros de la familia. Hágale preguntas como: ¿Quién es el más alto? ¿Quién es el más bajo? ¿Cuánto has crecido desde la última vez que te mediste?

Puesta en común:

Su hijo puede llevar al colegio la cuerda marcada con 1 cm para medir objetos de la clase. También puede ofrecerse para hacer un gráfico del crecimiento de los compañeros.

Actividad para casa n.º 3

☐ *Las matemáticas de las galletas*

Objetivos: Aprender sobre el volumen
Aprender las relaciones entre distintas unidades de medida

Materiales: Juego de cucharas de medida (1/4 de cucharadita de té, 1/2 cucharadita, 1 cucharadita, 1 cucharada sopera)
Recipientes transparentes de diversas formas (p. ej., vasos, cuencos, botellas)
Tazas de medida
Sal
Agua
Ingredientes de las galletas (véase la lista en la página siguiente).
Instrumentos de cocina para amasar y hornear (cuenco grande, cucharón de madera, 1 ó 2 placas de horno).

Nota para padres y madres:

Esta actividad le dará la oportunidad de observar la aptitud de su hijo para seguir instrucciones, efectuar medidas precisas y contemplar las relaciones entre las distintas medidas (p. ej., una cucharadita y una cucharada sopera). La capacidad de utilizar instrumentos de medida no sólo es importante para cocinar y hornear, sino también en carpintería, artes, ciencias naturales y otras muchas tareas.

Procedimientos:

1. Pida a su hijo que utilice cada una de las cucharas de medida para medir sal y coloque en fila los montoncitos correspondientes. Indíquele que señale el montón mayor y la cuchara con la que lo ha obtenido. Haga que empareje los otros tres montones con sus cucharas respectivas.

2. Diga a su hijo que trate de utilizar la cucharilla de té para llenar de sal la cuchara sopera. Pregúntele:

   • ¿Cuántas cucharaditas caben?
   • ¿Cuántas medias cucharaditas caben?
   • Si perdieras tu cuchara sopera, ¿qué podrías hacer para medir la misma cantidad?

3. Coja recipientes de distintas formas; son mejores los transparentes porque permiten que se vea el contenido. Diga a su hijo que utilice una taza de medida para poner exactamente una taza de agua en cada recipiente. Hágale preguntas de este estilo:

   • ¿Tienen todos los recipientes la misma cantidad de agua? ¿Cómo lo sabes?
   • ¿Por qué da la sensación de que unos están muy llenos y otros no?
   • Si no quisieras poner una taza llena de agua, ¿qué harías?

4. Como algo especial, prepárese para hacer galletas con su hijo. Puede utilizar la receta de las galletas de chocolate que aparece a continuación (facilitada por Liz ROSENBLATT, antigua directora gerente del Proyecto Zero) o la que más le guste. La confección de galletas es una actividad de matemáticas muy buena porque la mayoría de las recetas requieren muchas medidas. Deje que su hijo utilice todos los instrumentos de medida. Al principio, pueden ensuciarse demasiadas cosas, pero él necesita practicar para aprender.

Puesta en común:

Haga que su hijo lleve a clase algunas galletas, las cucharas y las tazas de medida, o bien tomen las galletas como postre familiar y hágale explicar cómo las ha hecho.

LAS GALLETAS DE CHOCOLATE DE LIZ

2 1/2 pastillas de mantequilla, ablandadas a temperatura ambiente.
1/2 taza de azúcar.
1/2 taza de azúcar moreno.
1 1/2 cucharadita de extracto de vainilla.
1/2 cucharadita de sal.
2 huevos.
2 1/2 tazas de harina.
1 paquete de 340 g. de chocolate en trocitos pequeños (puede hacerlas usted mismo con un paquete de chocolate de 340 g., golpeándolo suavemente con un martillo sin desenvolverlo).

• Precaliente el horno a 175° C.

• Bata la mantequilla, el azúcar, el azúcar moreno, la vainilla y la sal en un recipiente grande hasta que la mezcla esté suave y cremosa. Añada los huevos. Agregue la harina en dos partes. Y finalmente los trocitos de chocolate.

• Vaya poniendo cucharadas de masa sobre una placa de horno sin engrasar, dejando suficiente espacio para que crezcan. Hornéela durante unos 8 ó 10 minutos (no se exceda en el tiempo de horneado).

• Déjelo en un estante para que se enfríe.

Recursos y bibliografía

Las actividades de las páginas anteriores son sólo una introducción a la enseñanza de las matemáticas. Para ayudarle a Vd. a realizar futuras exploraciones, le ofrecemos un breve listado de recursos que han resultado muy interesantes para nosotros y nuestros colegas. Lo que intentamos es ofrecer inspiración más que una revisión de la bibliografía. Las obras usadas para la elaboración de este libro están marcadas con asterisco*.

ANNO, M. (1992). *Anno's counting book.* NY: Harper-Collins.

ANNO, M. (1987). *Anno's counting games.* Nueva York: Philomel.

BAKER, A. y BAKER, J. (1991). *Raps and rhymes in math.* Portsmouth, NH: Heinemann.

BAKER, A. y BAKER, J. (1993). *From puzzle to project: Solving problems all the way.* Portsmouth, NH: Heinemann.

* BARATTA-LORTON, M. (1976). *Mathematics their way.* Reading, MA: Addison-Wesley.

BURK, D., SNIDER, A. y SYMONDS, P. (1988). *Box it or bag it mathematics.* Salem, OR: Math Learning Center.

BURK, D., SNIDER, A. y SYMONDS, P. (1992). *Math excursions 1: Project-based mathematics for first graders.* Portsmouth, NH: Heinemann.

* BURNS, M. (1975). *The I hate mathematics! book.* Boston: Little, Brown.

BURNS, M. y TANK, B. (1988). *A collection of math lessons.* White Plains, NY: Math Solution Publications.

GONSALVES, P. y KOPP, J. (1995). *Build it! festival.* A GEMS Teacher's Guide. Berkeley, CA: Lawrence Hall of Science, University of California.

GOODMAN, J. (1992). *Group soltions.* A GEMS Teacher's Guide. Berkeley, CA: Lawrence Hall of Science, University of California.

HOHMANN, C. (1991). *High/Scope K-3 curriculum series: Mathematics.* Ypsilanti, MI: High/Scope Press.

* KAMII, C. (1982). *Number.* Washington, DC: National Association for the Education of Young Children.

KAMII, C. (1985). *Young children reinvent arithmetic: Implications of Piaget's theory.* Nueva York: Teachers College Press. (Trad. cast.: *El niño reinventa la aritmética.* Madrid, Visor, 1994, 2.ª ed.)

NATIONAL COUNCIL OF TEACHERS OF MATHEMATICS (1989). *Curriculum and evaluation standards for school mathematics.* Reston, VA.

NATIONAL COUNCIL OF TEACHERS OF MAHTEMATICS (1988, febrero). "Early childhood mathematics. [Special issue]". *Arithmetic Teacher,* pág. 35.

RUSSELL, S. y STONE, A. (1990). *Counting: Ourselves and our families* (para educación infantil y primer curso de primaria). De la colección *Used numbers: Real data in the classroom.* Palo Alto, Dale Seymour.

STENMARK, J. K., THOMPSON, V. y COSSEY, R. (1986). *Family math.* Berkeley, CA: The Regents, University of California.

UNIVERSITY OF CHICAGO SCHOOL MATHEMATICS PROJECT (1993). *Everyday mathematics.* Evanston, IL: Everyday Learning Corporation.

WELCHMAN-TISCHLER, R. (1992). *How to use children's literature to teach mathematics.* Reston, VA: National Council of Teachers of Mathematics.

WHITIN, D. y WILDE, S. (1992). *Read any good math lately?* Portsmouth, NH: Heinemann.

ACTIVIDADES DE COMPRENSIÓN SOCIAL

Por Winnifred O'Toole y Jie-Qi Chen

Índice de la guía

Introducción

Actividades de comprensión social

Actividades para casa

Recursos y bibliografía

Visión general de las actividades de comprensión social

Las actividades de este capítulo están pensadas para promover el aprendizaje social de los niños y para descubrir sus capacidades más destacadas en el área de la inteligencia social. Utilizamos la expresión *inteligencia social* de manera que incluya las inteligencias interpersonal e intrapersonal. La primera se basa en la capacidad de apreciar diferencias entre los demás, como las relativas a su humor, temperamento, motivaciones e intenciones. La segunda se refiere al conocimiento de uno mismo, a tener o no una idea clara de nuestras capacidades más destacadas, debilidades, esperanzas y emociones; la capacidad de responder a las situaciones basándose en este conocimiento de uno mismo, y la capacidad de basarse en las emociones como medio de comprender y orientar nuestras propias acciones. Aunque muchos trabajos orientados a examinar el desarrollo social de los niños se centran en el comportamiento (disposición para compartir, respeto de los turnos, expresión del enfado mediante palabras sin golpear a nadie), el enfoque de Spectrum trata de arrojar luz sobre las percepciones e ideas infantiles, sobre su forma de ver el mundo de las relaciones sociales y su papel dentro de él.

Nuestro objetivo primordial son tres capacidades clave que indican la inteligencia social de los niños pequeños: la comprensión del yo, la comprensión de los demás y la asunción de funciones sociales culturalmente valoradas. Estas funciones sociales pueden observarse cuando los niños interactúan con sus compañeros, desempeñando el papel de facilitadores, líderes y cuidadores o amigos. Conviene señalar que las distintas culturas valoran y, en consecuencia, fomentan roles sociales diferentes. Muchas actividades de comprensión social estimulan a los niños para que examinen en qué sentido son diferentes a los demás y semejantes a ellos y, por tanto, constituyen los cimientos de las propias actividades o debates del maestro en relación con la diversidad cultural.

Como en otras guías, las actividades de comprensión social están organizadas en torno a la capacidad clave que fomenten (también pueden basarse en otras aptitudes clave, porque, por regla general, los niños demuestran su competencia social mediante la interacción de todas las capacidades clave). Muchas actividades se orientan al grupo y, en consecuencia, dan oportunidad para que los niños desarrollen sus destrezas reflexivas, de observación y de comunicación cuando interactúan con sus compañeros. Los niños deben trabajar juntos para resolver un problema, realizar un juego o ejecutar sus planes, como celebrar los cumpleaños con una pequeña fiesta.

Es posible que deseen utilizar, de vez en cuando, las actividades de comprensión social a lo largo del curso o presentarlas en una unidad denominada, por ejemplo, "Todo sobre mí" o "Amistad". En todo caso, una sesión de orientación podría ayudar a los niños a que adoptaran un enfoque más reflexivo de las actividades y de los materiales que usted deje en el área de la comprensión social. Muchos maestros optan por crear un espacio de juego dramático, dotado de mobiliario, ropa y otros accesorios que pueden utilizar los niños para desarrollar las funciones y situaciones sociales. También puede utilizar un pequeño teatro de marionetas o la maqueta de la clase, con figuritas de juguete o dibujos que representen a los alumnos en el aula, proporcionándoles así oportunidades para desarrollar el juego dramático. Además, puede "reciclar" materiales de otros campos —juegos matemáticos y rompecabezas, materiales de arte, magnetófonos y el "televisor" y el micrófono de juguete utilizados en las actividades de transmisión de información— para estudiar cómo trabajan y juegan los niños con sus compañeros.

Puede comenzar la sesión de orientación preguntando a los niños qué significado tiene para ellos la palabra *social*. ¿Significa reunirse con los amigos? ¿Tiene algo que ver con los sentimientos, pensamientos y emociones de los sujetos? ¿Se refiere de alguna manera a la forma de tratarse las personas? Después de que los niños hayan puesto en común sus ideas, puede decirles que algunas de las formas mediante las que explorarán la comprensión social consisten en participar en juegos como "el teléfono" y en realizar obras e historietas con diversos accesorios y marionetas. Puede hablarles de los vestidos, la maqueta de clase y otros materiales con los que podrán jugar en el área de la comprensión social. Estimúleles a que hablen de lo que puedan aprender con las actividades.

▢■ *Descripción de las capacidades clave*

Comprensión del yo

- Señala sus capacidades, destrezas, intereses y áreas de dificultad.
- Reflexiona sobre sus sentimientos, experiencias y logros.
- Se basa en estas reflexiones para comprender y orientar su conducta.
- Demuestra tener idea de los factores que causan que una persona se desenvuelva bien o tenga dificultades en un área.

Comprensión de los demás

- Demuestra su conocimiento respecto a sus compañeros y sus actividades.
- Presta atención directa a los otros.
- Reconoce los pensamientos, sentimientos y capacidades de los demás.
- Extrae conclusiones sobre los demás basándose en sus actividades.

Asunción de funciones sociales características

Líder:

- A menudo, inicia y organiza actividades.
- Organiza a otros niños.
- Asigna funciones a los demás.
- Explica cómo realizar la actividad.
- Supervisa y dirige las tareas.

Facilitador:

- A menudo, pone en común ideas, información y destrezas con los demás niños.
- Media en los conflictos.
- Invita a jugar a otros niños.
- Amplía y elabora las ideas de los otros niños.
- Brinda ayuda cuando éstos necesitan atención.

Cuidador y amigo:

- Conforta a otros niños cuando están molestos.
- Muestra sensibilidad hacia los sentimientos de otros niños.
- Demuestra que comprende lo que les gusta y no les gusta a sus amigos.

◻◼ *Descripción de los materiales*

Ropas y accesorios para el juego dramático: colección de ropas y accesorios que los niños pueden adaptar para ser utilizada en actividades de juego de rol. Los niños pueden traer al colegio cosas de su casa. Los maestros también pueden utilizar ropa usada. Se incluyen aquí ropas para niños y para niñas, como chaquetas, cinturones y camisetas. Vienen muy bien los objetos que recuerdan profesiones concretas, como los fonendoscopios, las sacas de correo o las batutas.

En *Play and Early Childhood Development*, de James JOHNSON, James CHRISTIE y Thomas YAWKEY, se pueden encontrar ideas interesantes para montar un espacio dedicado al juego dramático. Los autores sugieren muchas formas de organizar los accesorios y de ponerlos a disposición de los niños para que desempeñen roles diferentes durante el curso.

Maqueta de clase: se trata de una maqueta tridimensional y a escala de la clase. La maqueta de clase de Spectrum se hizo con una caja grande de cartón, de 61 × 38 × 13 cm, aproximadamente, decorada con muebles hechos con materiales de desecho, madera, cajitas y objetos reciclados. En la guía de Artes visuales (véase la pág. 246), figuran las instrucciones para realizar la maqueta de clase que puede utilizarse también para las actividades de lenguaje.

"TV": una caja grande de cartón, recortada y decorada para que parezca un televisor. La "TV" puede utilizarse en el juego dramático y en las actividades de transmisión de información de la Guía de lenguaje.

Comprensión del yo   **Dirigida por un niño/a**
                                                                              Pequeño grupo

☐ *Un currículum vitae en forma de* collage

Objetivo: Ayudar a los niños a que se comprendan a sí mismos y a los demás creando un currículum vitae en forma de *collage*

Componentes fundamentales: Destrezas reflexivas
                             Conciencia de las capacidades destacadas del yo y de los otros

Materiales: Papel
                                             Pegamento
                                             Tijeras
                                             Fotos
                                             Revistas antiguas
                                             Materiales de escritura

Procedimientos:

1. Haga una breve introducción, mostrando a la clase un modelo de currículum vitae en forma de *collage*. Puede decir algo así: "Esto es un cartel sobre mi hijo. Tiene fotos de libros, animales de compañía y niños nadando porque éstas son algunas de las cosas que le interesan. Llamamos a este cartel 'currículum vitae en imágenes' o 'currículum vitae en forma de *collage*'. El currículum vitae ayuda a otras personas a que conozcan quiénes somos y qué hacemos. Los adultos escriben sus currícula y, a menudo, los usan para conseguir un puesto de trabajo. Podéis utilizar palabras, ilustraciones, fotos o dibujos para hacer un currículum vitae en forma de *collage* que hable de vosotros".

2. Ayude a los niños a pensar en distintas maneras de describirse a ellos mismos. Anímelos a que hablen de sus intereses, sus capacidades y de sus colores, comidas y animales favoritos.

3. Organice una tormenta de ideas con los niños sobre las cosas que puedan incluir en sus *collages*. Señale que, junto con las fotos e ilustraciones, pueden poner objetos, como una postal de béisbol de su colección personal, un envoltorio de su pastelería favorita o entradas de un concierto especial.

4. Déles tiempo para que planeen y coleccionen sus materiales antes de que empiecen a preparar y pegar objetos en el cartel. También puede enviar una nota a los padres, explicando el proyecto y pidiéndoles ayuda.

5. Una vez terminados los trabajos, anime a los niños a que expongan sus *collages* y los comenten con sus compañeros.

Notas para el maestro o maestra:

1. Durante el curso, a medida que cada alumno sea más consciente de sus capacidades destacadas e intereses, puede revisar su currículum vitae en forma de *collage*.

2. Estos currícula pueden exponerse en alguna reunión vespertina con los padres.

Comprensión del yo

Dirigida por un niño/a
Pequeño grupo

☐ *El cofre del tesoro*

Objetivo:	Estudiar pensamientos, ideas y sentimientos
Componentes fundamentales:	Comprensión del yo Destrezas reflexivas
Materiales:	Cajitas (1 por niño) Etiquetas adhesivas Pegamento Papel Rotuladores

Procedimientos:

1. Presente el proyecto diciendo a los niños que sus pensamientos, ideas y sentimientos son muy singulares porque hacen de cada niño una persona especial. Explique que individualmente harán un cofre del tesoro para sus especialísimos pensamientos, ideas y sentimientos.

2. Proporcióneles unas cajitas para que hagan los cofres del tesoro. Muéstreles los materiales que pueden utilizar para decorarlos como ellos quieran. Después, pueden escribir o dibujar sus ideas y guardar los papeles en sus cofres del tesoro.

3. Hable con los niños sobre la intimidad. Explique que los cofres del tesoro son privados y comprométales a que compartan la responsabilidad de garantizar que nadie curiosee en la caja de otro. No obstante, establezca un tiempo de puesta en común, de manera que, si los niños quieren, puedan optar por compartir sus pensamientos y sentimientos con sus compañeros.

Nota para el maestro o maestra:

Puede preparar el terreno para esta actividad manteniendo una conversación sobre el pensamiento. Comience narrando un cuento a los niños o planteándoles un problema sencillo. Deténgase en medio del relato y pregúnteles cómo creen que podrían contribuir a resolverlo. Por ejemplo, ¿qué pensarías hacer si:

*   un amigo y tú quisierais utlizar el mismo juguete al mismo tiempo?
*   tu madre te dijera que no puedes ver la televisión hasta que no hagas tus deberes?
*   no recordases dónde habías dejado tu chaqueta?

Pregunte a los niños en cuántas soluciones diferentes han pensado. Haga hincapié en el valor de escuchar distintos puntos de vista.

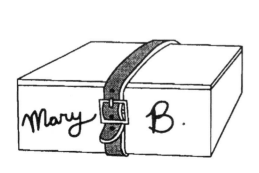  

Comprensión del yo

Dirigida por un niño/a
Pequeño grupo

☐ *Huellas dactilares*

Objetivo: Hacer un juego de huellas dactilares para poner de manifiesto el carácter único de cada persona

Componentes fundamentales: Comprensión del yo

Materiales: Almohadilla de tinta
Papel
Lupa
Materiales de escritura

Procedimientos:

1. Presente el proyecto explicando que las huellas dactilares son una de las muchas cosas que convierten en única a cada persona. No hay dos huellas dactilares idénticas. Por eso pueden utilizarse para identificar a sus poseedores: ¡sólo hay una persona en el mundo a la que pueda pertenecer un conjunto de huellas dactilares!

2. Ayude a los niños a tomarlas. Si quiere, puede dar a cada uno una hoja de papel con el contorno de una mano o enseñarles a dibujar la silueta de su propia mano. Ayude a los niños a rotular el nombre de cada dedo. Después, pueden ir poniendo primero cada dedo en el tampón y colocarlo a continuación sobre el correspondiente dedo dibujado en el papel. Anime a los niños a que examinen sus huellas con la lupa. También pueden compararlas con las de su compañero para ver en qué se parecen y como se diferencian.

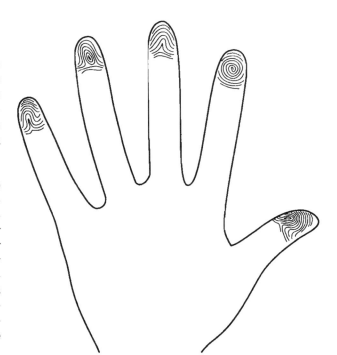

3. Hay huellas dactilares de distintos tipos (véase la Actividad de ciencias naturales: "¿Qué herramientas utilizan los científicos?", pág. 59). Recoja una huella dactilar clara de cada niño y, si es posible, amplíelas en una fotocopiadora. Haga varias copias y anime a los niños a que categoricen las huellas. Después, pueden hacer un gráfico que muestre cuántos niños tienen huellas dactilares con rizos, arcos o espirales.

Variaciones:

1. Invite a los niños a que hagan un cuadro con sus huellas dactilares. Pueden utilizar los dedos como sellos y emplear rotuladores o ceras para completar el cuadro.

2. En vez de tomar las huellas dactilares, tome impresiones de la mano o del pie con pintura y en un gran pliego de papel. Esta actividad puede hacerse en interiores o al aire libre en un día caluroso, y cerciorándose de que haya agua caliente y toallas preparadas para poder limpiarse.

Comprensión del yo

☐ *Siluetas*

Objetivo: Hacer una silueta para verse uno mismo de un modo nuevo

Componentes fundamentales: Comprensión del yo

Materiales: Papel
                                            Tiza
                                            Lámpara
                                            Cartulina o papel coloreado
                                            Tijeras
                                            Cinta adhesiva
                                            Pegamento o cola

Procedimientos:

1. Pegue un papel a la pared con cinta adhesiva. Haga que un niño se siente delante y encienda una lámpara que alumbre su cabeza de manera que su sombra se proyecte allí.

2. Trace el contorno de la sombra con una tiza. Recorte la silueta y péguela en la cartulina o papel de color.

3. Cree una exposición o galería con las siluetas de todos los alumnos de la clase. A modo de juego, los niños pueden intentar identificar las siluetas o emparejarlas con las etiquetas en que aparecen los nombres de los niños.

Variaciones:

1. Extienda el procedimiento a otras actividades con sombras. Pregunte a los niños:

   • ¿Cómo puedes conseguir parecer triste, feliz, amenazador?
   • ¿Puedes trabajar con un amigo para crear a una persona con dos cabezas, dos narices o tres manos?
   • ¿Puedes trabajar con un compañero para crear una imagen que manifieste la amistad, el enfado, el miedo?

   Los niños pueden mostrar las siluetas a sus compañeros y pedirles que identifiquen las distintas imágenes y emociones que han querido crear.

2. Pueden hacer *collages* con las siluetas. Pueden buscar en revistas antiguas palabras o imágenes que les sirvan para describirse a ellos mismos, recortarlas y pegarlas en sus siluetas. Estimule a los niños para que piensen en sus intereses, relaciones y emociones, así como en sus características físicas. Invítelos a que expliquen sus opciones a la clase.

Comprensión del yo

☐ *La rueda de los sentimientos*

Objetivo:	Ayudar a los niños a que identifiquen y aprendan las palabras que describen todo el conjunto de sus sentimientos
Componentes fundamentales:	Destrezas reflexivas Comprensión de los sentimientos propios Comprensión de los sentimientos ajenos
Materiales:	Papel de gráficos y rotuladores o pizarra y tiza Papel Cerass *Feelings*, de Aliki, u otros libros sobre los sentimientos

Procedimientos:

1. Lea un libro sobre los sentimientos. Las selecciones del libro *Feelings*, de Aliki, son especialmente útiles porque ilustran un amplio conjunto, desde la culpa, la humillación, los celos y la soledad hasta el orgullo, la generosidad, la valentía y el entusiasmo.

2. Dibuje una gran circunferencia en el papel milimetrado o en la pizarra y divídala en seis u ocho sectores iguales. Diga a los niños que es una "Rueda de los sentimientos". Pídales que nombren algunos de los sentimientos mencionados en el libro que acaban de leer. Los niños o usted pueden escribir el nombre de un sentimiento en cada sector. Si hace falta motivarles un poco, pregúnteles cómo se sentirían en situaciones como las siguientes:

   • Un amigo dice: "¡Lárgate!"
   • Alguien les ayuda a levantarse cuando se han caído.
   • Su hermana o su hermano les hace un regalo.
   • Es su primer día de colegio.

3. Si le parece conveniente para su clase, diga a los alumnos que, durante las semanas siguientes, tendrán oportunidad de manifestar los sentimientos expresados en la rueda. Señale una de las emociones y estimule a los niños para que pongan ejemplos de ocasiones en las que se hayan sentido así o de situaciones que puedan haber hecho que alguien se sintiera de ese modo. (Por ejemplo, ¿qué es los que les enfada?, ¿cómo se sienten si un amigo les rompe accidentalmente su juguete preferido?) Pida voluntarios que escenifiquen la situación.

4. Dialogue sobre la escena. En esa situación, ¿todos los niños sentirían lo mismo (en este caso, enfado)? ¿Cómo podrían sentirse también? ¿Estarían tristes? ¿Perdonarían?

5. Invite a un voluntario a que coloree el sector con un tono que pueda representar la emoción.

6. Otro día, repita la actividad con una emoción diferente.

Variaciones:

1. Haga un seguimiento del juego de rol confeccionando el libro "Estoy triste" (o "Estoy enfadado", "Estoy contento", "Me encuentro solo", etc.). Dé a cada niño un pedazo de papel en el que ponga: "Me siento triste cuando _____". Pídales que hagan un dibujo y escriban unas palabras sobre la situación. Si hace falta, ayúdeles a hacerlo. Reúna los dibujos en un libro y, a ser posible, divídalo en láminas. Anime a los niños para que, por turno, lleven a casa el libro y se lo enseñen a sus padres.

2. Estimule a los alumnos para que hagan su propia rueda de los sentimientos.

Comprensión de los demás

Dirigida por un niño/a
Pequeño grupo

☐ *Reconocimiento del rostro*

Objetivo:	Estimular a los niños para que conozcan mejor a los demás
Componentes fundamentales:	Memoria visual Reconocimiento de los compañeros Comprensión de las semejanzas y diferencias
Materiales:	2 fotografías de cada uno de los alumnos de la clase

Procedimientos:

Explique el juego, que se desarrolla como el de *Las parejas.* Los niños colocan las fotos boca abajo, en filas, sobre el suelo, la mesa o el pupitre. Cada jugador escoge dos fotos y las pone boca arriba. Si consigue una pareja, guarda las fotos y sigue jugando un turno más. Si no obtiene una pareja, las pone boca abajo de nuevo y pasa el turno al jugador que esté a su derecha. La persona que obtenga más parejas al final del juego es la ganadora. El número óptimo de jugadores es entre 2 y 4. También puede seleccionar fotos que hagan más interesante el juego, por ejemplo, el mismo niño puede aparecer realizando diversas actividades, a distintas edades, de frente y de espaldas o con y sin sombrero.

Variaciones:

Haga con las caras de los niños rompecabezas. Tome un primer plano de cada alumno de la clase, siempre a la misma distancia. Amplíe todas las fotografías en una copiadora, dejándolas al mismo tamaño. Puede hacer los rompecabezas de dos maneras:

• Pegue las ampliaciones en cartulina o cartón. Invite a los niños a cortar su foto en cuatro o cinco piezas, con la forma que más les guste. Después, pueden practicar recomponiendo la cara. Los grupos pequeños también pueden utilizar estos rompecabezas para organizar el siguiente juego: los participantes cogen cuatro o más rompecabezas y ponen todas las piezas boca abajo en un montón. Cada jugador escoge cada vez una pieza y trata de completar una cara. Los jugadores no pueden devolver al montón las piezas que hayan cogido, pero sí pueden intercambiarlas entre ellos. Al final del juego, los participantes comprueban quién ha obtenido el mayor número de caras.
• También, puede dejar a los niños que corten las fotos de manera que las caras tengan partes intercambiables. Para hacerlo, doble cada copia por la mitad, en sentido longitudinal (produciendo dos mitades idénticas) y después en tres partes y en sentido transversal. Haga que los niños corten los dobleces. Observen qué caras más interesantes surgen cuando los niños "mezclan y casan" sus propias caras con las de un compañero o compañera. Finalice la actividad haciendo que los niños reconstruyan sus rostros y los de sus compañeros.

Comprensión de los demás

Dirigida por un niño/a
Pequeño grupo

☐ ¿Quién falta?

Objetivo:	Realizar un juego para conocer mejor a los compañeros y compañeras
Componentes fundamentales:	Comprensión de los otros Destrezas de observación
Materiales:	Cronómetro de cocina Venda Manta (opcional)

Procedimientos:

1. Diga a los niños que se sienten en círculo en el suelo. Seleccione a un jugador que actúe como detective y a otro como seleccionador (y cronometrador).

2. Tape los ojos del detective. Diga al seleccionador que escoja a un niño para que salga del aula o se esconda debajo de una manta. Los demás jugadores tienen que cambiar de sitio con la máxima rapidez posible.

3. A continuación, el detective mira al grupo e intenta, durante un minuto, descubrir a la persona que falta, mientras el seleccionador controla el tiempo. El detective puede hacer preguntas, cuya respuesta sea "sí" o "no", sobre el miembro del grupo que está ausente.

4. El detective escoge al siguiente detective.

Variaciones:

1. Haga que los niños realicen el mismo juego utilizando la maqueta de la clase (en la "Descripción de los materiales", de la pág. 179, hay información sobre la construcción de ésta). Retire la señal de un alumno y pida a los demás que adivinen qué señal falta.

2. Ponga a los niños en círculo y solicite un voluntario para que se ponga de pie en el centro. Haga que el grupo analice su aspecto durante 30 segundos. Después, diga a los niños que cierren los ojos mientras el voluntario, que permanece en el centro, modifica rápidamente algún detalle de su aspecto (p. ej., se cambia el reloj de una muñeca a otra; se quita la cinta del pelo; se remete la camisa). Pida al grupo que descubra la diferencia.

3. Grabe las voces de los alumnos de la clase. Ponga la grabación en el tiempo dedicado al grupo y pídales que adivinen quién habla.

Comprensión de los demás

Dirigida por un niño/a
Gran grupo

El teléfono

Objetivo: Comprender la complejidad de la comunicación

Componentes fundamentales: Comunicarse con los compañeros

Materiales: Tazas de papel
Cuerda
Grandes cajas de cartón
Tubos de plástico
Embudos
Latas
Papel milimetrado y rotuladores o pizarra y tiza

Procedimientos:

1. Diga a los niños que se sienten en círculo o en fila. Pida a uno que forme una frase y se la diga al oído a la persona que está a su lado. Ésta se la transmite, al oído, a la siguiente y así sucesivamente hasta completar el círculo. La persona que se encuentre al final dice la frase en voz alta. Haga que comparen la última frase con la primera. Pregunte a los niños qué puede hacerse para que el mensaje sea más veraz y haga una lista con sus respuestas en el papel milimetrado o en la pizarra. Hable sobre los rumores y de cómo se deforman los relatos al pasar de boca en boca.

2. En vez de decir al oído una frase, haga que los niños susurren al oído del compañero un sonido especial (p. ej., el maullido del gato, el llanto de un bebé, el timbre de la puerta). En vez de transmitir el sonido a un solo vecino, la primera persona lo transmite a ambos lados. El niño que reciba sonidos por ambos lados dice al grupo si eran iguales o distintos.

3. En esta ocasión, se transmite por el círculo una expresión facial. Un niño hace una mueca que imita su vecino y la transmite a su otro vecino. (Puede pedir a los niños que mantengan cerrados los ojos hasta que su compañero les toque en el hombro.) El último niño y el primero se comunican mutuamente las muecas, mientras el grupo busca semejanzas y diferencias entre ambas. [Este juego y otros del tipo de "hacerte saber" pueden encontrarse en: *The Responsive Classroom: Guidelines*, de Ruth CHARNEY, Marlynn CLAYTON y Chip WOOD.]

Variaciones:

1. Ayude a los niños a hacer teléfonos de tipo "taza de papel-lata" (cerciórese de que las latas carezcan de bordes o rebabas cortantes). Diga a los niños que, por turno, vayan llamándose para charlar, invitar a una fiesta o transmitir un mensaje.

2. Facilite distintas oportunidades de juego independiente. Enganche más de una taza o lata al mismo "teléfono", de manera que varios niños puedan oír el mismo mensaje, o haga varias "cabinas telefónicas" con dos cajones de cartón, lo bastante grandes para que en cada uno de ellos, quepa un niño, sentado o de pie, e instale unos tubos de plástico flexible o mangueras de jardín de suficiente longitud. Conecte ambos cajones con el tubo y enganche un embudo en cada extremo. Haga que los niños utilicen "las cabinas" para hablar en voz no muy alta, utilizando la tubería como teléfono.

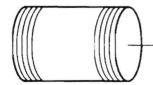

Comprensión de los demás   **Dirigida por el maestro/a**
                                                                          Gran grupo

☐ *Amigos*

Objetivo:	Estudiar el concepto y el alcance de la amistad; descubrir los atributos físicos, sociales e intelectuales de los compañeros
Componentes fundamentales:	Comprensión de los demás Descubrir los intereses y capacidades destacadas de los otros
Materiales:	Maqueta de la clase Muñecos pequeños o figuritas *The Giving Tree*, de Shel SILVERSTEIN

Procedimientos:

1. Lea en voz alta: *The Giving Tree*, de Shel SILVERSTEIN (trad. cast.: *El árbol generoso*. Publicado por: Lectorum, Nueva York, 1996; Litexsa Venezolana, Caracas, 1999; Trillas, México, 1989. En catalán está publicada por Zendrera Zasiquey, Barcelona, 2000). Converse con los niños sobre la amistad entre el árbol y el niño. Hablen de los distintos aspectos de la amistad:

   • ¿Qué es un amigo?
   • ¿Qué hace que alguien sea el mejor amigo?
   • ¿Cómo haces amigos?
   • ¿Por qué es bonito tener amigos?
   • Cuando estás furioso con alguien, ¿sigue siendo tu amigo?
   • ¿Por qué se pelean los amigos?
   • ¿Cómo hacen las paces los amigos?

2. Utilice la maqueta de la clase para el juego llamado "Amigos". Pida a los niños que piensen en uno de sus amigos de la clase. Invítelos, uno a uno, a que salgan ante el grupo o clase y describan los atributos de su amigo con la mayor claridad posible, sin decir su nombre. Pueden mover un muñeco o figura por la maqueta de la clase para mostrar dónde le gusta jugar a su amigo. Pida a los demás niños que adivinen de quién se trata.

3. Puede adaptar este ejercicio para aumentar la conciencia de los niños sobre las necesidades especiales de los demás. Por ejemplo, puede pedirles que arreglen la maqueta de la clase para acomodar a un alumno ciego o a otro que vaya en silla de ruedas.

Variaciones:

Las actividades siguientes se basan en el concepto de la amistad y ayudan a los niños a reconocer las capacidades más destacadas de los demás. Pueden utilizarse de forma individual o como parte de una unidad sobre la amistad que contemple leer libros y cantar canciones sobre la amistad, planear una fiesta, cocinar (medir), escribir cartas o invitaciones y actuar con juegos de movimiento que requieran cooperar. Como los ejercicios siguientes refuerzan la conducta reflexiva, también ayudan a crear un ambiente positivo en clase.

• La cadena de la amistad: Enlace anillos de papel hasta que abarquen la clase de un lado a otro. Cada vez que descubra que un niño hace algo bueno para los otros, escríbalo en un papel y engánchelo en un anillo de la cadena (otros maestros deben hacer lo mismo). Cuando todos los anillos estén ocupados, organice una fiesta en clase.
• El juego de la amistad: Haga que los niños se sienten en circunferencia y por parejas. Cada uno debe pensar en algo bueno de su compañero. Toque un tambor mientras los niños se pasan una pelota siguiendo la circunferencia. Detenga el toque de tambor. El alumno que tenga en ese momento la pelota debe contar al grupo lo que haya pensado de bueno sobre su compañero.

Comprensión de los demás

☐ *Marionetas de dedo*

Objetivo: Hacer marionetas sencillas para representar situaciones sociales

Componentes fundamentales: Comprensión de los demás
Resolver problemas sociales
Capacidad de mediar

Materiales: Guantes viejos
Recortes de fieltro
Rotuladores
Pegamento
Tijeras

Procedimientos:

1. Recorte los dedos de un guante viejo. Pida a los niños que hagan marionetas que representen a personajes imaginarios o a personas reales —ellos mismos, sus padres, hermanos y amigos. Los niños pueden crear rostros y ropas con rotuladores y recortes de fieltro.

2. Anímeles a que utilicen las marionetas para representar situaciones generales de la clase, como esperar el turno en los columpios, compartir un juguete o planear juntos un proyecto. Haga que la clase busque soluciones. Pregúnteles, por ejemplo: "Si quisiérais utilizar los columpios, ¿qué tendríais que hacer?" Es una buena oportunidad para tratar algunos problemas que haya detectado en la clase de un modo que no resulte amenazador para nadie.

3. Cuando los niños se hayan acostumbrado a la actividad, es posible que ellos mismos quieran proponer ideas. También puede instalar un "Buzón de problemas". Los alumnos pueden describir (con ayuda del maestro, si es preciso) situaciones que, a su modo de ver, haya que solucionar. Explíqueles cómo, manifestando diversas situaciones, sin nombrar a nadie ni herir sentimientos, el grupo puede trabajar unido para buscar soluciones.

4. Conserve las marionetas y póngalas a disposición de los niños para que las utilicen en el juego independiente.

Variaciones:

1. Realice distintos tipos de marionetas. Considere la posibilidad de utilizar bolsas de papel de bocadillos (pegue el pelo, los ojos y la nariz a la parte que suele formar el fondo de la bolsa y sitúe la boca en el pliegue o inmediatamente debajo, de manera que se abra y se cierre); palillos de helados (póngales una cara e, incluso, un cuerpo completo hecho de recortes de fieltro o de papel fuerte), o tiras de papel (para enrollarlas en torno al dedo y atarlas como un anillo). En la Guía de artes visuales (página 252) encontrará más ideas para la actividad de las marionetas.

2. Rete a un pequeño grupo de niños a que conviertan una caja grande y fuerte de cartón en un escenario para marionetas. Ayúdeles a practicar los cortes que hagan falta. Puede proporcionarles telas para que confeccionen un telón y pintura para decorar la caja. Ponga el escenario en un estante o mesa con un tapete que llegue al suelo, de manera que los titiriteros puedan esconderse.

Comprensión de los demás

Dirigida por el maestro/a
Gran grupo

☐ *Perspectivas*

Objetivo: Comprender las diversas maneras que tienen las personas de ver una situación
Intercambiar ideas en el diálogo

Componentes fundamentales: Comprensión de los demás
Destrezas reflexivas

Materiales: Imágenes de personas expresando distintas emociones
Papel milimetrado y rotuladores o pizarra y tiza

Procedimientos:

1. Muestre la imagen de una persona cuyo rostro exprese una emoción reconocible (puede utilizar fotos o ilustraciones recortadas de revistas o periódicos atrasados). Hable con los niños de lo que crean que ella está sintiendo y de por qué puede sentirse así. Dialogue sobre las imágenes que manifiesten diversas expresiones emocionales.

2. Compare distintas ilustraciones y pida a los niños que las categoricen. Estimúleles para que interpreten y categoricen las imágenes de distintas maneras.

Variaciones:

1. Busque ilustraciones de revistas en las que aparezcan dos personas implicadas en una situación emotiva, como una madre abrazando a su hijo que llora o el padre o la madre que mira enfadado la desordenada habitación del hijo. ¿El padre o la madre y el niño tienen los mismos sentimientos frente al desorden de la habitación? Pida a los niños que interpreten los roles de los personajes de las fotos y representen su conversación. ¿Qué se dirán esas personas?

2. Pida a los niños que nombren una serie de cosas que les parezcan grandes y otras que les parezcan pequeñas. Escriba ambas listas en la pizarra. Pídales que miren ambas listas desde los puntos de vista de un piloto de avión y de un bebé.

Comprensión de los demás

☐ *Los problemas de una historieta*

Objetivo: Escuchar un relato y comentar las posibles soluciones del problema central

Componentes fundamentales: Comprensión del yo y de los demás
                                             Razonar sobre el compartir y la justicia

Materiales: Imágenes de niños y un maestro

Procedimientos:

1. Cuente a los alumnos un relato como el siguiente, que está tomado de: *The Moral Child: Nurturing Children's Natural Growth*, de William DAMON (1988).

   "Todos estos niños y niñas están en la misma clase (enseñe imágenes de los alumnos y su maestro). Un día, su profesor dejó que pasaran toda la tarde haciendo dibujos con pinturas y ceras. El maestro pensó que estos cuadros eran tan buenos que la clase podría venderlos en la tómbola de la escuela. Todos los dibujos se vendieron y la clase consiguió bastante dinero. Al día siguiente, los niños se reunieron e intentaron decidir cómo repartirían lo recaudado" (págs. 40-41).

2. Haga a los niños preguntas sobre el relato, como las siguientes, adaptadas del mismo libro:

   • ¿Qué te parece que debería hacer la clase con el dinero?
   • Hubo algunos niños que malgastaron su tiempo dando vueltas, mientras los demás dibujaban sus cuadros. ¿Debían obtener aquéllos algún dinero?
   • Alguien dijo que los niños de familias pobres deberían recibir más. ¿Qué te parece?
   • ¿Crees que los alumnos que hicieron los mejores dibujos deberían recibir más dinero?
   • Alguien dijo que el maestro debería recibir mucho dinero porque la idea original de hacer los cuadros fue suya. ¿Debe ser así?
   • Otra persona manifestó que todos deberían recibir la misma cantidad, fuese la que fuese. ¿Estás de acuerdo?

3. Organice una venta en su clase y hable con los niños sobre el destino del dinero que se consiga.

Comprensión de los demás   **Dirigida por un niño/a**
                                                                    Pequeño grupo

☐ *El hospital*

Objetivo: Estudiar la comunidad jugando a representación de roles de las distintas ocupaciones

Componentes fundamentales: Comprensión de los demás
                            Planificar y organizar
                            Trabajar juntos

Materiales: Ropas y accesorios para el juego dramático, como:
                                Vendas y apósitos
                                Fonendoscopio, linterna, esfigmógrafo (real o de juguete)
                                Muletas
                                Frascos de medicamentos vacíos
                                Bata, mascarilla, guantes de goma
                                Cama, colchoneta o camilla

Procedimientos:

1. Diga a los niños que van a preparar un rincón de la clase para que parezca una habitación de hospital o una sala de urgencias, en donde puedan interpretar, durante unas semanas, el rol de los pacientes y el de sus cuidadores (si dispone de una zona de juego dramático, quizá pueda dedicarla a este proyecto durante cierto tiempo). Hable con los alumnos de lo que es un centro hospitalario y de las distintas razones por las que las personas acuden a él. Si es posible, hagan una visita a un hospital o léales libros sobre estos centros.

2. Pida a los niños que piensen en las diferentes ocupaciones relacionadas con un hospital. Haga una lista de estos trabajos en un pliego de papel milimetrado. Pídales que describan estas ocupaciones y las cualidades de las personas a quienes puedan interesarles. ¿Pueden ser médicas las mujeres? ¿Pueden ser enfermeros los hombres? Refuerce la idea de que el género no debe limitar las opciones de carrera profesional de las personas. Si hay padres que trabajen en hospitales, invítelos a la clase para que hablen con los niños.

3. Reúna todos los disfraces, ropas, juguetes y utensilios que tenga en clase relacionados con los hospitales. Hable con los niños sobre los objetos de este tipo que puedan tener en casa, como unas muletas viejas o un equipo médico de juguete, y que pudieran prestar al hospital de la clase durante no mucho tiempo. Haga una relación mediante una tormenta de ideas. Si le parece conveniente, envíela a los padres con una nota que explique el proyecto.

4. Una vez recogidos los objetos, hable con los niños sobre el modo de montar el hospital. Pida a un pequeño grupo de voluntarios que le ayude a preparar la zona de juego.

5. Establezca un período diario durante unas semanas en el que pequeños grupos de niños puedan jugar en la zona del hospital.

Notas para el maestro o maestra:

Esta actividad utiliza el hospital como medio de explorar las distintas ocupaciones y formas de participar en la vida de la comunidad. Quizá le parezca conveniente escoger un tema diferente de acuerdo con los intereses de sus alumnos o con una determinada unidad curricular. Por ejemplo, podría montar un "restaurante", con alimentos de juguete, servicios de mesas y menúes durante una unidad sobre los alimentos o la nutrición, o una tienda de regalo que venda artículos de joyería y de artesanía hechos por los niños en una unidad desarrollada sobre las herramientas o el arte de otra cultura.

Roles sociales característicos

Dirigida por un niño/a
Pequeño grupo

☐ *El censo de la clase*

Objetivo:	Conocer mejor a los compañeros y aprender a trabajar juntos para realizar el censo de la clase
Componentes fundamentales:	Desarrollar destrezas de comunicación Conocer mejor a los demás Aprender los roles sociales
Materiales:	Papel Lápiz Magnetófono Pizarra y tiza o papel milimetrado y rotuladores

Procedimientos:

1. Presente el concepto de censo y el rol de los agentes censales. Hable con los alumnos del proceso del censo y pídales que confeccionen el correspondiente a la clase.

2. Anime a los niños para que preparen una lista de preguntas como: ¿Cuántos niños hay en clase? ¿Cuántas niñas hay en clase? ¿Cuántos alumnos van andando al colegio? ¿Cuántos van al colegio en autobús? ¿Cuántos tienen hermanos o hermanas? ¿Cuántos tienen animales de compañía? ¿Cuántos celebran su cumpleaños en cada mes? ¿A cuántos les gusta jugar al béisbol, nadar, leer, resolver problemas de matemáticas? ¿Cuántos han nacido en tu pueblo o ciudad y cuántos se han trasladado desde otros lugares?

3. Utilice la información para hacer gráficos (véase la actividad del "Diagrama de tarta" en la Guía de matemáticas, en la págs. 159-160). Reúna los gráficos en un libro o exposición.

Notas para el maestro o maestra:

1. Este proyecto puede realizarse durante varios días. El censo puede organizarse por sesiones: planificación y decisión, reparto de funciones, recogida de datos y exposición y evaluación de los datos.

2. Los niños pueden utilizar la "TV" para informar sobre los resultados de su censo.

Roles sociales característicos

Dirigida por el maestro/a
Pequeño o gran grupo

☐ *La fiesta de cumpleaños*

Objetivo:	Practicar diferentes roles sociales mediante la planificación de las fiestas de cumpleaños de los compañeros
Componentes fundamentales:	Asunción de roles sociales característicos, como: Organizar una actividad Planificar y establecer objetivos Intercambiar ideas Trabajar juntos para alcanzar un objetivo Descubrimiento de las capacidades más destacadas propias y de los demás
Materiales:	Pizarra y tiza o cartel y rotuladores

Procedimientos:

1. Planear una fiesta mensual de cumpleaños para los compañeros cuya fecha de nacimiento coincida con ese mes. Diga a los niños que tengan en cuenta las cuestiones siguientes:

   - ¿Por qué se va a celebrar la fiesta?
   - ¿Cuál es el mejor momento para una fiesta durante la jornada escolar?
   - ¿Qué tipo de alimentos hay que servir?
   - ¿Quién los preparará?
   - ¿Qué más cosas hacen falta para la fiesta?
   - ¿Quién se encargará de traerlo?
   - ¿Quién hará la limpieza?
   - ¿Queremos que cada fiesta tenga un tema especial?
   - ¿Qué tenemos que hacer en caso de que los cumpleaños coincidan con el verano?

2. Cuando los niños hayan tomado sus decisiones, ayúdelos a poner en la pizarra la lista de los distintos trabajos y de quiénes vayan a realizarlos.

Notas para el maestro o maestra:

1. La actividad de "La fiesta de cumpleaños" puede constituir un proyecto continuo durante el curso escolar (asegurando, de ese modo, que todos los aniversarios se celebren por igual). Estimule a los niños para que participen en el proceso de planificación, organización, reparto de funciones, decisión, preparación, ejecución y limpieza. Permítales cambiar de rol en las distintas fiestas.

2. Durante el proceso de planificación, ofrezca varias alternativas y deje que los niños decidan cuál escoger. Resuelva los problemas y estructure la actividad de manera que ellos puedan hacer las opciones adecuadas dentro de ciertos límites. Por ejemplo, dígales que las fiestas han de celebrarse el primer o el último día del mes y durante el recreo de la mañana o el de la tarde. ¿Cuál es la mejor combinación y por qué?

Roles sociales característicos

☐ *El día de puertas abiertas*

Objetivo: Evaluar posibilidades y alternativas mediante el diálogo en el grupo

Componentes fundamentales: Asunción de roles sociales característicos, como:
Decidir
Negociar y llegar a un consenso
Comunicar ideas a los demás
Trabajar juntos para alcanzar un objetivo
Comprender a los demás

Materiales: Pizarra y tiza o cartel y rotuladores

Procedimientos:

1. Invite a los niños de otro curso a visitar su clase. Sus alumnos deben planear cómo "orientar" a los visitantes, explicándoles, por ejemplo, lo que necesiten saber para desenvolverse como miembro de la clase. Así, un aula de primero querrá invitar a los niños del segundo ciclo de la escuela infantil a que la visiten hacia el final del curso para que vean cómo será el cambio al pasar a primaria.

2. Celebre con los alumnos una tormenta de ideas sobre lo que los visitantes deban conocer de su clase. Ponga todas las ideas en una lista en la pizarra. Divida la clase en varias comisiones. Cada una tiene que seleccionar los tres elementos más importantes y defender sus opciones.

3. Estimule a los niños para que escojan roles sociales especiales durante el día de puertas abiertas, como los de facilitador, informador y organizador.

Variaciones:

Haga que los alumnos jueguen a que reciben a un visitante extraterrestre que haya aterrizado en el patio de recreo. Pídales que tengan en cuenta las tres cosas más importantes que decir sobre ellos mismos, su clase, sus familias, etcétera. (Es una buena oportunidad para observar hasta qué punto son capaces los niños de trabajar en grupo, intercambiar ideas y llegar a un consenso.)

Roles sociales característicos

Dirigida por un niño/a
Pequeño grupo

☐ *Somos un equipo*

Objetivo: Aprender a trabajar juntos para resolver un problema o lograr un objetivo

Componentes fundamentales: Asunción de roles sociales característicos, como:
       Cooperar
       Resolver problemas sociales
       Comunicar ideas a los demás
       Descubrimiento de las capacidades más destacadas propias y de los demás

Materiales: Botellas transparentes de cuello estrecho
       Gomas pequeñas de borrar con forma de animales
       Hilo
       Aros (*hula hoops*)
       Rompecabezas para el suelo
       Bloques de construcción
       Calendario
       Cuerdas
       Vendas

Procedimientos:

Diga a los niños que les va a plantear diversos problemas, como ensamblar juntos rompecabezas sin hablar o hacer que un aro siga una circunferencia sin utilizar las manos. Para resolverlos, tendrán que trabajar juntos.

Rescatar los animales

Coja cuatro gomas de borrar con formas de animales y enganche cada una con un trozo de hilo. Introdúzcalas en una botella de cuello estrecho, de manera que el cabo del hilo de cada goma cuelgue por fuera de la botella. Dé la botella a un grupo de cuatro niños. Dígales que imaginen que los cuatro animales han caído en un pozo profundo. Cuando usted diga: "ya", los niños deben intentar rescatar los animales con la mayor rapidez posible, antes de que se ahoguen. Cuente en voz alta para comprobar cuánto tiempo tardan.

Nota: El cuello de la botella debe ser lo bastante estrecho para impedir la salida simultánea de todos los animales. De ese modo, los niños tienen que trabajar juntos para sacar las gomas de borrar de una en una.

El salto del *hula hoop*

Pida a los niños que unan sus manos formando una circunferencia. Ponga el aro (*hula hoop*) sobre el hombro de un niño y dígale que lo pase al vecino siguiente sin que vaya a la mano de éste. Los niños que estén a ambos lados pueden ayudar, siempre que no rompan el círculo. Dígales que hagan que el aro rodee toda la circunferencia sin que caiga en las manos de ninguno de los vecinos del que lo tenga en cada momento. [Este juego está adaptado de: *The Responsive Classroom*, de Ruth CHARNEY, Marlynn CLAYTON y Chip WOOD.]

El regalo imaginario

Divida la clase en grupos de entre 4 y 6 niños. Haga que cada grupo forme una circunferencia. Un niño simula entregar un regalo al compañero que esté a su izquierda, haciendo gestos sin hablar. El que recibe el "regalo" debe adivinarlo y nombrarlo. Si el receptor no consigue adivinar de qué objeto se trata, los demás niños pueden ayudar, aunque sin hablar. Una vez que el niño haya adivinado la identidad del regalo imaginario, debe entregar otro objeto imaginario diferente al compañero que le siga en la circunferencia.

El problema del rompecabezas

Divida la clase en grupos pequeños (de 3 ó 4 niños) y proporcione a cada grupo un rompecabezas para el suelo adecuado a su edad, lo bastante difícil para que resulte interesante. Pida a los niños que ensamblen el rompecabezas sin hablar. Encargue a un niño que vigile que nadie hable.

El problema del bloque

Divida una serie de bloques de construcción entre los pequeños grupos de niños. Dígales que traten de construir el edificio más alto que puedan sin hablar. Mida y anote las alturas obtenidas en las construcciones. Deje que los niños repitan la actividad una o dos veces. ¿Aprenden de sus errores y se hacen mejores constructores de edificios elevados?

¿Cuándo es tu cumpleaños?

Pida a los niños que se pongan en fila. Dígales que la reorganicen, sin hablar, de manera que queden en el orden de sus respectivos meses de nacimiento, quedando al principio los niños cuyos cumpleaños sean en enero y al final aquéllos cuyo aniversario sea en diciembre. Los nacidos en el mismo mes deben quedar juntos, aunque no es necesario que se pongan en orden de días. Cuelgue un calendario anual, de forma que los niños puedan consultarlo con facilidad; si es preciso, numere los meses.

¿Podemos hacer juntos una forma?

Organice grupos de entre 3 y 5 niños y proporcione a cada grupo una cuerda. Véndeles los ojos y pídales que, como grupo, intenten crear distintas formas, como un cuadrado, un triángulo o la letra L. Dígales que no dejen la cuerda ni se quiten la venda hasta que estén de acuerdo en que han conseguido la forma deseada. [Esta actividad está adaptada de: "Move the Fence", en *Cooperative Learning in the Early Childhood Classroom*, de Harvey FOYLE, Lawrence LYMAN y Sandra Alexander THIES.]

Notas para el maestro o maestra:

1. Observe las estrategias que utilicen los distintos grupos para resolver el mismo problema. Después de cada problema, un niño del grupo puede actuar como portavoz y explicar a toda la clase la táctica seguida por el grupo.

2. Tome nota de los roles que asumen los niños al resolver estos problemas. ¿Cambia su rol dependiendo de la actividad o de los demás niños del grupo? Teniendo en cuenta sus observaciones, puede que considere necesario asignar los roles por las razones siguientes: para observar más de cerca a determinados alumnos al desempeñar ciertos roles, para fomentar una capacidad destacada de un niño descubierta por este medio para proporcionarle mayor experiencia en ese rol, para ofrecerles experiencia en roles que no suelen asumir con frecuencia (p. ej., darle a un niño tímido el rol de líder).

Actividad para casa n.º 1

□ *La historia de mi vida*

Objetivos: Ayudar a los niños a comprender su crecimiento físico, cognitivo y social

Materiales: Fotos de su hijo
                                    Ilustraciones escogidas por el niño
                                    Documentos y otros materiales relacionados con la vida de su hijo
                                    Cartón, papel fuerte o papel plegado en forma de libro
                                    Pegamento
                                    Rotuladores

Nota para padres y madres:

Esta actividad está pensada para ayudar a su hijo a apreciar de qué diferentes maneras se ha ido desarrollando durante los años precedentes. Su hijo es capaz de realizar muchas cosas que hace tan sólo unos meses no podía hacer de ninguna manera.

Procedimientos:

1. Coleccione materiales e información que representen de manera visual las capacidades de su hijo a distintas edades, por ejemplo:

   - Copia de la partida de nacimiento.
   - Huella del pie al nacer.
   - Peso y altura al nacer.
   - Fotos del crecimiento físico del niño (p. ej., andando a gatas, caminando erguido, corriendo, jugando al aire libre, vistiéndose, montando en bicicleta, atándose los zapatos).
   - Fotos del crecimiento cognitivo del niño (p. ej., hablando, leyendo con el padre o la madre, actuando con distintos juguetes, utilizando un ordenador).
   - Fotos del crecimiento social del niño (p. ej., la familia, los amigos, fiestas, experiencias de la escuela infantil y de la primaria)
   - Muestras de dibujos y escritos del niño.

2. Hable con su hijo sobre la idea de la "historia de la vida" y pídale que escoja las fotos u otros materiales que reflejen mejor las distintas etapas de su crecimiento. Trate de incluir información sobre la cultura de su familia o comunidad.

3. Disponga las fotos y materiales en orden cronológico. Pida a su hijo que pegue los objetos en el cartón o en un librito hecho con hojas de papel plegadas. Anime al niño a que dibuje y decore la historia de su vida.

4. Cuando haya finalizado esta tarea, revísela con él, hablando de los hitos de su desarrollo.

Puesta en común:

Deje que su hijo lleve a clase la historia de su vida.

Actividad para casa n.º 2

☐ *Las caras de los sentimientos*

Objetivos:	Ayudar a su hijo a aprender que podemos decir cómo se sienten las personas observando sus expresiones faciales
Materiales:	Papel de colores Tijeras Platillos de papel (opcional) Pegamento o cola

Nota para padres y madres:

Su hijo identificará sentimientos familiares, reflexionará sobre lo que le hace sentir de cierta manera, y se dará cuenta de que las demás personas también experimentan los mismos sentimientos.

Procedimientos:

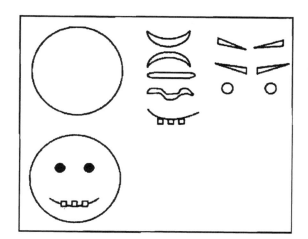

1. Recorte figuras de papel fuerte que representen los ojos (alegres y tristes), la boca (sonriente y seria) y otros caracteres faciales. Haga que su hijo las disponga en láminas o círculos de papel para crear las emociones siguientes: feliz, triste, furioso, asustado, aburrido, dormido. Es fácil que su hijo quiera añadir a los rostros otras características, en dibujos realizados por él.

2. ¿Qué otras emociones hay? Pídale que nombre algunos otros sentimientos de las personas y que realice las caras correspondientes.

3. Su hijo puede hacer una historia sencilla que pueda ilustrar con estas caras.

4. Comente algunas situaciones en donde las personas experimentan cierto tipo de emociones (como alegría, soledad, ira, orgullo). Pregunte a su hijo:

   • ¿Cuándo te sientes orgulloso? (Sustituya orgulloso por otras emociones, como: feliz, triste, aburrido, solo, excitado, enfadado o avergonzado.)
   • ¿Cómo te sientes en una fiesta de cumpleaños? (Propóngale distintas situaciones, como: entrar en clase, ver la televisión, ganar un juego.)
   • ¿Cómo puedes decir si otra persona se siente triste? (Varíe las emociones, como: orgullosa, excitada, sola, avergonzada.)

Puesta en común:

1. Su hijo puede llevar al colegio la historia que ha escrito e ilustrado.

2. Pídale que haga un gráfico de emociones, ilustrado con rostros. Puede llevar el gráfico al colegio y enseñarlo a sus compañeros, para realizar un juego de adivinanzas, tapando los rótulos o las caras.

Recursos y bibliografía

Las actividades de las páginas anteriores son sólo una introducción a la enseñanza de la comprensión social. Para ayudarle a Vd. a realizar futuras exploraciones, le ofrecemos un breve listado de recursos que han resultado muy interesantes para nosotros y nuestros colegas. Lo que intentamos es ofrecer inspiración más que una revisión de la bibliografía. Las obras usadas para la elaboración de este libro están marcadas con asterisco*.

* ALIKI (1984). *Feelings.* Nueva York: Green Willow Press.
* BARRY, C. F., y MINDES, G. (1993). *Planning a theme-based curriculum: Goals, themes, activities, and planning guides for 4's and 5's.* Glenview, IL: Good Year Books.
* BORBA, M., y BORBA, C. (1982). *Self-esteem: A classroom affair* (Vol. 2). San Francisco: Harper & Row.
CARLSSON-PAIGE, N., y LEVIN, D. E. (1987). *The war play dilemma: Balancing needs and values in the early childhood classroom.* Nueva York: Teachers College Press.
CARLSSON-PAIGE, N., y LEVIN, D. E. (1985). *Helping young children understand peace, war, and the nuclear threat.* Washington, DC: National Association for the Education of Young Children.
* CHARNEY, R., CLAYTON, M., y WOOD, C. (1995). *The responsive classroom: Guidelines.* Greenfield, MA: Northeast Foundation for Children.
CRARY, E. (1984). *Kids can cooperate: A practical guide to teaching problem solving.* Seattle: Parenting Press.
* DAMON, W. (1988). *The moral child: Nurturing children's natural moral growth.* Nueva York: Free Press.
DERMAN-SPARKS, L., y The A.B.C. Task Force (1989). *Anti-bias curriculum: Tools for empowering young children.* Washington, DC: National Association for the Education of Young Children.
DEVRIES, R., y ZAN, B. (1994). *Moral classrooms, moral children: Creating a constructivist atmosphere in early education.* Nueva York: Teachers College Press.
* FOYLE, H., LYMAN, L., y THIES, S. A. (1991). *Cooperative learning in the early childhood classroom.* Washington, DC: National Education Association.
* JOHNSON, J., CHRISTIE, J., y YAWKEY, T. (1987). *Play and early childhood development.* Glenview, IL: Scott Foresman.
MALLORY, B., y NEW, R. (1994). *Diversity and developmentally appropriate practices.* Nueva York: Teachers College Press.
McCRACKEN, J. B. (Ed.) (1986). *Reducing stress in young children's lives.* Washington, DC: National Association for the Education of Young Children.
NEUGEBAUER, B. (Ed.) (1992). *Alike and different: Exploring our humanity with young children* (ed. rev.). Washington, DC: National Association for the Education of Young Children.
SARACHO, O. (Ed.) (1983). *Understanding the multicultural experience in early childhood education.* Washington, DC: National Association for the Education of Young Children.
* SILVERSTEIN, S. (1964). *The giving tree.* Nueva York: Harper & Row.
SLABY, R. G., ROEDELL, W. C., AREZZO, D., y HENDRIX, K. (1995). *Early violence prevention: Tools for teachers of young children.* Washington, DC: National Association for the Education of Young Children.
YORK, S. (1991). *Roots and wings: Affirming culture in early childhood programs.* St. Paul, MN: Redleaf Press.

ACTIVIDADES DE LENGUAJE

Por Julie Viens

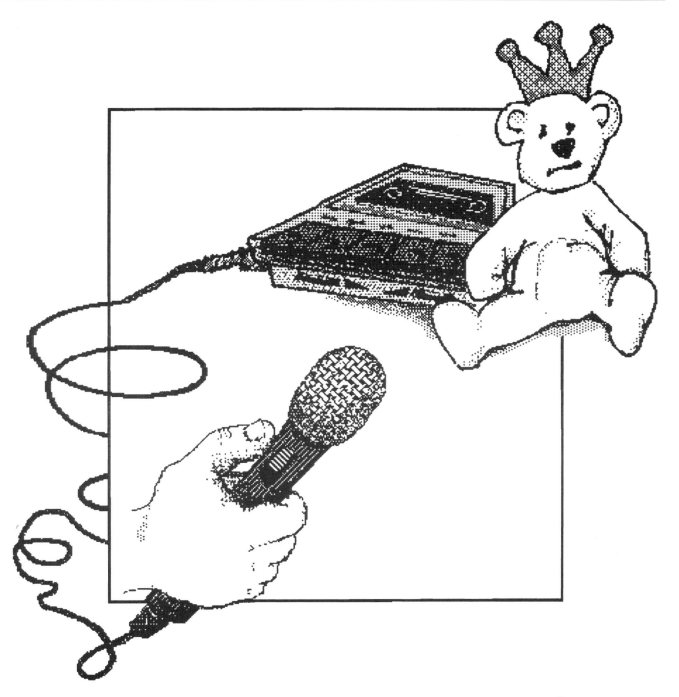

Índice de la guía

Introducción

Actividades de lenguaje

Actividades para casa

Recursos y bibliografía

Visión general de las actividades de lenguaje

Aprender a leer y a escribir es un objetivo fundamental de los primeros cursos de primaria. Sin embargo, la alfabetización es algo más que unas simples destrezas concretas, es la capacidad de comunicarse y expresarse en diversos contextos. Además de ser un buen lector y escritor, conviene ser buen locutor y, por encima de todo, un buen oyente.

Las actividades de lenguaje están pensadas para fomentar las destrezas de escuchar, hablar, leer y escribir de los alumnos por medio de experiencias significativas del mundo real. Por ejemplo, los niños practican la escritura componiendo cartas para sus amigos y depositándolas en el buzón de clase y practican la comunicación oral entrevistando a sus compañeros en una "TV" hecha en casa. Muchas actividades, como montar un boletín de noticias y escribir un poema, les introducen en el entorno de las carreras profesionales relacionadas con el lenguaje. De esta forma, ellos pueden ver la relevancia de las actividades de clase en su vida fuera de la escuela. Por favor, recuerde que las tareas que se recogen aquí no pretenden servir de currículum, sino como ejemplos de los muy diferentes contextos en donde los niños pueden demostrar y desarrollar sus capacidades lingüísticas. Esperamos que le proporcionen algunas ideas para diseñar proyectos de lenguaje que abarquen todo el conjunto de intereses, gustos y preocupaciones que los alumnos lleven a su clase.

Las actividades de lenguaje se encuadran en cuatro categorías: relato, información, poesía y lectura y escritura. Aunque, hasta cierto punto, las cuatro se solapen, en general el *relato* se centra en el uso expresivo y estético del lenguaje; la *información,* en las descripciones y explicaciones de datos concretos; la *poesía,* en el juego de la palabra; y la *lectura y escritura,* en la palabra escrita. Algunas actividades refuerzan las destrezas de predisposición a la lectura, como el reconocimiento de las letras, mientras que otras están pensadas para los alumnos que se ocupan de destrezas de lectura más avanzadas.

Una introducción formal de las actividades de lenguaje puede ayudarles a comprender lo que deben aprender, así como a prepararlos para utilizar los materiales de forma independiente. Puede promover una conversación del grupo en la que describa los diversos materiales de lenguaje, preguntando a continuación a los alumnos por sus ideas para utilizarlos. Al escribir las respuestas y las ideas de los niños, las valida y les otorga un sentido de propiedad de las actividades de aprendizaje. Por ejemplo, cuando presente los tableros-escenarios, anímeles a los niños a hablar sobre las posibles diferencias entre la actividad del tablero-escenario y la de lectura de libros o la de relatos de historias. También puede presentar la "TV" casera y preguntar a los niños en qué puede distinguirse la información sobre noticias de los relatos de historias. Dígales que utilizarán la "TV" para informar sobre sus noticias de fin de semana y otras cosas interesantes de su vida.

Si lo desea, también puede enseñar a los niños a utilizar un testigo o cualquier otra "piedra portavoz" para nombrar al portavoz o locutor. Explique que quien tenga la piedra portavoz puede hablar y el resto de la clase permanecerá en silencio. Cuando el niño acabe, puede entregar o golpear suavemente con la piedra portavoz al siguiente locutor.

☐■ *Descripción de las capacidades clave*

Narraciones inventadas y relatos de historias

- Utiliza la imaginación y es original en sus relatos.
- Disfruta escuchando o leyendo historias.
- Muestra interés y habilidad para diseñar y desarrollar argumentos, elaborar y motivar a los personajes, describir los ambientes, escenarios o estados de ánimo, utilizar los diálogos, etcétera.
- Revela su capacidad de interpretación o aire dramático, con un estilo característico, expresividad y la capacidad de interpretar diversos papeles.

Lenguaje descriptivo. Información

- Proporciona unos informes precisos y coherentes de los hechos, sentimientos y experiencias (p. ej., establece una sucesión correcta y un nivel de detalle adecuado; distingue los hechos de la fantasía).
- Presenta los nombres y las descripciones precisas de las cosas.
- Manifiesta interés por explicar cómo funcionan las cosas o por describir los procedimientos.
- Utiliza la argumentación o la indagación lógica.

Uso poético del lenguaje. Juego de la palabra

- Disfruta con los juegos de las palabras, como los retruécanos, las rimas y las metáforas.
- Juega con los significados y los sonidos de las palabras.
- Manifiesta interés por aprender nuevos vocablos.
- Utiliza las palabras en sentido humorístico.

■ *Descripción de los materiales*

Tablero-escenario: Tablero, tapa de caja o pieza de fieltro, equipada con figuras y un escenario. Los niños manipulan las figuras cuando cuentan una historia conocida o crean una nueva. El paisaje y los accesorios pueden realizarse con arcilla de modelar o ensamblando piezas de juegos comerciales. Estos accesorios pueden corresponder a un libro o historia concretos o bien ser genéricos (estanques, árboles, tesoros, reyes y reinas, etc.), diseñados para estimular los relatos imaginativos.

Personajes para el tablero-escenario: Fotocopias de personajes de libros que se recortan, colorean y cubren con papel adhesivo transparente. Puede Vd. pegar estas figuras en bloques de madera para dar a los niños una representación tridimensional de los personajes que intervengan en sus relatos. También puede añadir periódicamente nuevas figuras de bloques a la colección, basándose en las sugerencias de los niños y las historias que se lean en clase. Puede hacer también los personajes con desatascadores de pipas u otros materiales. Cada juego relacionado con una historia debe guardarse en su propio envase etiquetado, con su nombre y la fotocopia de la página del libro para que los niños puedan reconocerlo con facilidad.

Cajas y tarjetas de letras y palabras: Cajas etiquetadas con una sola letra o palabra, en donde los alumnos colocan objetos o tarjetas que concuerden con la etiqueta; estas etiquetas pueden cambiarse periódicamente. Puede hacer sus propias tarjetas de letras y palabras o comprarlas.

Libro ¿Qué soy?: Libro casero, hecho con papel fuerte y cintas. Para prepararlo, recorte de revistas ilustraciones o fotos de objetos difíciles de identificar y péguelos en las páginas de la derecha. Deje que los niños utilicen las páginas opuestas para escribir sus intentos de adivinar de qué objetos se trata. Más adelante, los niños pueden recortar ilustraciones "misteriosas" y pegarlas en el libro.

"TV": Cajón de cartón cortado y decorado para que parezca un televisor. La "TV" se utiliza en actividades especiales de información y en diversas tareas de la Guía de comprensión social.

Buzón de clase: Caja de cartón decorada, por el maestro o por los niños, de manera que parezca un buzón de correos. Puede utilizarse en las actividades de redacción de cartas o para la comunicación en el aula.

Maqueta de clase: Maqueta tridimensional a escala de la clase. Puede hacerla con una caja de cartón y los muebles y otros adornos con retales de tela, madera, cajitas y artículos reciclados. Añada unas figuritas o realícelos, pegando fotografías de los niños de la clase en pequeños bloques de madera. Las directrices para la construcción de la maqueta aparecen en la Guía de artes visuales (véase la pág. 246).

Testigo: Juguete o piedra que se utiliza para dirigir las discusiones de grupo, que se pasa de niño a niño para designar a la persona que tenga la palabra. Pueden utilizarse piedras grandes, conchas y diversos artículos habituales.

Relatos de historias   **Dirigida por el maestro/a**
Pequeño o gran grupo

☐ *Contar historias en grupo*

Objetivo: Utilizar un tablero-escenario y accesorios para introducir a los niños en la narración de historias

Componentes fundamentales: Narración de historias, destacando:
                             Imaginación y originalidad
                             Coherencia temática
                             Sentido del argumento
                             Instinto dramático

Materiales: Gran pieza de fieltro
                             Accesorios genéricos y figuras
                             Magnetófono (opcional)

Procedimientos:

1. Siente a los niños en el suelo. Explíqueles que, durante el curso, van a hacer muchas narraciones utilizando el tablero-escenario y que comenzarán contando una historia todos juntos.

2. Recoja la pieza de fieltro y póngala en el suelo. Seleccione varios accesorios y figuras, indicando a los niños que no está pensando en ninguna historia concreta y que hay muchas maneras de contar una historia. Puede decirles: "Creo que me gustaría utilizar este hombrecillo para contar mi historia y ésta puede ser su casa. Lo pondré aquí". Pida a los niños que le den ideas sobre el resto de los personajes y accesorios que haya que escoger para la historia.

3. Relate un cuento corto, utilizando varios componentes de la actividad de narrar (p. ej., descripciones, diálogo, voces expresivas).

4. Diga a los niños que, todos juntos, contarán la siguiente historia, añadiendo cada vez una parte nueva. Como grupo, planearán el desarrollo de la historia, los diversos acontecimientos que ocurran, el paisaje y dónde se coloquen los elementos en el escenario.

5. Pida un voluntario para comenzar la historia. Vaya pasando por todo el grupo, dando a cada niño la oportunidad de añadir algo a la historia y de manipular los materiales. Recuérdeles que presten mucha atención a lo que digan sus compañeros.

6. Después de que todos los niños hayan tenido a su disposición un turno (o dos), puede poner fin al relato o sugerir que esto lo haga un niño, para dar a la historia una conclusión y cierto sentido de coherencia.

7. Conversen sobre la historia. ¿Qué les ocurrió a los personajes? ¿Qué podría haber sucedido en otro caso? ¿A alguien le hubiese gustado que terminara de otro modo? ¿Cómo? Señale y haga hincapié en los ejemplos en donde los niños utilicen el talento dramático, la imaginación, el diálogo o la voz expresiva.

Notas para el maestro o maestra:

1. Si le parece conveniente, puede utilizar el testigo para indicar quién tenga la palabra para añadir alguna parte a la historia.

2. Puede dejar a disposición de los niños los materiales del tablero-escenario durante los tiempos de la actividad para que ellos cuenten sus propias historias.

3. Durante la actividad de narración en grupo puede utilizar un magnetófono y, al final, volver a escuchar parte de la historia. Si es posible, deje el magnetófono a los niños para que graben individualmente sus propias historias.

Relatos de historias

☐ *Contar historias con el tablero-escenario*

Objetivo: Utilizar un tablero-escenario y accesorios para introducir a los niños en la narración de historias

Componentes fundamentales: Relato de historias, resaltando:
                                        Elaboración de los personajes
                                        Desarrollo del argumento
                                        Capacidad de interpretación o instinto dramático
                                        Comprensión y repetición del relato
                                        Uso del diálogo
                                        Lenguaje expresivo

Materiales: Libros
Figuras y accesorios que puedan utilizarse para representar estos libros

Procedimientos:

1. Lea una historia corta, utilizando un estilo expresivo. Comente brevemente el libro con los niños. Asegúrese de hablar con ellos del ambiente, los protagonistas, el argumento y el final.

2. Vuelva a contar la historia utilizando el tablero-escenario, modificando algo el lenguaje y los detalles para estimular a los niños a que cuenten las historias a su manera. Pídales que añadan cosas y hagan sugerencias.

3. Si el tiempo lo permite, elija a uno o más niños para que presenten versiones individuales de la historia.

Notas para el maestro o maestra:

1. Cuando prepare sus tableros-escenarios, seleccione libros que conozcan la mayoría de los niños, como pueden ser los que hayan utilizado con frecuencia en la clase. Esto será muy valioso para los que aún no sepan leer. Después, dibuje o copie ilustraciones de los personajes principales, recorte las figuras y péguelas en bloques de madera o en piezas de poliestireno expandido.

2. Con el tiempo, presente a los niños libros y escenarios nuevos. Déjelos para su uso. Estimúlelos para que trabajen juntos y se cuenten historias mutuamente.

Relatos de historias

Dirigida por el maestro/a o por un niño/a
Pequeño o gran grupo

☐ *Construir nuestro propio escenario*

Objetivo: Hacer escenarios para estudiar los componentes de la narración de historias

Componentes fundamentales: Relato de historias, acentuando:
                                        Imaginación y originalidad
                                        Instinto dramático
                                        Diseño y desarrollo del argumento

Materiales: Cajas de zapatos (pida a los niños que las traigan a clase)
                               Ceras o rotuladores
                               Arcilla
                               Diversos accesorios y personajes traídos de casa

Procedimientos:

1. Diga a los alumnos que van a hacer sus propios tableros de escenario. Déles todo lujo de detalles. Pídales que piensen en el tipo de historia que les gustaría crear y la clase de objetos (cajas, accesorios, figuritas) que pudieran necesitar. Ayúdeles a confeccionar una lista de estos materiales. Después, déles una nota solicitando materiales para que la lleven a su casa.

2. Cuando todos los niños tengan su caja de zapatos y los artículos reciclados que necesiten, proporcione a cada uno arcilla, ceras o rotuladores y otros materiales de expresión artística. Dígales que hagan los personajes y los accesorios para sus tableros-escenarios. Haga hincapié en que deben pensar en la historia que deseen contar antes de hacer los personajes. Circule por la clase mientras ellos trabajan, ayudándoles con sus historias y sus ideas constructivas.

3. Anime a los niños a que utilicen sus escenarios para contar una historia, o a todo el grupo, bien a algunos compañeros. Exponga los tableros-escenarios por el aula e indique que los alumnos seguirán usándolos para contar historias.

4. Pasado un tiempo, haga que los niños lleven los tableros a sus casas con una nota para los padres, sugiriéndoles que los utilicen con sus hijos. Explique a los niños que deben enseñar a sus padres a utilizar el tablero.

Relatos de historias

☐ *Contar historias con la maqueta de la clase*

Objetivo:	Contar historias basadas en la vida de la clase
Componentes fundamentales:	Narración de historias, resaltando: Diseño y desarrollo del argumento Elaboración de los personajes Uso del diálogo Comprensión social
Materiales:	Maqueta de la clase (véase la Descripción de los materiales, página 205) Magnetófono (opcional)

Procedimientos:

1. Diga a los niños que van a disponer de la maqueta de la clase para contar relatos. Anímeles para que exploren y jueguen con la maqueta durante el tiempo de actividad libre o de centros de aprendizaje. Si lo desea, puede utilizar un magnetófono para grabar sus historias y ponerlas después para que las escuchen ellos mismos o sus compañeros.

2. Cuando los niños estén preparados, estimúlelos para que cada uno dedique un intervalo corto –emplee un cronómetro si es preciso– para utilizar la maqueta con el fin de contar un relato a toda la clase o a un grupo pequeño. Insista en que pueden basar sus historias en los acontecimientos reales de la clase o en otros imaginarios. Intervenga si el tema es delicado o necesita cierta mediación.

Variaciones:

1. Anime a los niños a que creen y pongan en común sus propias historias utilizando los materiales que tenga en clase. Las marionetas son una buena forma de dar inspiración para la narración de relatos; véanse las indicaciones para construir marionetas en las Guías de artes visuales y de comprensión social.

2. Puede decir a los niños que utilicen una imprentilla de sellos de caucho y una almohadilla de tinta para crear una historia. Pueden imprimir una serie de personajes o escenas en un pliego de papel, contando a continuación la historia a un compañero. Para utilizar esta modalidad como actividad de escritura, pida a los niños que escriban lo mejor que puedan lo que esté ocurriendo en cada escena. Si lo desea, pueden utilizar su propia ortografía para trasladar sus pensamientos al papel, enseñándoles usted después la forma correcta.

Relatos de historias

☐ *Contar historias con efectos de sonido*

Objetivo: Desarrollar la expresividad creando efectos de sonido para una historia

Componentes fundamentales: Relato de historias, resaltando la expresividad y la originalidad

Materiales: Libro o relato corto
Instrumentos musicales (p. ej., campanas, pitos, bloques de madera)
Otros materiales de efecto sonoro adecuados para la historia

Procedimientos:

1. Lea un libro o relato corto y pida a los niños que preparen efectos sonoros para acompañar la acción. Los alumnos pueden seleccionar un instrumento rítmico, una campana u otro objeto del aula para producir estos efectos.

2. Lea de nuevo la historia con las pausas o espacios adecuados para que los alumnos añadan los efectos sonoros. Pida a cada niño que se encargue de un efecto específico.

Notas para el maestro o maestra:

Casi cualquier acción puede adaptarse para admitir efectos sonoros. Por ejemplo:
Hace mucho tiempo, en el bosque cercano a una cascada [*vierte agua de una jarra a una palangana*], un rey y una reina [*toca cuatro notas cortas en una trompeta de juguete o en un pito*] vivían muy tranquilos con su hija recién nacida [*toca un sonajero*] que pasaba la mayor parte del tiempo durmiendo [*abre una caja de música*]. Cuando la niña fue creciendo, se preguntaba con frecuencia qué habría al otro lado de la cascada [*vierte agua*]. Un día soleado, montó en su caballo [*tamborilea con los dedos sobre la mesa para que parezca un galope*] y se dirigió hacia el horizonte.

Variaciones:

1. Haga que los niños practiquen el diálogo cambiando sus voces para representar a distintos personajes (p. ej., una voz baja para hacer de oso y una voz atiplada para representar al ratón). Puede leer la historia haciendo pausas para dejar que los niños lean o reciten algunas partes.

2. Resalte la dimensión musical de esta actividad dejando que los niños toquen instrumentos musicales para representar a los personajes de un cuento, de igual modo que un tema musical presenta a cada personaje de *Pedro y el Lobo*. Cuando el personaje entre en escena, haga que el niño toque su instrumento.

Actividades informativas

☐ *Entrevistar a un amigo*

Objetivo: Por turno, entrevistar a un compañero

Componentes fundamentales: Lenguaje descriptivo, resaltando:
                                        Destreza de indagación
                                        Descripción precisa y coherente

Materiales: Ninguno

Procedimientos:

1. Diga a los niños que van a entrevistarse mutuamente con el fin de conocerse mejor. Colóquelos por parejas o haga que ellos seleccionen a sus compañeros. Demuestre cómo hacerlo, entrevistando usted mismo a un alumno.

2. Explique que la entrevista es un modo de descubrir lo que piensan, saben o sienten otras personas sobre un tema determinado. Ofrezca a los niños una lista de preguntas para que las formulen a sus parejas. Haga que, como grupo, las revisen y añadan otras nuevas. Pueden empezar con las siguientes:

   ¿Cómo te llamas?
   ¿Dónde vives?
   ¿Tienes hermanos o hermanas?
   ¿Qué comida te gusta más?
   ¿Qué es lo que prefieres hacer?

3. Mientras el primer niño de cada pareja entrevista a su compañero, circule por la clase, ayudándoles a que realicen las suyas.

4. Haga que los entrevistadores informen de sus resultados.

5. Repita el proceso, pero cambiando los papeles de entrevistador y entrevistado.

Notas para el maestro o maestra:

1. Esta actividad es una buena introducción a otros trabajos de información que requieren que los niños se entrevisten unos a otros. Los posibles temas abordados son: las vacaciones, los acontecimientos actuales y los trabajos de artes, ciencias naturales y demás campos que hayan realizado los niños.

2. Si le parece apropiado para su clase, puede adoptar como modelo el de un programa de entrevistas de la televisión. Primero, hable con los niños de los programas televisivos de este tipo que hayan visualizado. Después, anímeles a que actúen como presentador e invitado de un programa de esta clase, intercambiando los papeles. Si los niños quieren, pueden sentarse tras la "TV" o invitar a sus compañeros a que vean la intervención.

Actividades informativas

Dirigida por el maestro o maestra
Pequeño o gran grupo

☐ *Las noticias*

Objetivo: Utilizar la "TV" para aprender a informar y practicar esa actividad

Componentes fundamentales: Lenguaje descriptivo, remarcando:
      Descripción precisa y coherente de los hechos
      Explicar cómo son las cosas

Materiales: "TV"
      Micrófono de juguete

Procedimientos:

1. Presente la "TV" y organice con los niños una tormenta de ideas sobre las actividades de "TV" que puedan hacer.

2. Explique que esta "TV" puede utilizarse como una de verdad: para comunicar acontecimientos. Proponga que los alumnos presenten un programa en el que informen de sus propias noticias, como un viaje ya realizado, algo divertido que haya sucedido, algún hecho curioso referente a su perro o su gato o un acontecimiento deportivo.

3. Enseñe a utilizar la "TV". Siéntese detrás de ella, coja el micrófono de juguete y diga una noticia relativamente intrascendente de carácter familiar, como: "Ayer por la tarde, mi familia fue al parque. Katie dio de comer a los patos. Y ahora, unas palabras de nuestro patrocinador: la pasta de dientes Crest..."

4. Haga que los niños piensen en una o dos cosas que quisieran comunicar a la clase. Después, deje que, por turno, se sienten detrás de la "TV" e informen de sus noticias. Si necesitan ayuda para empezar, hágales alguna pregunta como: ¿Te gustaría decirnos algo sobre tu perro? ¿Ha hecho algo especial? ¿Qué aspecto tiene? Anime a los niños a que aplaudan al final de cada noticia.

Variaciones:

1. Escriba diferentes categorías de noticias en trocitos de papel (deportes, sociedad, noticias locales, publicidad, el tiempo) e introdúzcalos en un sombrero. Haga que los niños escojan una noticia sobre la que informen al día siguiente.

2. Haga de las noticias un elemento más de la rutina diaria. Por ejemplo, todos los lunes, los niños pueden utilizar la "TV" para hablar sobre lo ocurrido durante el fin de semana. Pueden informar a todo el grupo o trabajar por parejas.

Actividades informativas

☐ *Revista de cine*

Objetivo: Desarrollar destrezas de información analizando una película

Componentes fundamentales: Lenguaje descriptivo, resaltando:
Descripción coherente de los hechos
Información precisa de la secuencia
Elección de los detalles
Destrezas críticas como espectador de cine y televisión

Materiales: Película
Entradas de cine (opcional)

Procedimientos:

1. Diga a los niños que van a ver una película. Pídales que la observen minuciosamente porque, más tarde, la comentarán.

2. Utilice un teatrillo de marionetas o la "TV" como taquilla y haga que un niño actúe como taquillero. Los niños se ponen en fila para sacar sus entradas y acceder al "espectáculo".

3. Tras la película, pida a los niños que hagan comentarios generales sobre la misma. ¿Les ha gustado o no y por qué? ¿Qué les ha hecho sentir? ¿Creen que los acontecimientos desarrollados en la película podrían ocurrir realmente? ¿Por qué o por qué no?

4. En pequeños grupos, dirija el debate sobre la secuencia, el argumento, el tema y los personajes. Pregunte a los niños: "¿Qué ocurrió al principio de la película? ¿Qué sucedió después? Y después, ¿qué? ¿Qué fue lo más importante que sucedió en ella?"

Notas para el maestro o maestra:

1. Escoja una película que no hayan visto los niños. Seleccione aquella que dure 15 minutos o menos y presente una secuencia claramente definida de hechos.

2. Si es posible, realice esta actividad regularmente, de manera que los niños vean películas y recuerden los detalles de la secuencia, el argumento, el tema y los personajes.

3. Puede recomendar a los alumnos que vean el programa de la televisión PBS *Reading Rainbow*, que, en cada episodio, incluye revisiones de libros a cargo de alumnos de primaria.

Lenguaje poético	Dirigida por el maestro/a
Juego de palabras	Pequeño o gran grupo

☐ *Poesía en su clase*

Objetivo:	Introducir a los niños en la lectura y la escritura de poesía
Componentes fundamentales:	Disfrute de la poesía Juego de palabras Expresividad
Materiales:	Poemas

Procedimientos:

1. La inclusión de la poesía —tanto de la lectura como de la escritura— como un factor importante de la experiencia del lenguaje de la clase estimula a los alumnos a jugar con las palabras y sus matices y les proporciona los elementos para una expresión rica. Leer y escribir poesía son las dos caras de la misma moneda: si los niños están rodeados de poesía, se familiarizan con el sonido de sus rimas y ritmos; si la escriben, se ven a sí mismos cada vez más como elementos de una gran tradición literaria.

   Cuando lea poemas a los niños, remarque las palabras que sean particularmente vibrantes, pintorescas o animadas. Estimule a los niños para que hablen sobre la elección de las palabras del poeta: vocablos que riman o comienzan con el mismo sonido; palabras que pintan un cuadro en la mente del oyente (esto les ayudará cuando escriban poesía por su cuenta). Durante el curso, lea con frecuencia poesía. Procure que concuerde con los intereses de la clase, sean los animales de compañía, los monstruos, las vacaciones, las estaciones o los deportes y los juegos. Los niños pequeños también responden a las repeticiones y al humor absurdo y obvio. Por ejemplo, he aquí un ejemplo bastante popular:

   > **Animal Fair**
   > *I went to the animal fair,*
   > *The birds and the beasts were there.*
   > *The big baboon, by the light of the moon,*
   > *Was combing his auburn hair.*
   > *The funniest was the monk.*
   > *He sat on the elephant's trunk.*
   > *The elephant sneezed and fell on his knees,*
   > *And what became of the monk, the monk?* *

   Lea poesía a menudo durante el curso, avanzando hacia nuevos temas y un humor más sutil cuando le parezca que los niños estén preparados para ello.

2. En su artículo "Let's Talk a Poem", Theresa BROWN y Lester LAMINACK proponen introducir a los alumnos en la poesía "hablándoles" durante el proceso. El poema puede escribirse para toda la clase o para un pequeño grupo, actuando el maestro como entrenador, haciendo al grupo preguntas que provoquen su imaginación y susciten una fantasía específica, concreta.

3. Supongamos que usted decide escribir sobre una experiencia compartida, como una excursión al acuario. Pida a los niños que lo describan de manera que quienes no hayan estado allí sepan qué se siente y qué aspecto tiene. Comience preguntando a los niños por sus reacciones. Puede escuchar comentarios de este estilo:

   "Pescado fresco en el acuario".

---

* Dejamos el poema en inglés porque su traducción pierde su significación, pues el original juega con la semejanza entre *monk* ("monje") y *monkey* ("mono"). No obstante, la traducción es: **"Feria de los Animales.** Fui a la feria de los animales, / Los pájaros y las bestias estaban allí. / El gran babuino, a la luz de la luna, / Estaba peinando sus cabellos castaños. / El más divertido era el monje. / Estaba sentado en la trompa del elefante. / El elefante estornudó y cayó sobre sus rodillas, / ¿Y qué fue del monje, el monje?" (*N. del T.*)

Escriba la frase en un cartel. Haga a los niños preguntas que susciten una descripción nítida del acontecimiento. Recuérdeles que piensen en sus cinco sentidos. Puede preguntarles: "¿Qué viste en el acuario?"

"Un pez enorme y pececitos chicos".

Escríbalo y pregunte: "¿Puedes decirme qué estaban haciendo los peces?"

"Estaban nadando de un lado a otro, comiendo y descansando".

Escriba el comentario y pregunte: "¿Qué hiciste tú?"

"Yo dije: 'Hola, pez'".
"Sonreí".
"Miré".

El producto final, escrito en el cartel, sería algo así:

Pescado fresco en el acuario.
Un pez enorme y pececitos chicos.
Nadando de un lado a otro,
Comiendo y descansando.
Yo dije: "Hola, pez".
Sonreí. Miré.

4. BROWN y LAMINACK indican diversas formas de ayudar a los aumnos a descubrir palabras nuevas y descriptivas. Por ejemplo, si un niño escribe o dice: "El perro se marchó", usted puede preguntarle: "¿Hay otra palabra que me ayude a ver cómo se marchó?" Si fuese preciso, un andamiaje más específico llevaría consigo indicaciones de este tipo: "¿Se escabulló, se encabritó, se fue corriendo, se marchó arrastrándose?" El niño puede escoger una palabra y seguir sintiéndose autor de la expresión.

5. Escribir una poesía debería ser una experiencia festiva. En *Wishes, Lies, and Dreams: Teaching Poetry to Children*, el poeta Kenneth KOCH dice que un elemento clave es hallar el tema adecuado, que conozcan los niños pero que sea lo bastante excitante para hacer surgir ideas nuevas. No imponga restricciones que pudieran limitar la imaginación de los niños, como pedirles que rimen o prueben una métrica determinada. Plantéeles, en cambio, una idea que estimule su creatividad y proporcione una fuerza unificadora al poema. Por ejemplo, el poeta sugiere un poema sobre los deseos; cada niño de la clase aporta un verso que comienza por: "Deseo..." También, puede decir cada uno un verso sobre un color (el mismo color o todos diferentes), sobre un sueño que haya tenido o sobre su propio desarrollo (Antes solía _____, pero ahora _____). Otros temas, como pedir a los niños que describan un ruido o hagan una comparación original, pueden animar a los jóvenes escritores a arriesgarse y utilizar un lenguaje no convencional.

6. Estimule y ayude a los niños a escribir su propia poesía individual, describiendo acontecimientos o experiencias personales. Déles oportunidad para que dicten poesía y la compartan con sus compañeros. La actividad metafórica: "Es feliz..." (en la página siguiente) constituye una buena transición entre redactar un poema en grupo a escribirlo solo.

Lenguaje poético   **Dirigida por el maestro/a**
Juego de palabras   **Gran grupo**

☐ *"Es feliz..."*

Objetivo:	Explorar la poesía a través de la metáfora
Componentes fundamentales:	Imaginación y originalidad Juegos con palabras Apego a la metáfora
Materiales:	Poemas Pizarra y tiza o cartel y rotulador

Procedimientos:

1. Comience con una actividad de movimiento. Pida a los alumnos que exterioricen el sentirse bien y manifiesten su felicidad con todo su cuerpo.

2. Reaccione a los movimientos de los niños. Por ejemplo: "Veo ahora un montón de personas felices. Olga, parece que estés volando. Juan, pareces un perrito moviendo la cola". Anímeles para que describan lo que hayan hecho. Por ejemplo: "Yo era una mamá, acunando a un bebé". "Yo era un payaso que hacía reír a la gente".

3. Pregunte a los niños: "¿Es más fácil exteriorizar que uno es feliz simulando ser otra persona que siendo uno mismo? ¿Por qué?" Ayúdeles a que piensen si el hacer de otra persona es semejante a utilizar una comparación o si las comparaciones pueden ayudarles a expresar sus sentimientos.

4. Lea "Swing Song" (reproducida en la página siguiente). Comente con los niños acerca de lo que el poema tiene que decir sobre el sentirse feliz.

5. Si lo desea, lea otros poemas sobre ser feliz. Pregunte a los niños: "¿Qué te hace feliz? ¿Qué nos hace sentir como si fuésemos felices?" Escriba sus ideas en la pizarra o en el cartel y forme con ellas un poema, pidiendo a los niños que añadan un comienzo (por ejemplo: "Es feliz...") y un final, si es preciso. Léales el poema en voz alta con los niños.

Variaciones:

Desarrolle la idea de la metáfora para señalar cosas distintas de las emociones, como los colores. Comience leyendo un poema que revise el tema y luego organice una tormenta de ideas con los niños. Cree hojas de metáforas (por ejemplo, escriba en la parte de arriba de una página: *¿Qué es blanco?* o *Rojo es _____*) y facilite las páginas a los niños para que trabajen individualmente, por parejas o por grupos.

Esta actividad se ha acaptado de: G. D. Sloan (1984): *The child as critic: Teaching literature in elementary and middle school* (2.ª ed.). Nueva York: Teachers College Press.

Swing Song *

Oh, I've discovered
A happy thing!
For every game
There's a song to sing,
Sometimes with words
Sometimes without,
It's easy to tell
What a song's about
From only a humming
Like wind at noon,
It needn't be even
Half a tune
If only it goes
With what you do,
If what you do
Is exactly true,
Or anyway if
It seems to you.

The time I discovered
This wonderful thing
I really was swinging
In a swing.
And the song I was singing
Was just as true
For all the flying
Sky-things too,
For seagulls and eagulls
And bees and bugs
And arrows and sparrows
Enchanted rugs,
Clouds and balloons,
Balloons and bees—
A backward humming
A forward breeze,
Swinging without
Any tune you please.

Harry BEHN.

* Por tratarse de un poema, lo dejamos en inglés. La traducción del mismo sería: "**La canción del balanceo.** ¡Oh, he descubierto / Algo alegre! / Para cada juego / Hay una canción que cantar, / A veces con palabras / A veces sin ellas, / Es fácil decir / Qué dice una canción / Con sólo un murmullo / Como el viento al mediodía, / Ni siquiera hace falta / Media melodía / Si sólo va / Con lo que haces, / Si lo que haces / Es exactamente verdad, / O, de todos modos, si / Se parece a ti. / Cuando descubrí / Esta cosa maravillosa / Me estaba balanceando / En un columpio. / Y la canción que yo cantaba / Era la pura verdad / Para todas las cosas que vuelan / Las cosas del cielo también, / Para las gaviotas y *aguiotas* / Y las abejas y bichos / Y flechas y gorriones / Alfombras mágicas, / Nubes y globos, / Globos y abejas. / Un murmullo hacia atrás / Una brisa hacia adelante, / Balanceándose sin / Una melodía que te agrade." (*N. del T.*)

Lenguaje poético
Juego de palabras

Dirigida por el maestro/a
Gran grupo

☐ *Nuestra canción*

Objetivo:	Crear nuevas letras para canciones
Componentes fundamentales:	Lenguaje poético, resaltando: . Juego con los sonidos y los significados de las palabras Empleo de vocablos de forma humorística
Materiales:	Libro de canciones, si hace falta Pizarra y tiza o cartel y rotulador

Procedimientos:

1. Diga a los niños que van a poner sus propias palabras a una de sus canciones favoritas. Escoja una que tenga muchas repeticiones, como "She'll Be Comin' Round the Mountain" o "The Wheels on the Bus"*. Interprete la canción con los niños.

2. Pídales que la canten de nuevo y piensen (en silencio) qué versos añadirían. Escriba las primeras líneas de la canción en la pizarra o en el cartel, dejando un espacio en blanco en el que los niños puedan colocar palabras nuevas. Por ejemplo, puede decirles que reemplacen las subrayadas a continuación:

   She'll be comin' round the mountain when she comes,
   She'll be comin' round the mountain when she comes,
   She'll be comin' round the mountain, She'll be comin' round the mountain,
   She'll be comin' round the mountain when she comes.

3. Oriente a los niños cuando comenten acerca de ideas nuevas entre ellos. Escriba sus sugerencias y canten juntos la nueva versión.

Variaciones:

Si los niños están preparados para afrontar un reto, pídales que escriban una letra nueva para la nana: "Hush, Little Baby", que les exige pensar en rimas (por ejemplo: *"Hush, little baby, don't you scream, Mama's going to buy you some chocolate ice cream. If that chocolate ice cream melts, Mommy's going to buy you a beaded belt"***). La letra tradicional figura a continuación. Los niños pueden hacer su propia conclusión o tratar de rimar su poema con el último verso.

Hush, Little Baby

Hush, little baby, don't say a word,
Mama's going to buy you a mockingbird.
And if that mockingbird don't sing,
Mama's going to buy you a diamond ring.

And if that diamond ring turns brass,
Mama's going to buy you a looking glass.
And if that looking glass gets broke,
Mama's going to buy you a billy goat.

And if that billy goat won't pull,
Mama's going to buy you a cart and bull.
And if that cart and bull turn over,
Mama's going to buy you a dog named Rover.

And if that dog named Rover won't bark,
Mama's going to buy you a horse and cart.
And if that horse and cart fall down,
You'll still be the sweetest little baby in town.

---

* En español se podrían poner como ejemplos: "A mi burro, a mi burro", "Cucú cantaba la rana", "Ni tú, ni tú" y "Oh Susana". *(N. de M. Sanuy.)*

** Como en los casos anteriores, dejamos los textos originales en inglés, ofreciendo en nota la traducción. La del ejemplo destinado a sustituir la nana original es: "Ea, mi niño, no llores más, Mamá va a comprarte un helado de chocolate. Si el helado de chocolate se derrite, mamá te comprará un cinturón salvagotas". La traducción de la letra de la nana tradicional es la siguiente: **"Ea, ea, mi niño.** Ea, mi niño, no digas nada, / mamá te va a comprar un mirlo. / Y si ese mirlo no canta, / mamá te comprará un anillo de diamantes. / Y si ese anillo de diamantes se convierte en latón, / mamá te comprará un espejo. / Y si ese espejo se rompe, / mamá te comprará un macho cabrío. / Y si ese macho cabrío no quiere tirar, / mamá te comprará una carreta y un toro. / Y si esa carreta y ese toro vuelcan, / mamá te comprará un perro llamado Rover. / Y si ese perro llamado Rover no quiere ladrar, / mamá te comprará un caballo y un carro. / Y si ese caballo y ese carro se caen, / Tú aún serás el bebé más dulce del pueblo". *(N. del T.)*

Lenguaje poético   **Dirigida por el maestro/a**
Juego de palabras   **Pequeño o gran grupo**

☐ *Poemas, historias y canciones*

Objetivo: Crear acciones para poemas, historias y canciones

Componentes fundamentales: Expresividad
                                              Asociación del juego físico con los sonidos de las palabras
                                              Disfrute de la poesía

Materiales: Poemas
                                              Ropas y accesorios del juego dramático, si se desea

Procedimientos:

1. Diga a los niños que van a hacer un poema con sus acciones. Léalo despacio, de manera que comprendan todas las palabras. Lea la poesía de nuevo, animando a los niños a que se sumen al recitado (para esta actividad, seleccione poemas con buen humor, conocidos y con expresiones repetidas, como las canciones de guardería "Simple Simon" o "Jack and Jill" o poemas de Shel SILVERSTEIN, Ogden NASH o Edward LEAR)*.

2. Pida a los niños que formen un semicírculo, de manera que usted los vea a todos. Recite el poema, haciendo gestos que ilustren las palabras. Anime a los niños para que se unan a usted. Repítalo hasta que ellos lo aprendan.

3. Seleccione otro poema e invíteles a hacer los movimientos adecuados.

Variaciones:

1. Seleccione un poema, un cuento corto o una canción que guste a los niños. Explíqueles que, una vez más, van a hacer movimientos que concuerden con las palabras. Sin embargo, en esta ocasión, realizarán papeles o partes diferentes.
   Lea el poema o cuento en voz alta, hasta que los niños se familiaricen con él. Organice una tormenta de ideas de movimiento; pruebe varias sugerencias distintas y vea cuál funciona mejor. (En las páginas siguientes, aparecen algunos poemas y relatos, con las acciones correspondientes, a modo de guía.) Anime a los alumnos a que adopten distintos roles, tanto de forma individual como por parejas o pequeños grupos. Después de que ellos hayan seleccionado diversas partes y gestos, practique la pieza mientras lo deseen o durante el tiempo que se pueda.

2. Los niños pueden ensayar una pieza para interpretarla ante sus familias u otras clases. El ensayo de la "representación" quizá necesite varios días y abarque diversos campos. Los alumnos pueden hacer accesorios y ropas como trabajo de expresión artística o practicar el canto como actividad de música. En cuanto tarea añadida de lenguaje, puede estimular a los niños para que escriban sus propios cuentos que representar. Es fácil que ellos estén muy motivados para escribir cuentos si saben que su trabajo va a representarse y exponerse (véase el libro de Vivian PALEY: *Wally's Stories*).

---

* De estos autores no hay poesía traducida, solo algún cuento de Shel Silverstein. Pero hay mucho autores en español de ese tipo como:
    Gloria FUERTES (*La poesía no es un cuento.* Madrid. Bruño, 2000, 5.ª ed.; *Coleta la poeta.* Madrid. Susaeta, 1990; *Versos fritos.* Madrid. Susaeta, 1994; *Don Pato y Don Pito.* Madrid. Escuela Española, 1990, 2.ª ed.; *La oca loca.* Madrid. Escuela Española, 1998.)
    Gabriela MISTRAL (2001). *Ronda de astros.* Madrid. Espasa-Calpe, 5.ª ed.
    Carmen BRAVO-VILLASANTE (1984). *Una, dola, tela, catola.* Valladolid. Miñón, 4.ª ed.
    Carmen BRAVO-VILLASANTE (1987). *El libro de los trabalenguas.* Madrid. Montena.
    SÁNCHEZ TRINCADO, José Luis (1994). *Poesía infantil recitable.* Madrid. Compañía Literaria., 1994.
    REVIEJO, Carlos y SOLER, Eduardo (1998). *Canto y cuento. Antología poética para niños.* Madrid. SM, 3.ª (*N. del R.*)

Sugerencias para representaciones

Reimpreso de: R. Pangrazi y V. Dauer (1981): *Movement in early childhood and primary education.* ©
1981 de Allyn & Bacon. Reimpreso y adaptado con autorización.

Jack, el vencedor del gigante

Érase una vez un gigante llamado Caramarán que vivía en una cueva en la cima de una montaña. Era
un gigante muy malvado, por lo que los reyes del país ofrecieron una gran recompensa a la persona que lo
matara. Jack, un chico del lugar, decidió probar su suerte.

Texto	*Acción sugerida*
Una mañana, Jack cogió un pico y una pala y se fue a la montaña. Se apresuró porque quería alcanzar la cima antes de que oscureciese.	Coger el pico y la pala y correr en círculo.
Cuando Jack llegó al pie de la montaña comenzó a subirla.	Andar en círculo elevando las rodillas al máximo.
Accedió a un lugar en el que tenía que utilizar las manos para poder avanzar.	Hacer movimientos de escalada, usando manos y brazos.
Justo cuando oscurecía, Jack alcanzó la cima de la montaña. Cuando estuvo seguro de que el gigante dormía en su cama, cogió el pico y comenzó a cavar un hoyo a la entrada de la cueva.	Movimientos vigorosos de cavar, doblando el torso y manteniendo los pies separados.
Tras remover el barro con el pico, Jack cogió la pala y esparció el barro por todas partes.	Movimientos vigorosos con la pala, primero a la derecha y luego a la izquierda, esparciendo el barro en todas direcciones.
Después, Jack cubrió el hoyo con pajas y ramas que había cogido.	Inclinados, recogen pajas, moviéndose alternativamente a izquierda y derecha.
Hecho esto, Jack esperó hasta la mañana y entonces llamó con voz muy alta y despertó al gigante, que salió a grandes zancadas de la cueva. Como era muy alto, daba unos pasos enormes.	Con los brazos encima de la cabeza, estirándose, andar en círculo de puntillas.
El gigante estaba tan furioso que no miró hacia donde iba y se encaminó directamente hacia el hoyo cavado por Jack. Cayó dentro de él y se mató.	Inclinarse rápidamente, como cayéndose.
Después, Jack rellenó el hoyo con el barro que había retirado.	Hacer movimientos hacia adelante y hacia atrás, tirando barro al hoyo, moviéndose en círculo y haciendo lo mismo una y otra vez.
Jack entró en la cueva, cogió el tesoro del gigante y corrió a casa a decírselo a su madre.	Correr en círculo en la dirección opuesta, llevando el tesoro.
Cuando llegó a su casa, estaba tan excitado y cansado que le faltaba el aliento. Desde entonces, Jack fue conocido como el Vencedor del Gigante.	Suspiro profundo.

El canguro Ualabi

Texto	Acción sugerida
Ualabi, Ualabi, canguro	Se ponen las manos a la altura de los hombros, para representar las manos del canguro.
¿Cómo saltas así?	Mirar de derecha a izquierda, sin moverse.
Yo sé que, aunque trate de hacerlo durante un año y un día,	Saltar como un canguro.
nunca podré saltar así.	Se sigue saltando como el canguro.

Lectura y escritura

Dirigida por un niño/a
Pequeño o gran grupo

☐ *Cajas de letras*

Objetivo: Aprender fonética casando letras y combinaciones con objetos e imágenes

Componentes fundamentales: Destrezas fonéticas
Emparejamiento de sonido y letra

Materiales: Cajas de letras o palabras (véase la Descripción de los Materiales, página 205)
Objetos e imágenes diversos

Procedimientos:

1. Presente la caja de letras o palabras a los niños. Explique que cada caja tendrá pegada una letra. Los niños pueden poner tarjetas de palabras, pequeños objetos e imágenes que comiencen con la letra que figure en la caja. Por ejemplo, anuncie: "Hoy está fuera la caja *R* (muestre la caja que tiene una gran *R*). Quiero que metáis cosas en esta caja —palabras e imágenes recortadas de revistas, pequeños objetos, un naipe con una palabra— que comiencen con la letra *R*".

2. Enseñe a los niños cómo se realiza esta actividad, recortando una palabra con la *R* de una revista y metiéndola en la caja, junto con un pequeño objeto cuyo nombre comience con la *R*. Pida a los niños que aporten ideas, con el fin de cerciorarse de que han comprendido la actividad.

3. Diga a los niños que la caja de letras estará a su disposición durante el día o la semana. Pídales que hablen con usted antes de introducir en la caja objetos como materiales de clase o juguetes que alguien pueda querer utilizar.

4. Al final del día o la semana, compruebe los contenidos de la caja. Pregunte al grupo: "¿Qué es esto? ¿Comienza su nombre por la letra *R*?" Si hay en la caja un objeto o una letra incorrecta, coméntelo con los niños para ver cómo pudo producirse el error. Por ejemplo: "El nombre de esto no empieza por *R*, pero es un perro y la palabra 'perro' tiene una *R* que suena muy fuerte".

Notas para el maestro o maestra:

1. Ponga a disposición de los niños varios objetos, imágenes y naipes de letras para que los pongan en las cajas.

2. Pueden dejarse fuera dos o más cajas para que los niños las utilicen al mismo tiempo.

☐ *Leer para el compañero*

Objetivo:	Leer con un compañero
Componentes fundamentales:	Disfrutar con la audición o lectura de relatos Leer con un estilo fuerte, expresivo Cooperación
Materiales:	Libros

Procedimientos:

1. Agrupe a los alumnos por parejas. Haga que cada niño escoja un libro que desee leer a su compañero.

2. Deje que los niños vayan con sus compañeros a distintos lugares de la clase. Cada uno lee su libro por turno.

3. Reúna al grupo. Ayúdeles a desarrollar destrezas de audición y de locución, pidiéndoles que describan los libros que les hayan leído.

Variaciones:

1. Ayude a los niños a que vean que la lectura puede ser tanto una actividad social como individual, en donde las personas comparten ideas y experiencias. Anímeles a que lean una historia a toda la clase. Los niños pueden traer de su casa un libro o relato favorito o escoger alguno de entre los libros que hay en clase. A los que aún no sepan leer puede Vd. animarles a que cuenten su cuento preferido, en vez de leerlo, utilizando las imágenes como guía.

2. Anime a toda la clase a leer un poema o canción. Distribuya copias o escríbalos en la pizarra o en el cartel. Comience leyendo la pieza con voz expresiva y pida después a los niños que la lean con usted. Quizá sea conveniente que señale las palabras a medida que vaya leyéndolas. Después, dígales que, por turno, lea cada uno un verso. Acabe haciendo que todos juntos reciten el poema o entonen la canción.

Lectura y escritura

Dirigida por el maestro o maestra
Pequeño o gran grupo

☐ *Introducción a los diarios*

Objetivo: Utilizar un diario para practicar la conversión de los pensamientos en palabras

Componentes fundamentales: Escribir, haciendo hincapié en:
Imaginación y originalidad
Expresividad
Descripción precisa y coherente
Explicar cómo se desarrollan las cosas
Juegos con palabras, como las rimas y las metáforas

Materiales: Un diario para cada niño
Instrumentos de escritura y dibujo
Adornos (opcionales)

Procedimientos:

1. Describa a los niños qué es el diario. Explíqueles que va a dar a cada uno un libro especial en el que puedan anotar y dibujar lo que quieran. Dígales que, a menudo, los adultos utilizan los diarios para reflexionar o pensar sobre los acontecimientos de su vida. Los niños pueden usarlos del mismo modo: para escribir sus pensamientos íntimos, poemas, historias, cosas que no quieran olvidar, lo que se les ocurra. También pueden utilizar sus diarios para hacer dibujos, aislados o acompañando las historias que escriban. Hable con los niños sobre los temas que puedan querer escribir o dibujar en el diario y haga una lista de sus ideas en un cartel o pizarra.

2. Distribuya los diarios junto con ceras o rotuladores y etiquetas u otros objetos que le parezcan convenientes. Sugiérales que los adornen con imágenes o dibujos para darles un carácter especial, así como para reconocerlos más fácilmente.

3. Diga a los niños cómo pueden hacer anotaciones en su diario. Para empezar, puede aconsejarles un ejercicio específico de calentamiento como éste: pídales que los abran y, en la primera página, garabateen o pintarrajeen lo que quieran. A continuación, dígales que miren con atención lo que han hecho y le pongan un nombre. ¿Ven alguna forma, un objeto conocido, como un árbol, un rostro o un animal? Circule por la clase, ayudando a los niños a poner nombre a su primera anotación.

4. Diga a los niños que tendrán en todo momento a su disposición los diarios para utilizarlos. De vez en cuando, haga que revisen las anotaciones anteriores. Coméntelas con cada niño o con toda la clase.

Notas para el maestro o maestra:

Anime a los niños a que utilicen sus diarios para su reflexión íntima, para expresar sus sentimientos, manifestar ideas cuando no haya nadie que las escuche o anotar acontecimientos que deseen recordar. Los niños pueden realizar esta actividad durante el tiempo libre, cuando estén esperando el turno para hacer algo o cuando terminen pronto un trabajo. También puede dejarles unos minutos cada día para escribir en el diario o utilizarlo de un modo más estructurado, dando a los niños temas específicos que deban desarrollar. En *The Creative Journal for Children: A Guide for Parents, Teachers and Counselors* (El diario creativo), Lucia CAPACCHIONE hace estas sugerencias (y muchas más): Dibuja y escribe sobre uno de tus sueños; describe a uno de tus héroes; supón que te conceden un deseo; dibuja un autorretrato y completa la oración: "Yo soy _____".

Lectura y escritura   **Dirigida por el maestro/a**
                                                                    Pequeño o gran grupo

☐ *El libro ¿Qué soy yo?*

Objetivo: Utilizar el libro ¿Qué soy yo? para practicar la escritura y la expresión
                                       personal

Componentes fundamentales: Escribir narraciones inventadas en lenguaje descriptivo, haciendo
                                       hincapié en:
                                           Imaginación y originalidad
                                           Denominación y descripción precisas
                                           Interés por explicar cómo funcionan las cosas

Materiales: Revistas
                                       Libro ¿Qué soy yo?
                                       Tijeras
                                       Pegamento o cinta adhesiva

Procedimientos:

1. Para preparar esta actividad, escoja dos fotografías o ilustraciones de revistas que desee utilizar
    como modelo para el libro ¿Qué soy yo? Las fotos pueden ser de algo que no pueda reconocer o
    que crea que supondrá un reto para los niños a la hora de identificarlo y describirlo (por ejemplo, ani-
    males, alimentos o máquinas poco habituales).

2. Enseñe a los niños el libro ¿Qué soy yo? Demuestre cómo pueden hacer sus anotaciones. Mire las
    revistas, explicando que busca imágenes de objetos cuyo nombre desconoce o de los que no conoz-
    ca muy bien su utilidad.

3. Recorte y pegue una ilustración en el libro ¿Qué soy yo? Levante el libro de manera que los niños
    puedan verla y pregunte: "¿Qué soy yo?" (o: "¿Qué os parece que es esto? ¿Para qué creéis que sir-
    ve?"). Escriba las ideas de los niños en la página opuesta y muestre sus comentarios.

4. Repita la búsqueda de imágenes, recortando, pegando e identificando otra distinta. Haga algunas
    sugerencias imaginativas sobre lo que pueda ser, como: "¡Esto es una pizza marciana!" Después,
    deje que los niños revisen las revistas y recorten sus propios objetos misteriosos.

5. Pase el libro ¿Qué soy yo? por la clase y ayude a los niños a pegar sus imágenes en él, dejando
    espacio para los comentarios. Diga a los niños que ellos también pueden escribir sus opiniones
    sobre los objetos misteriosos propios y de los demás. Pasee por la clase mientras continúa el diálo-
    go. Deje el libro a disposición de los alumnos para que lo utilicen durante el curso.

Lectura y escritura

☐ *El buzón de la clase*

Objetivo:
Desarrollar las destrezas de comunicación escribiendo y enviando cartas a los compañeros

Componentes fundamentales:
Escribir, haciendo hincapié en:
Imaginación y originalidad
Uso de los juegos de palabras o la poesía

Materiales:
El buzón de la clase
Materiales de escritura (papel, rotuladores, lápices)
Elementos decorativos (sellos de caucho, etiquetas adhesivas)
Revistas
Tijeras
Pegamento o cinta adhesiva

Procedimientos:

1. Diga a los niños que está preparando un buzón de clase para que puedan enviarse cartas entre ellos y a usted. Pueden adornarlo de manera que parezca el de correos.

2. Empareje a los niños y haga que cada uno prepare una "carta" para el compañero (o deje que saquen los nombres de un sombrero). Subraye que la carta puede hacerse con dibujos, palabras, ilustraciones de revistas o sellos de caucho. Participe en la actividad, bien escribiendo una carta a un niño que se haya quedado sin pareja, bien a toda la clase.

3. Pasee por la clase y ayude a los niños a doblar sus cartas, escribir el remite en el exterior de la misma y echarlas en el buzón de la clase.

4. Seleccione a los carteros. Ayúdeles a repartirlas. Los niños disfrutarán mucho leyendo su correo, sobre todo si no lo han visto antes.

5. Deje el buzón en el aula, de manera que los niños puedan enviarse cartas en cualquier momento.

Variaciones:

1. Haga que el grupo redacte una carta. Deje que los niños escriban o dibujen sus propias versiones y las envíen a sus compañeros. Entre los posibles temas están los anuncios de clase, las felicitaciones de cumpleaños y las celebraciones de fiestas (cerciórese de presentar fiestas pertenecientes a distintas culturas).

2. Cuando los niños se sientan más cómodos escribiendo cartas, anímelos a que trabajen sobre temas concretos propios de ellos (haberse repuesto de una enfermedad, el cumpleaños o tarjetas de vacaciones). Los niños pueden escribir a sus compañeros y echar las cartas en el buzón de clase o llevarlas a casa para los miembros de la familia. Puede aprovechar para animarles a que escriban las palabras a su manera, pidiendo después a un adulto que "corrija" su trabajo.

3. En distintos momentos del curso, sugiera a los niños que escriban una carta, como grupo o de forma independiente, a una persona ajena a la clase, por ejemplo:

   • a un niño de otro país,
   • a un amigo enfermo,
   • para dar las gracias a un visitante de la clase,
   • para invitar a alguien a venir a la clase,
   • a los héroes de moda o a los personajes favoritos de la televisión,
   • al presidente, acerca de alguna cuestión importante.

Lectura y escritura

☐ *"Una casa es una casa para..."*

Objetivo:	Practicar la escritura de forma descriptiva e imaginativa
Componentes fundamentales:	Escribir narraciones inventadas, haciendo hincapié en: Imaginación y originalidad Descripción elaborada Invención de palabras
Materiales:	Hojas de "Una _____ es una casa para _____" Materiales de escritura y de dibujo

Procedimientos:

1. Si dispone del libro: *A House is a House for Me*, de Mary Ann HOBERMAN léaselo a los niños. Hable de distintas clases de casas para diferentes tipos de criaturas. Dé a cada niño una hoja de papel para dibujar, con las palabras: "Una _____ es una casa para _____", escritas en su extremo inferior.

2. Explique a los niños que deben utilizar su imaginación para rellenar los espacios en blanco. Ponga ejemplos: "Supongamos que completo el primer espacio en blanco con la palabra *casa*: Una casa es una casa para...". Espere las respuestas de los niños. "Bien. Una casa es una casa para las personas. En este espacio dibujaría una casa y, quizá, una persona o una familia en la ventana o cerca de la casa". Estimule a los niños para que pongan otros ejemplos y formas de completar el dibujo.

3. Por último, sugiera una criatura sin sentido. "Lo que me parece más divertido de esta actividad es que puedo crear un animal y su casa. Supongamos que relleno el espacio en blanco con la palabra *plof*. Una [*espacio en blanco*] es una casa para un plof. ¿Sabéis lo que es un plof? Es mi animal imaginario. Y voy a deciros que mi plof vive en un... ¡chespón! Por tanto, en este espacio voy a dibujar un plof, que es un bicho enorme, en su chespón, su casa hecha con retazos de hierba y soportes pegajosos".

4. Anime a los niños a que completen sus hojas, utilizando personas o animales reales o imaginarios. Pasee por la clase para ayudarles a iniciar su trabajo. Más tarde, puede recoger los dibujos terminados y guardarlos en un libro, dando oportunidad a cada alumno para que lo lleve a su casa.

Variaciones:

1. Amplíe la actividad reemplazando *casa* por otras cosas. Por ejemplo:

   Un _____ es comida para _____.
   _____ es un vestido para _____.

2. Haga hojas de escritura creativa con diversas oraciones para que los niños las completen. Puede centrar las oraciones en torno a un tema, como las cosas preferidas, los viajes, los miembros de la familia, las aficiones o los animales de compañía.

Actividad para casa n.º 1

☐ *Haz tu propio libro*

Objetivos: Haga un libro de imágenes, complételo con dibujos y leyendas origi-
                                    nales

Materiales: Cinco o más hojas blancas de papel
                                    Cinta adhesiva o grapadora
                                    Ceras o rotuladores
                                    Bolígrafo o lápiz

Notas para padres y madres:

El hecho de ver su trabajo impreso puede ser muy emocionante. Esta actividad ofrece a su hijo la oportunidad de publicar un relato y comprobar que puede ser autor igual que muchas personas adultas lo son.
También le dará ocasión a usted de ver cómo organiza y cuenta su hijo una historia. Una vez terminado, el
libro puede incluirse en una biblioteca de libros caseros que su hijo comparta con sus amigos o hermanos.
También puede ir a la escuela.

Procedimientos:

1. Dé a su hijo 5 hojas de papel, por lo menos, y ayúdele a unirlas con cinta adhesiva o grapas para
   formar un libro.

2. Pídale que piense en un tema para crear una historia. Si no sabe qué hacer, recuérdele sus relatos
   o acontecimientos preferidos. Después, dígale que cuente la historia ilustrando las páginas del libro
   con ceras o rotuladores.

3. Cuando su hijo haya acabado, dígale que le explique a qué se refiere cada dibujo. Cuando cuente la
   historia, escriba las leyendas —una o dos por página— debajo de las ilustraciones. Si puede, utilice
   sólo las palabras del niño.

4. Cuando todos los dibujos tengan su leyenda, léale la historia, dejándole que le corrija, si es preciso.

5. Haga que su hijo lo titule y diseñe una portada. Usted puede ayudarle a buscar ideas preguntándo-
   le: "¿Cuál puede ser un buen título para esta historia? ¿Qué ilustración convendría que apareciese
   en la portada para que la gente deseara leerlo?"

Puesta en común:

Haga que su hijo "lea" el libro a las personas de la familia o a los amigos o, si él quiere, llévelo al colegio. No es preciso que las palabras que su hijo lea en voz alta sean las exactas que aparezcan en la portada. Lo importante de esta actividad es la idea de organizar una historia.

Actividad para casa n.º 2

☐ *Rimas de color*

Objetivos: Utilice nombres de colores para aprender acerca de la rima

Materiales: Papel
                                        Lápiz
                                        Bolígrafos, rotuladores o ceras de colores

Notas para padres y madres:

A los niños les gusta jugar con las palabras y, a veces, las inventan. Esta actividad les estimula a que escuchen con atención su sonido, un paso importante para disfrutar de los poemas y crearlos. Utilice vocablos conocidos —los nombres de los colores— que su hijo podrá leer. Las rimas de color le permiten emplear el humor y aprender palabras nuevas al mismo tiempo.

Procedimientos:

1. Pida a su hijo que diga el nombre de cinco colores. Escriba las palabras en una hoja, utilizando los colores correspondientes, si le parece (ciertos colores, como púrpura y naranja, pueden ser difíciles de rimar; pruebe comenzando con los más asequibles, como rojo, azul y verde).

2. Escoja un color fácil de rimar y dígale a su hijo: "Dime tantas palabras como recuerdes que rimen con el color _____". Escriba las palabras que le diga. Si se queda atascado, coja otro color (como el negro) y encuentre vocablos que rimen (perro, cerro, becerro, cencerro, etcétera). Está muy bien que su hijo invente palabras. Pregúntele su significado.

3. Vuelva a leer las listas y pregunte: "¿Puedes juntar algunas palabras de éstas? ¿Qué te parece "cerrojo rojo"? ¿Puedes incluirlas en una oración?" Escriba las oraciones de su hijo, de manera que después puedan "leerlas" los dos. Repita el ejercicio con el color siguiente.

4. Si quiere plantearle un problema algo más difícil, compruebe cuántas palabras rimadas puede incluir en una oración. Por ejemplo: "A Manolo se le puso rojo el ojo cuando tuvo el antojo de echar el cerrojo". También puede reunir las rimas en un poema como éste:

> El bueno de Manolo
> Tuvo un antojo:
> Echó el cerrojo,
> De la cerradura el ojo
> Le puso el suyo rojo.

Puesta en común:

Los colores, los nombres de colores y las rimas se adaptan muy bien a las tareas escolares de su hijo. Pregúntele si le gustaría llevar al colegio algunas rimas de colores.

Recursos y bibliografía

Las actividades de las páginas anteriores son sólo una introducción a la enseñanza del lenguaje. Para ayudarle a Vd. a realizar futuras exploraciones, le ofrecemos un breve listado de recursos que han resultado muy interesantes para nosotros y nuestros colegas. Lo que intentamos es ofrecer inspiración más que una revisión de la bibliografía. Las obras usadas para la elaboración de este libro están marcadas con asterisco*.

* BROWN, T. M. y LAMINACK, L. L. (1989). "Let's talk a poem". *Young Chiklren, 9,* págs. 49-52.
* CAPACCHIONE, L. (1989). *The creative journal for children: A guide for parents, teachers, and counselor.* Boston: Shambhala. (Trad. cast.: *El niño reiventa la aritmética.* Madrid. Visor, 1994, 2.ª ed.)
  CAZDEN, C.(Ed.) (1981). *Languaje in early childhood education.* Washington, DC: National Asocciation for the Education of Young Children.
  COLE, J. (Ed.) (1994). *A new treasury of children's poetry.* Nueva York: Doubleday.
* DEVRIES, R., y KOHLBERG, L. (1987). *Constructivist early education: Overview and comparison with other programs.* Washington, DC: National Association for the Education of Young Children.
  FOX, M. (1984). *Teaching drama to young children.* Portsmouth, NH: Heineman.
  GRAVES, D. (1992). *Explore poetry.* Portsmouth, NH: Heineman.
  HARPER, B. (Ed.) (1993). *Bringing children to literacy: Classrooms that works.* Norwood, MA: Christopher-Gordon.
  HEARD, G. (1989). *For the good of the earth and sun.* Portsmouth, NH: Heineman.
  HEINIG, R. (1992). *Improvisation with favorite tales: Integrating drama into the reading and writing classroom.* Portsmouth, NH: Heineman.
* HOHMANN, M., BANET, B., y WEIKERT, D. (1979). *Young children in action.* Ypsilanti, MI: High/Scope Press. (Trad. cast.: *Niños pequeños en acción: manual para educadoras.* México. Trillas, 1988, 2.ª ed.)
  HOLDAWAY, D. (1979). *The foundations of literacy.* Nueva York: Ashton Scholastic.
* HOPKINS, L. (1987). *Pass the poetry please!* Nueva York: Harper & Row.
  KOCH, K. (1970). *Wishes, lies, and dreams.* Nueva York: Chelsea House.
  MAEHR, J. (1991). *High/Scope K-3 curriculum series: Language and literacy.* Ypsilanti, MI: High/Scope Press.
  MALLAN, K. (1992). *Children as storytellers.* Portsmouth, NH: Heineman.
  McCLURE, A., con HARRISON, P., y REED, S. (1990). *Sunrises and songs: Reading and writing in an elementary classroom.* Portsmouth, NH: Heineman.
* PALEY, V. G. (1981). *Wally's stories.* Cambridge, MA: Harvard University Press.
* PANGRAZI, R., y DAUER, V. (1981). *Movement in early childhood and primary education.* Minneapolis, MN: Burgess.
  RAINES, S. C. y CANADY, R. J. (1989). *Story s-t-r-e-t-c-h-e-r-s: Activities to expand children's favorite books.* Mount Rainier, MD: Gryphon House.
  SCHICKEDANZ, J. (1986). *More than the ABCs: The early stages of reading and writing.* Washington, DC: National Association for the Education of Young Children.
* SLOAN, G. D. (1984). *The child as critic: Teaching literature in elementary and middle school* (2.ª ed.). Nueva York: Teachers College Press.
  STRICKLAND, D. y MORROW, L. (1989). *Emerging literacy: Young children learn to read and write.* Neward, DE: International Reading Association.

ACTIVIDADES DE ARTES VISUALES

Por Roger Dempsey

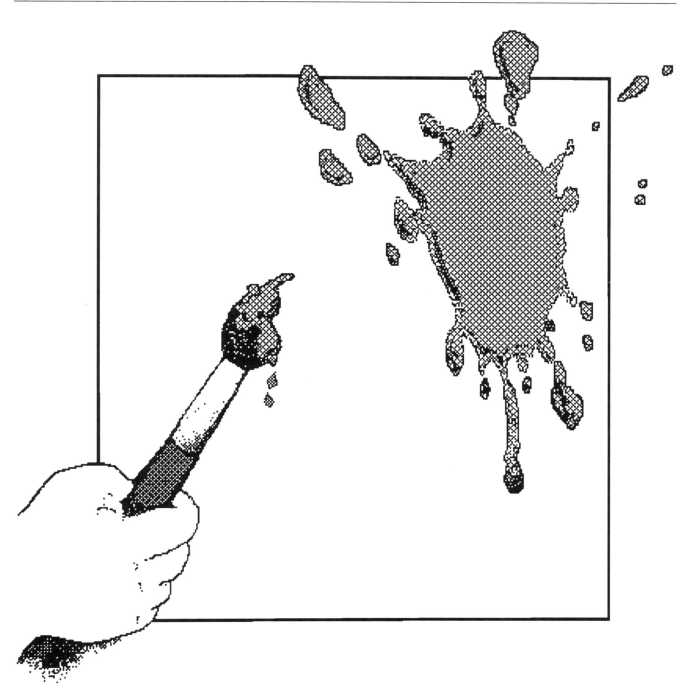

Índice de la guía

Introducción

Actividades de artes visuales

Actividades para casa

Recursos y bibliografía

Visión general de las actividades de artes visuales

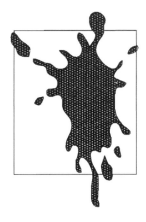

El artista ve el mundo con ojos expertos, sensibles a los matices de línea, color, textura, composición. Esta guía está pensada para ayudar a los niños a que empiecen a desarrollar las capacidades de observación y creación del artista. Las actividades que se incluyen en el primer epígrafe, *Percepción Artística,* pretenden ayudarles a convertirse en observadores más sensibles del mundo visual y de la obra de los artistas.

El segundo apartado de esta Guía, *Producción Artística,* ofrece diversas actividades para ayudar a los niños a utilizar su conocimiento progresivo de las pautas, el color y demás características visuales para crear su propia obra. Las actividades les ayudan a desarrollar las destrezas que necesitan para trasladar sus ideas a una forma física con la sensación de haberlo hecho satisfactoriamente: capacidad de representación; arte o imaginación, y una disposición a explorar y arriesgarse. Por regla general, estas categorías comienzan con dos o tres actividades "secas y ordenadas", en las que se utilizan pocos líquidos, seguidas por actividades "húmedas y desordenadas". No obstante, esta sucesión puede adaptarse con facilidad para satisfacer sus propios intereses y necesidades, así como las de sus alumnos.

Además de participar en actividades estructuradas, los niños necesitan ocasiones para experimentar con materiales artísticos a su aire y a su propio ritmo. Este tipo de juego libre les ofrece la oportunidad de expresarse a sí mismos, un sentido de la diversidad de efectos que pueden lograrse con distintos medios y la oportunidad de desarrollar la experiencia y las destrezas necesarias para manipular con facilidad los materiales y las herramientas de expresión artística.

Los materiales pueden quedar a disposición de los niños en la zona o centro de aprendizaje de expresión artística, después de que Vd. les haya explicado o mostrado algunas técnicas básicas, como enjugar el pincel en una esponja para eliminar el exceso de agua, el modo de mezclar colores, cómo aclarar un pincel para no ensuciar otros colores y cómo unir dos piezas de arcilla humedeciendo y raspando, una contra otra, las superficies que quieran unirse. Cuando dominen estas técnicas básicas, los niños estarán mejor preparados para representar sus ideas de manera satisfactoria y creativa.

Puede Vd. ampliar la experiencia sensorial de los niños ofreciéndoles la máxima variedad posible de materiales. Ayúdeles a descubrir la diferencia entre trabajar con pinturas de témpera y acuarelas, entre hacerlo sobre una superficie plana y en un caballete, y entre pintar con un pincel o con los dedos. La pintura con los dedos es muy buena, pues no sólo les estimula para que utilicen sus músculos grandes y pequeños para estudiar líneas y formas, sino que les ayuda también a relajar la tensión emocional.

También puede enseñarles a utilizar materiales conocidos con técnicas nuevas. Pueden usar el pegamento para dibujar un cuadro, sosteniendo el tubo como si fuese un lápiz. Pueden esparcir arena, sal, polvillo brillante o partículas de tiza sobre su dibujo recubierto de cola. Anímelos a que experimenten distintas formas de utilizar la tiza: raspándola sobre arena para lograr distintos colores; metiendo la punta en una mezcla de azúcar y agua o leche para producir un efecto parecido al de la pintura, o utilizando simplemente el extremo ancho, en vez del acabado en punta, para aplicar una mano de color.

Cerciórese de facilitar a los niños unos materiales con los que puedan trabajar tanto en tres como en dos dimensiones. La construcción con bloques es un buen modo de empezar; los niños deben pensar tanto en el equilibrio como en la composición. Anímelos a que den vueltas alrededor de cualquier estructura que construyan para verla desde distintos ángulos. También puede hacer que un grupo de niños forme una circunferencia en torno a la estructura y digan qué aspecto tiene desde distintos puntos de vista. A continuación, pueden crear esculturas amontonando o pegando diversas cajas, tubos, paja, cestos de granos y otros elementos reciclables. También pueden clavar desatascadores de pipa, chapas de botellas, clips y otros objetos similares en una bola de arcilla o en una pieza de poliestireno expandido. Anime a los niños a que construyan cosas, tanto del mundo real como de su imaginación.

En las aulas de Spectrum, recogíamos trabajos de expresión artística durante el curso y los revisábamos periódicamente, con el fin de que tanto el niño como el maestro observaran el desarrollo artístico a través del tiempo y cualesquiera preferencias destacadas de materias o medios. Si Vd. quiere probar esta propuesta, enseñe a los niños a hacer y adornar sus carpetas al principio del curso (véase Construir una carpeta de expresión artística, pág. 247), utilizándolas para conservar los trabajos.

Dado que la mayoría de los niños comienza a dibujar y garabatear en cuanto tiene a mano una cera, llegan ya a la escuela con un conjunto de experiencias y de opiniones sobre el arte. Una forma de presentar el área artística consiste en hablar de estas experiencias.

Por ejemplo, pida a los niños que comenten los tipos de trabajos artísticos que hayan realizado antes, sus medios o herramientas de arte favoritos y cualquier otra idea que tengan sobre el arte. Pregúnteles también si han ido alguna vez a un museo de bellas artes, qué piensan sobre el museo y qué les ha impresionado más.

Si es posible, invite a ir a la clase al especialista en expresión artística de la escuela o a artistas locales, que pueden enseñar obras suyas, incluyendo algunas no terminadas y bocetos. También pueden comentar a los niños cómo iniciaron su dedicación al arte, cómo se formaron y cómo se desarrollaron su estilo y sus intereses, mostrando, quizá, sus obras de la infancia. Las historias personales ayudan a los niños a comprender que, en la creación artística, el proceso puede ser tan importante como el producto, así como que el arte es, a la vez, diversión y trabajo duro.

Puede Vd. también enseñar a los niños algunos materiales que tenga a mano para actividades artísticas, como pinceles, papeles de distintas texturas y colores y objetos reciclados. Pregúnteles cuáles son sus ideas sobre el uso de objetos reciclados. Escríbalas y diga a los niños que podrán ponerlas a prueba más tarde.

A continuación, puede presentar la carpeta de expresión artística. Explique que servirá para que los niños coleccionen muestras de sus trabajos, de manera que puedan comparar el que realicen ahora con el que hagan durante los cinco meses siguientes. Se asombrarán ante los progresos conseguidos. Diga a los niños que, si lo desean, pueden llevar a casa su carpeta para enseñársela a sus padres o hacer una exposición de arte de la clase al final del curso.

▢■ *Descripción de las capacidades clave*

Artes visuales: Percepción

- Es consciente de los elementos visuales del ambiente y de las obras de arte (p. ej., color, líneas, formas, pautas, detalles).
- Es sensible a los distintos estilos artísticos (p. ej., puede distinguir el arte abstracto del realismo, el impresionismo, etc.).

Artes visuales: Producción

Representación
- Es capaz de representar con exactitud el mundo visual en dos o tres dimensiones.
- Puede crear símbolos reconocibles de objetos comunes (p. ej., personas, vegetación, casas, animales) y coordinar espacialmente los elementos en un todo unificado.
- Utiliza proporciones realistas, características detalladas y escoge el color deliberadamente.

Arte
- Es capaz de utilizar diversos elementos de arte (p. ej., línea, color, forma) para reflejar emociones, producir determinados efectos y adornar dibujos u obras tridimensionales.
- Transmite estados de ánimo mediante la representación literal (p. ej., un sol sonriente, un rostro lloroso) y características abstractas (p. ej., colores oscuros o líneas inclinadas para expresar tristeza); produce dibujos o esculturas que parecen "vivas", "tristes" o "poderosas".
- Manifiesta interés por la decoración y el ornato.
- Produce dibujos llenos de color, equilibrados, rítmicos o que reúnen todas esas características.

Exploración
- Es flexible e inventivo al utilizar materiales de arte (p. ej., experimenta con la pintura, la tiza, la arcilla).
- Utiliza líneas y contornos para generar formas muy diversas (p. ej., abiertas y cerradas, explosivas y controladas) en obras bi y tridimensionales.
- Es capaz de realizar un conjunto de materias o temas (p. ej., personas, animales, edificios, paisajes).

□ *La búsqueda de la forma*

Objetivo:	Identificar formas concretas utilizadas en arte
Componentes fundamentales:	Percepción artística Conciencia de la forma como elemento de diseño
Materiales:	Papel fuerte negro, gris o blanco Reproducciones artísticas (libros, postales o carteles)

Procedimientos:

1. Proporcione a los niños pliegos de papel fuerte de color negro, gris o blanco y anímelos a que recorten diversas formas, como círculos, óvalos, rectángulos, triángulos y semicírculos.

2. Levante las figuras recortadas y pida a los niños que las identifiquen. Haga que busquen ejemplos de estas figuras geométricas en el aula o que, cerrando los ojos, traten de pensar en objetos de la clase que tengan la misma forma.

3. Dé a los niños dos o tres figuras y pídales que encuentren otras semejantes en reproducciones de pinturas, esculturas y otras obras.

4. Anímeles a que busquen figuras en las pinturas y las distintas maneras utilizadas por los artistas para crear formas geométricas. Hágales preguntas como éstas: ¿Qué formas ves en la obra del artista? ¿Los artistas agrupan los elementos en sus pinturas para crear formas? (Por ejemplo, agrupan a personas, árboles u otros objetos para formar un triángulo.) ¿Cómo utiliza el artista la misma forma para configurar distintos objetos?

5. Facilite a los niños materiales de pintura a la témpera. Deje que exploren el modo de utilizar formas distintas en sus propios trabajos artísticos.

Variaciones:

1. Pida a los niños que utilicen sus cuerpos para hacer distintas formas. Por ejemplo, pueden usar los dedos, la boca, los brazos y todo el cuerpo para hacer una circunferencia. Dígales que escojan a un compañero y formen con él una circunferencia. Haga que toda la clase forme un círculo gigante, otro pequeño y otro mediano. ¿Qué pueden hacer para transformar las circunferencias en un triángulo o en un cuadrado?

2. Entregue a cada niño un tubo central de papel de cocina o higiénico; papel coloreado, transparente, y un anillo de goma. Cubriendo un extremo del tubo con el papel y fijándolo con el anillo de goma, los niños pueden hacer un telescopio de juguete y pueden mirar la clase a su través. Pregúnteles por las formas y colores de las cosas que vean.

Percepción artística

☐ *Roce de texturas*

Objetivo:	Analizar las texturas mediante el estudio de las mismas y el roce de la cera
Componentes fundamentales:	Percepción artística Sensibilidad a la textura
Materiales:	Ceras grandes a los que se haya retirado el papel del envoltorio Papel de periódico, papel de dibujo fino o papel de seda Cartulina Cinta adhesiva Bolsa de artículos con diferentes texturas, como:

Tela metálica   Hojas
Papel de lija   Envoltura plástica de burbujas
Velcro

Procedimientos:

1. Prepare un muestrario pegando y etiquetando muestras de artículos con diferentes texturas en un pliego de cartulina. Enseñe el muestrario a los niños y pida que cada uno escoja e identifique un artículo.

2. Hágales buscar en la bolsa, sin mirar y al tacto, el mismo artículo que hayan elegido en el muestrario. Cuando lo encuentren, dígales que lo pongan en la mesa y examinen su textura, utilizando ojos y manos.

3. Enseñe a los niños cómo raspar las texturas, colocando un pliego de papel sobre el artículo elegido según su textura, raspándolo varias veces con el lado largo de una cera sin envoltura. Si mantienen la presión por igual, el resultado del raspado se verá mejor y deben raspar una zona lo más grande posible. A veces, viene bien pegar con cinta adhesiva los artículos elegidos a la mesa.

4. Pida a los niños que comparen el resultado del raspado con el artículo de que se trate. Recoja todos los raspados efectuados y pida a los niños que los emparejen con los artículos correspondientes.

Variaciones:

1. Haga que los niños recorten los raspados de texturas obtenidos y los peguen en un pliego de papel para hacer un *collage* individual o de grupo. También pueden hacer folletos (cortando por la mitad papel de seda, amontonando ordenadamente varias hojas, doblando el montón por la mitad y grapando el lomo del cuadernillo) y pegar en las páginas los raspados conseguidos.

2. Anime a los niños a que traigan de casa artículos con diferentes texturas. La clase puede hacer su propia bolsa de estos objetos y su muestrario, y repetir la actividad con distintos artículos.

3. Pida a los niños que coleccionen artículos con distintas texturas en algún paseo por la naturaleza o durante el tiempo de juego al aire libre. Pueden ordenar los objetos según sus propias categorías, crear después bolsas de objetos y muestrarios con temas como "Texturas naturales" o "Texturas artificiales".

4. Observe con los niños reproducciones de distintos dibujos y pinturas y comente con ellos el uso de las texturas. Puede hacerles las preguntas siguientes:

   - ¿Qué texturas diferentes encuentras en estas pinturas?
   - ¿Cómo utiliza el artista las líneas para mostrarlas?
   - ¿Puedes utilizar un lápiz y un papel para mostrar qué sensación daría una línea si fuese lisa y continua, desigual, tosca, quebrada, cambiante, angulosa, algo desigual o muy desigual?

Percepción artística

Dirigida por el maestro/a
Pequeño o gran grupo

☐ *Aprendizaje sensorial*

Objetivo: Estudiar la idea de que la utilización de los sentidos te ayuda a comprender mejor los objetos

Componentes fundamentales: Conciencia de las diferentes características de los objetos

Materiales: Objetos que puedan mirarse, tocarse, oírse, olerse o gustarse

Procedimientos:

1. Presente los objetos y pida a los niños que los ordenen y digan al grupo qué aspectos han utilizado para clasificarlos.

2. Acepte la forma de ordenar de los niños. Si no se ha utilizado nuestra manera de sentir los objetos, dígales que Vd. tiene otro conjunto de clasificaciones: nuestros cinco sentidos: tacto, oído, vista, olfato y gusto.

3. Pregunte a los niños cómo pueden ayudarnos nuestros sentidos a conocer o comprender mejor un objeto. Explique que, cuanto más sepamos de las cosas que dibujemos o esculpamos, mejor podremos realizar la pintura o escultura. Por ejemplo, dibujaremos mejor una manzana si podemos verla, sentirla, olerla y saborearla. Si es posible, muestre obras de arte que ilustren este aspecto (p. ej., obras de Henri MATISSE, John James AUDUBON, Georgia O'KEEFFE).

4. Pida a los niños que dibujen una manzana sin un modelo. A continuación, déjeles que miren, toquen, huelan y saboreen una manzana; después, anímeles a que la dibujen de nuevo. Haga que los niños comenten las diferencias que vieron y sintieron cuando realizaron el segundo trabajo.

Variaciones:

Pueden utilizarse muchos lugares y objetos diferentes para producir un tipo de experiencia de "antes y después". Los niños comienzan dibujando; después, "experimentan" el objeto a través de los sentidos; posteriormente, dibujan de nuevo. Por ejemplo, pueden probar un pimiento picante y descubrir cuánto pica o tocar un timbre y comprender cómo funciona.

☐ *Exposición de fotos en blanco y negro*

Objetivo:	Aumentar la sensibilidad hacia las representaciones en blanco y negro
Componentes fundamentales:	Sensibilidad hacia los estilos artísticos Sensibilidad hacia las formas, sombras, líneas y otros aspectos de las fotografías en blanco y negro
Materiales:	Revistas (preferiblemente de fotografía o de arte, con fotos en blanco y negro) Tijeras Cartulina negra o gran pliego de papel negro Papel blanco Bolígrafo negro Pegamento

Procedimientos:

1. Pida a los niños que miren las revistas y recorten las fotografías en blanco y negro que les gusten. Insista en que sólo las busquen en blanco y negro.

2. Estudie las fotos con los niños y explique que, cuando se inventó la fotografía, todas las fotos eran en blanco y negro; no las había en color. En la actualidad, todavía disfrutamos con la fotografía en blanco y negro por varias razones. Por ejemplo, es más probable que nuestros ojos se centren en las formas y las sombras de una fotografía cuando carece de colores. Con frecuencia, vemos las expresiones faciales de las personas con mayor claridad, y hay más espacio para la imaginación del espectador.

3. Deje que los niños hagan comentarios adicionales sobre los pros y los contras de las fotografías de color frente a las de blanco y negro.

4. Anímeles a trabajar en pequeños grupos para hacer una exposición de fotografías en blanco y negro. En primer lugar, cada grupo debe seleccionar cuatro o cinco fotografías relacionadas entre sí. Los niños pueden disponerlas sobre el papel de fondo e imaginar una historia que las vincule. Haga preguntas como éstas: "Si en vuestras fotos hay personas, ¿quiénes son? ¿Cómo han llegado a conocerse, si es que se conocen? ¿Qué pasa ahora? ¿Qué va a ocurrir a continuación? ¿Qué te han hecho sentir las fotografías?"

5. Dígales que utilicen papel blanco y un bolígrafo negro para escribir un pie corto para cada fotografía o una historia que explique la relación de una imagen con otra. Pegue las fotografías y los pies en el fondo negro. Ponga los carteles en la pared y organice una exposición.

Variaciones:

1. Para esta actividad, puede utilizar fotografías de verdad en vez de ilustraciones de revistas. La mayor parte de las tiendas de antigüedades tienen colecciones de fotografías antiguas en blanco y negro. Los padres también pueden proporcionar algunas suyas o de sus padres o abuelos.

2. Si Vd. o alguno de los padres está dispuesto a dejar su cámara durante un día, puede enseñar a los niños a hacer sus propias fotografías. Los niños pueden hacerlas de los objetos de la clase primero con película de blanco y negro y después de color. Más tarde, pídales que examinen las realizadas en blanco y negro y adivinen de qué color serán los distintos objetos, basándose en las tonalidades que presentan. Por ejemplo, un color oscuro parecerá negro. Después, diga a los niños que comparen las fotografías en blanco y negro con las realizadas en color de los mismos objetos. ¿En qué se parecen y en qué se diferencian las dos? ¿Y en relación con el objeto real?

Percepción artística

Dirigida por el maestro/a
Pequeño o gran grupo

☐ *Mirar de cerca la naturaleza*

Objetivo:	Estudiar las diferencias en el aspecto de los objetos cuando se miran de cerca y cuando se observan a distancia
Componentes fundamentales:	Percepción artística Atención a los detalles Sensibilidad hacia los distintos estilos artísticos
Materiales:	Reproducciones de pinturas de Georgia O'KEEFFE Artículos naturales (flores, hojas) Lupa Tarjetón Pintura y pinceles, rotuladores o lápices de colores

Procedimientos:

1. Muestre a los alumnos una reproducción de una pintura de O'KEEFFE (mejor si es una de sus flores ampliadas). Observe si sus alumnos pueden describir lo que representa.

2. Comente el estilo pictórico de O'KEEFFE. Pregunte a los niños cuál creen que sea la finalidad de ampliar un objeto o parte de él en una pintura.

3. Divida la clase en pequeños grupos y entregue a cada grupo una hoja, una flor u otro artículo natural (si tiene objetos naturales suficientes, ofrezca uno a cada niño). Pídales que dibujen o pinten su objeto natural.

4. Diga a los alumnos que hagan una representación de sólo una parte del objeto natural, como el pétalo de una flor. Los niños pueden utilizar la "ventana" de un tarjetón que les ayude a delimitar la porción que vayan a dibujar (una "ventana" es el hueco recortado en el tarjetón del tamaño deseado, como si fuese el marco de un cuadro).

5. Haga que los niños miren su objeto natural con una lupa. Dígales que observen minuciosamente la parte que acaban de dibujar, para pintarla a continuación por segunda vez, basándose en la visión ampliada.

6. Anímeles a que dibujen otra vez todo el objeto y comparen sus cuatro dibujos o pinturas. Comente con ellos las diferencias que existan entre sus dos dibujos del objeto completo, así como entre los dos de una parte del mismo.

Notas para el maestro o maestra:

Como en las dos actividades siguientes, este ejercicio analiza las distintas formas de ver e interpretar los artistas el mundo visual y el modo en que las obras de arte nos presentan nuevas formas de pensar sobre los objetos que nos rodean a diario. Nosotros hemos utilizado reproducciones de pinturas de Georgia O'KEEFFE, pero confiamos en que usted seleccione las obras que le gusten de cualquier artista con las que le resulte cómodo trabajar.

Percepción artística   **Dirigida por el maestro/a**
                                                                     Pequeño grupo

☐ *Ordenar tarjetas de reproducciones artísticas*

Objetivo: Aumentar la conciencia de distintos estilos artísticos

Componentes fundamentales: Sensibilidad hacia los distintos estilos artísticos
                            Capacidad de reconocimiento de obras y artistas concretos

Materiales: Postales de pinturas de distintos artistas que representen un conjun-
                            to de estilos

Procedimientos:

1. Haga que los niños ordenen postales de cuadros según categorías que les parezcan significativas. Anímelos a que las clasifiquen de diversas maneras.

2. Comente con los alumnos las categorías que hayan seleccionado, como tema, forma, color, disposición, artista o estilo artístico. Si los niños necesitan sugerencias, indíqueles éstas u otras categorías.

3. Dígales que señalen los cuadros que prefieren y que den las razones de esa preferencia. Intercambien informaciones sobre los distintos artistas, los temas que pintaron con más frecuencia, sus cuadros más famosos y los estilos concretos que utilizaron.

Variaciones:

Ponga grabaciones de distintos estilos musicales y pida a los niños que seleccionen uno o dos cuadros que concuerden mejor con la música. Converse sobre las semejanzas y diferencias entre los cuadros que han seleccionado.

Notas para el maestro o maestra:

1. Cuando enseñe los cuadros a todos los grupos, quizá sea preferible que utilice diapositivas, en vez de postales, por su mayor precisión y tamaño.

2. Las postales de cuadros pueden guardarse en una caja o en otro lugar de fácil acceso, para que los niños puedan utilizarlas independientemente en otros momentos del día.

3. Las tiendas de arte y las de los museos suelen disponer de reproducciones artísticas en tamaños de postal y de cartel; también aparecen reproducciones de obras de arte de distintas culturas en calendarios y fichas de notas. Entre otros recursos, podemos citar: *Mommy, It's a Renoir!*, de Aline WOLF, un currículum de apreciación del arte que puede solicitarse al editor, junto con diversas colecciones de postales artísticas.

Percepción artística

Dirigida por el maestro/a
Gran grupo

☐ *Estudio del estilo y de la técnica*

Objetivo: Estudiar y experimentar con distintas técnicas artísticas

Componentes fundamentales: Percepción artística
Sensibilidad hacia los distintos estilos artísticos

Materiales: Reproducciones de obras de SEURAT, MONDRIAN, HOMER y otros artistas (véase la página anterior)

Procedimientos:

1. Enseñe a los niños reproducciones de obras de SEURAT, MONDRIAN y HOMER (u otros artistas que usted haya seleccionado). Pregunte si hay alguien que aprecie diferencias entre la forma de pintar de cada artista. Dialogue sobre ellas.

2. Comente las razones que inducen a los artistas a pintar siguiendo diversos estilos. Explique que, en el terreno del arte, no existe una forma única correcta de pintar, dibujar o representar el mundo. Cada artista lo ve de un modo personal e individual que comparte con el espectador. A algunos artistas les interesa más el color; a otros, el aspecto de los objetos desde distintos ángulos; a otros más, la creación de una respuesta emocional o la comunicación de una idea.

3. Hable con los niños sobre las distintas técnicas y estilos utilizados en las pinturas seleccionadas. Por ejemplo, introduzca el concepto del "puntillismo" a través de SEURAT (un buen ejemplo es *Tarde de domingo en la isla de La Grand Jatte*), del "cubismo" con MONDRIAN (*Composición en rojo, amarillo y azul*) y del "realismo americano" con HOMER (*Niños en una dehesa*) (véanse las "Notas para el maestro o maestra").

4. Enséñeles otras pinturas de los mismos artistas, pero déjeles que adivinen quién pintó cada cuadro.

5. Si realiza esta actividad en invierno o primavera, los alumnos habrán tenido oportunidad de coleccionar trabajos de arte en sus carpetas. Haga que revisen sus trabajos, intentando descubrir algo especial sobre sus propios estilos (como sus temas favoritos, sus colores preferidos o la utilización de ciertos detalles).

Nota para el maestro o maestra:

En esta actividad, se utilizan como ejemplos de determinados estilos artísticos a SEURAT, MONDRIAN y HOMER. Actúe con plena libertad si quiere escoger otras tendencias, épocas o artistas. Incluso, el especialista en arte de la escuela puede demostrar a los alumnos cómo se plasman los distintos estilos, por ejemplo, mostrando cómo puede formarse un rostro con puntos de distintos colores (puntillismo). Después, los niños pueden experimentar por su cuenta la técnica (o técnicas).

A continuación, se presentan unas definiciones de muestra:

- Puntillismo: Técnica pictórica caracterizada por la aplicación de pintura mediante puntos que se mezclan en un todo cuando se ven a distancia.
- Cubismo: Escuela pictórica y escultórica de principios del siglo XX en la que el motivo se plasma en formas geométricas, sin detalles realistas.
- Realismo americano: Técnica pictórica que intenta ser visualmente exacta.

Producción artística
Representación

☐ *Dibujar sin y con modelo*

Objetivo:	Comparar dibujos con y sin modelo
Componentes fundamentales:	Capacidad de representación
	Atención a los detalles
Materiales:	Caja de cartón con cajitas etiquetadas, cada una de las cuales contiene un objeto tridimensional (p. ej., una hoja, un clip, un lápiz)

Procedimientos:

1. Seleccione una cajita de la caja y lea lo que contiene. No la abra.

2. Pida a los niños que dibujen el objeto de memoria o imaginándoselo.

3. Dígales que pongan en la hoja su nombre, el del objeto y las palabras *de memoria*. Recoja los dibujos.

4. Abra la cajita y ponga el objeto que contenía en una mesa frente a los niños. Anímeles a que dediquen cierto tiempo a observarlo y estudiarlo. Fomente sus comentarios sobre su forma, color y textura.

5. Pida ahora a los niños que hagan otro dibujo del objeto. Coloque éste frente a ellos, de manera que puedan observarlo minuciosamente mientras lo dibujan. Anímelos a que realicen su dibujo con el mayor detalle posible en relación con el color, las líneas, la textura y la forma.

6. Pídales que pongan en la hoja el nombre del objeto y las palabras: *de observación* y que firmen con su nombre.

7. Devuelva a los niños los primeros dibujos y haga que comparen las dos versiones. Hágales preguntas como éstas:

   - ¿En qué te basaste cuando dibujaste una cosa sin mirarla?
   - ¿Ha mejorado el dibujo después de observar el objeto?
   - ¿Por qué?
   - ¿Solemos dibujar mejor y con más detalle después de dedicar cierto tiempo a observar con atención el objeto?

Notas para el maestro o maestra:

Procure escoger objetos que los niños conozcan relativamente bien y no sean demasiado difíciles de dibujar. En otros momentos, anímeles a representar otras cosas, de forma individual o en pequeños grupos. Sugiérales que dibujen primero el objeto sin un modelo, después con él y, por último, comparen ambos dibujos.

Producción artística
Representación

Dirigida por un niño/a
Pequeño o gran grupo

☐ *Mirar y dibujar*

Objetivo: Dibujar un objeto mirándole a él exclusivamente

Componentes fundamentales: Capacidad de representación
Composición
Atención a los detalles

Materiales: Papel de dibujo
Rotulador o lápiz
"Caja anteojera"

Procedimientos:

1. Presente la actividad pidiendo a los niños que piensen en la tarea anterior —"Dibujar sin y con modelo". Resalte la importancia de estudiar cuidadosamente las líneas y la forma de los objetos que se quieran dibujar.

2. Diga a los niños que, a veces, pueden hacerse una idea mejor de cómo dibujar algo mirando menos a su papel y más al objeto que deseen copiar. Pregúnteles si están de acuerdo y por qué sí o por qué no.

3. Deje que experimenten (esta técnica requiere práctica). Eleve un dibujo de una circunferencia, un cuadrado o un triángulo. Diga a los niños que representen el modelo sin mirar el papel ni sus manos.

4. Pídales que seleccionen un objeto del aula, de tamaño pequeño o mediano, que quieran dibujar. Póngalo frente a los niños o deje que ellos se sienten frente al objeto.

5. Dígales que estudien el objeto minuciosamente y que observen bien sus líneas y forma antes de empezar a dibujar. Dígales también que, mientras lo dibujan, mantengan su mirada en el objeto.

6. Indique a los niños que intenten poner el lápiz en el papel, hacer la primera línea y continuar con el dibujo entero sin separar siquiera el lápiz del papel. Es posible que algunos niños quieran utilizar la "caja anteojera" para evitar mirar su dibujo; de todos modos, si les resulta demasiado frustrante, no hace falta que la usen. La caja anteojera no es más que una caja cuadrada de unos 30 cm de lado, abierta por el fondo y el frente de manera que, colocada sobre el dibujo del niño, no le reste libertad de movimiento pero le impida ver sus manos y su trabajo.

7. Oriente las reflexiones de los niños sobre la actividad. Puede hablarles de por qué es importante conocer los detalles del objeto para el dibujo representativo; de cómo el dibujar sin mirar el papel puede ayudar a las personas a apreciar más detalles, y de cómo, a su vez, esto colabora con el artista para hacer un dibujo que se parezca más al objeto.

Nota para el maestro o maestra:

Estimule a los alumnos explicándoles que, al principio, puede resultar difícil dibujar un objeto sin mirar, pero, a medida que practiquen, les será cada vez más fácil. Es importante transmitir este mensaje desde el primer momento para que los niños no se dejen llevar por su sensación inicial de frustración.

Producción artística
Representación

Dirigida por el maestro/a
Pequeño o gran grupo

☐ *Dibujar desde distintos puntos de vista*

Objetivo: Concienciarse de que los objetos parecen diferentes desde distintas perspectivas

Componentes fundamentales: Capacidad de representación
Conciencia de las perspectivas diferentes

Materiales: Papel de dibujo
Ceras
Una caja de un color diferente por cada lado

Procedimientos:

1. Disponga los pupitres formando una circunferencia en torno a la caja multicolor, de manera que cada niño la vea desde un ángulo distinto.

2. Diga a los niños que hagan con sus ceras un dibujo de la caja, utilizando sólo los colores que vean desde el lugar en que se encuentre cada uno.

3. Cuando estén terminados todos los dibujos, expóngalos y compárelos. Haga a los niños unas preguntas como éstas:

   • ¿Qué colores ves desde donde estás sentado?
   • ¿Por qué es diferente tu pintura de las de los otros niños, tanto por su color como por su apariencia?
   • Cuando miras un dibujo concreto, ¿sabes dónde estaba sentado el niño que lo hizo?

Variaciones:

1. Puede preparar una introducción especial para esta actividad haciendo diversas fotografías de un mismo objeto desde distintos ángulos. Muéstrelas a los niños y señale cómo cambian la silueta, la forma y los colores dependiendo del ángulo.

2. Puede plantear una actividad más difícil si pide a los niños que escojan un objeto de la clase y lo dibujen desde distintas perspectivas.

Producción artística
Representación

Dirigida por el maestro/a
Pequeño o gran grupo

☐ *Hacer una maqueta de la clase*

Objetivo: Construir una maqueta de la clase a escala

Componentes fundamentales: Capacidad de representación en tres dimensiones
                                            Conciencia de las relaciones espaciales

Materiales: Cajitas   Rotuladores o ceras
                                            Cartón   Artículos reciclados
                                            Retales de tela   Tijeras
                                            Virutas de madera   Cinta adhesiva
                                            Pegamento
                                            Caja de cartón fuerte

Procedimientos:

1. Con un pequeño grupo de voluntarios, haga un plano de la clase. Oriente a los alumnos para que descubran las características clave del aula (puertas, ventanas, pupitres, pizarra, mesa del maestro, etcétera). Cuando lo hayan terminado, hágales describir a todo el grupo el trabajo realizado.

2. Corte la mitad superior de la caja de cartón fuerte para hacer la maqueta de la clase. Divida a los niños en varios grupos pequeños, dando a cada uno la responsabilidad de hacer ciertos objetos para colocar en su interior. Por ejemplo, un grupo puede adornar la caja (p. ej., recortar las puertas y las ventanas, pegar un fieltro en el lugar de las pizarras). Otro grupo puede hacer las mesas y las sillas (véase el dibujo de la pág. 209). Otro grupo puede hacer figuras recortando las fotos de los maestros y alumnos, pegándolas en sus correspondientes bloques de madera.

3. Haga una breve exposición sobre las maquetas a escala, explicando que, aunque sea mucho más pequeña que el original, sus características mantienen las mismas relaciones de tamaño entre ellas. Por ejemplo, la silla sigue siendo más pequeña que la mesa y la puerta sigue siendo más grande que la ventana. Si le parece que sus alumnos ya están preparados, describa el concepto de "proporción", relacionándolo con los objetos reales de la clase. Por ejemplo, si el armario mide 1,80 m de alto y el cajón de los rompecabezas mide 30 cm, la relación de 6 a 1 puede trasladarse a la maqueta utilizando una caja que sea 6 veces más alta que la otra.

4. Estimule a cada grupo para que dedique el tiempo necesario para planear la maqueta y desarrollar sus ideas. Dígales que tengan en cuenta qué materiales se adaptan mejor a las distintas características del aula. Trabaje con cada grupo para cerciorarse de que las proporciones sean las adecuadas y haga las indicaciones precisas.

5. Anime a cada grupo para que seleccione a un representante que sea quien coloque sus objetos en la maqueta.

Variaciones:

1. Haga que cada pequeño grupo realice su propia maqueta del aula.

2. Anime a cada alumno para que ejecute una versión a escala de su propio pupitre y de otro objeto de la clase.

3. Entregue a cada niño una etiqueta (o un trozo pequeño de papel de color). Dígale que la decore de manera que pueda identificarla y la esconda en algún lugar de la clase. A continuación, proporcione a cada niño un pliego de papel en el que se haya dibujado el plano de la clase. Pida a los niños que lo conviertan en un elemento que ayude a un compañero a encontrar la etiqueta escondida, mostrando el camino desde su pupitre hasta donde está la etiqueta. Por último, haga que el amigo utilice el plano para encontrarla. Esta variante puede utilizarse para introducir o complementar la construcción de la maqueta de la clase.

Producción artística
Arte

☐ *Construir una carpeta de expresión artística*

Objetivo: Hacer y decorar una gran carpeta para coleccionar trabajos originales de expresión artística

Componentes fundamentales: Interés por la decoración y el adorno
Uso de la imaginación
Reflexión

Materiales: Pliegos grandes de cartón
Cinta adhesiva
Tijeras
Rotuladores y ceras

Procedimientos:

1. Hable con los niños de las carpetas. ¿Por qué las utilizan los artistas? ¿Por qué van a querer conservar los niños sus trabajos? Invíteles a que hagan y adornen sus carpetas personales en las que puedan conservar sus pinturas y dibujos. Si lo desean, al final del curso, pueden exponer los trabajos coleccionados en una muestra de expresión artística de la clase.

2. Ayude a los niños a hacer las carpetas, uniendo dos grandes pliegos de cartón y pegándolos por tres bordes con cinta adhesiva. Deje abierto uno de los lados largos (la parte superior), para formar un gran sobre.

3. Los alumnos pueden escribir sus nombres con letras grandes en la portada de sus carpetas; ayúdeles si es preciso. Explique que pueden adornarlas con ceras y rotuladores como más les guste. Si necesitan ideas, puede decirles que dibujen su autorretrato, a su familia, su casa o su animal favorito, real o imaginario.

4. De vez en cuando, pida a los alumnos que reflexionen sobre los trabajos recogidos en sus carpetas. He aquí algunos temas para reflexionar:

   • ¿Cuál ha sido el trabajo de expresión artística que más les ha gustado y cuál el que menos? ¿Por qué les han gustado o no esos trabajos?
   • ¿Cuáles son las piezas de arte que más difieren entre sí? ¿Por qué son diferentes? ¿Tienen semejanzas?
   • ¿Cómo han cambiado sus trabajos de expresión artística con el tiempo?
   • ¿Qué han descubierto de sí mismos como artistas?

Producción artística
Arte

Dirigida por el maestro/a
Gran grupo

Mezclas de color en diferentes medios

Objetivo: Experimentar con las mezclas de colores

Componentes fundamentales: Sensibilidad al color

Materiales: Retroproyector
Transparencias o placa de vidrio transparente
Cuentagotas
Colores diversos

Procedimientos:

1. Haga que los niños experimenten mezclando colores durante sus actividades de pintura con los dedos. Explíqueles que todos los colores maravillosos que los rodean pueden hacerse mezclando los tres colores "primarios": rojo, amarillo y azul. Dígales que creen colores nuevos, como el naranja, el verde y el morado, mezclando dos colores primarios. Anímeles a que describan cómo han obtenido estos colores. Realice una lista con todos los colores que hayan combinado y los nuevos que han resultado de aquéllos.

2. Para enseñarles otra forma de mezclar colores, enfoque un retroproyector hacia una pantalla o una pared blanca. Coloque en el proyector una placa de vidrio transparente o una transparencia. Utilice un cuentagotas para mezclar gotas de colores en la placa. Empiece con una gota de tinta roja y añada otra amarilla. Ponga, además, una gota de agua, para hacer que los colores se entremezclen, girando uno alrededor del otro y combinándose de formas nuevas e interesantes o mueva con suavidad la placa.

3. Por turno, los niños pueden añadir colores con el cuentagotas. Entre mezclas sucesivas, puede quitar el color de la placa con una servilleta blanca de papel y mostrarla como una impresión artística.

4. Los niños pueden elaborar una tabla que muestre qué colores aparecen cuando se mezclan otros. Haga que la comparen con su lista de pinturas con los dedos. Repita los experimentos para verificar la información de la tabla.

Variaciones:

1. Ayude a los niños a que elaboren una tabla de colores para pinturas de témpera. Proporcione a cada uno una tacita vacía, otras dos con un color primario cada una, un pincel, un pliego de papel y un lápiz. Dígales que pinten barras de color desde el extremo izquierdo del papel hasta el derecho y escriban al lado de cada barra el nombre del color. Pídales que pongan cantidades iguales de cada pintura en la tercera tacita y las mezclen. ¿Qué colores *secundarios* obtiene cada niño? Haga que muestren los resultados en un esquema a toda la clase.

   A continuación, pídales que hagan colores *terciarios* mezclando sus dos colores primarios, aunque utilizando el doble de un color que del otro. Por ejemplo, pueden poner dos cucharadas de rojo y una de amarillo para obtener el color terciario rojo anaranjado, o añadir dos cucharadas de azul a una de amarillo para conseguir el terciario azul verdoso. Los niños pueden mostrar estas proporciones dibujando el número adecuado de cucharadas (o de tazas de medida) debajo de cada muestra de color que aparece en la tabla.

2. Ponga un recipiente transparente de plástico lleno de agua caliente al lado de una ventana o bajo un flexo y déjelo reposar. Los niños, solos o en pequeños grupos, pueden utilizar un cuentagotas para añadir colorante alimentario al agua, observando cómo las gotas de color descienden lentamente y se van mezclando con el agua. Es fácil limpiar los instrumentos utilizados y dejarlos preparados para el siguiente niño o grupo.

☐ Collage *de papel de seda*

Objetivo: Estudiar el uso del color para expresar sentimientos

Componentes fundamentales: Composición
Uso del color
Expresividad

Materiales: Papel de seda de diversos colores
Papel A-4
Cola (mezclada con agua)
Tijeras
Pinceles

Procedimientos:

1. Anime al grupo a que hable sobre los sentimientos y las emociones y cómo, a veces, éstas se relacionan con determinados colores. Puede mencionar que, en nuestra cultura, la palabra *azul* se utiliza, a veces, para describir un sentimiento de tristeza; tradicionalmente, la gente viste de negro en los funerales, y los colores brillantes suelen usarse en celebraciones alegres, como los cumpleaños.

2. Divida la clase en pequeños grupos y proporcione a cada uno una caja de papel de seda de colores. Dígales que seleccionen los colores que expresen mejor su estado de ánimo en ese momento.

3. Pídales que corten el papel en trozos de tamaños y formas muy diferentes. Invítelos a que experimenten con diseños distintos en el pupitre. Señale las figuras creadas por los niños en los espacios que se forman entre los trozos de papel.

4. Dígales que, cuando estén satisfechos con la figura lograda, humedezcan con la mezcla de cola y agua el papel de fondo y coloquen los trozos de papel de color sobre éste. Si es preciso, pueden extender con el pincel más cola sobre el papel de color para mantenerlo en su sitio.

5. Haga preguntas a los niños para que se fijen en cómo cambia el papel de color cuando está húmedo:

   • ¿Se hace más transparente este papel cuando está húmedo? ¿Cómo puedes descubrirlo?
   • ¿Qué ocurre cuando superpones papel de color amarillo sobre el papel de seda azul? ¿Se crea un color nuevo? ¿Qué pasa cuando se pone papel rojo sobre el azul? ¿Y si se superpone el amarillo sobre el rojo?
   • ¿Puedes utilizar estos colores nuevos para demostrar cómo te sientes?

6. Cuando los niños terminen su trabajo y sus *collages* estén secos, cuélguelos por las paredes del aula y haga unas preguntas como éstas:

   • ¿Qué sentimientos recuerda este *collage*? ¿Puedes decir cómo se sentía una persona al mirar su *collage*?
   • En este *collage*, ¿qué colores se crearon a partir de otros?
   • ¿La sensación que dan las líneas de esta ilustración es de mucho quehacer, paz, nervios, desorden, limpieza?

Variaciones:

Esta actividad puede modificarse para una educación multicultural. Explique que distintas culturas establecen diferentes asociaciones con los colores. Si en la clase hay alumnos de distintas culturas, dígales que pregunten a sus padres qué colores se utilizan en su cultura para representar la alegría, la tristeza, el miedo, la muerte, etcétera. También puede encargar a todos los niños que hagan una encuesta en casa, comparando después y haciendo un gráfico con los resultados. Guarde las tiras del papel de color; puede obtener un tinte determinado añadiéndoles unas gotas de agua.

Producción artística
Arte

☐ *Imprimamos tarjetas de felicitación*

Objetivo: Diseñar e imprimir tarjetas de felicitación para estudiar el diseño en la artesanía funcional

Componentes fundamentales: Sentido de la decoración y del diseño.
Composición.
Estudio del color

Materiales: Pintura de témpera
Rodillo para imprimir de 10 cm
Cuchillos para mantequilla como herramientas de escultura
Papel fuerte
Papel parafinado
Recortes de papel para imprimir pruebas
Sobres normales
Plantillas del tamaño de las tarjetas de felicitación (opcionales)

Procedimientos:

1. Hable con los niños sobre la tradición de enviar tarjetas de felicitación en determinadas ocasiones especiales. Puede hacerles preguntas de este tipo: ¿Cuándo se intercambian estas tarjetas? ¿Has mandado alguna vez una tarjeta con motivo de una ocasión especial? Diga a los niños que van a hacer un *molde*, una imagen que puedan utilizar en repetidas ocasiones, como un sello, para hacer muchas tarjetas. Insista en que los niños deben hacer sus propios dibujos para imprimirlos en las tarjetas; en consecuencia, convendrá que se esmeren, pues lo utilizarán muchas veces.

2. Enséñeles a seguir estos pasos. En primer lugar, deles trozos del tamaño adecuado para poderlos introducir en sobres normales. Dígales cómo deben dibujar el diseño de una tarjeta de felicitación en estos papeles. Explique que los dibujos relativamente sencillos se imprimen con mayor claridad que los complejos. Déjelos que practiquen hasta que estén satisfechos con su diseño.

3. A continuación, ayúdeles a pegar con cinta adhesiva un pliego de papel parafinado sobre sus diseños. El cuchillo para mantequilla se utiliza para calcar el diseño, eliminando la capa de parafina de las zonas donde corresponda con el fin de que pueda filtrarse la pintura. De este modo, el papel parafinado hace de molde.

4. Enseñe a los niños a hacer las tarjetas guillotinando los pliegos de papel fuerte para reducirlos a un tamaño que, una vez doblados, permita introducirlos en un sobre normal. Puede preparar plantillas junto con pliegos de papel fuerte de diversos colores.

5. Cada niño debe colocar el papel parafinado encima de una de las tarjetas. Ayude a los niños a mojar el rodillo en pintura y, a continuación, pasarlo de manera uniforme sobre el papel parafinado. Levante el papel parafinado. El molde debe haber dejado un dibujo en la tarjeta. Los niños pueden repetir este proceso con varias tarjetas.

Notas para el maestro o maestra:

1. Si en la tarjeta no quedara una marca clara, quizá sea necesario hacer más profundo el trazado con el cuchillo. Si hiciese falta, puede recortar el papel parafinado.

2. Esta actividad puede realizarse para felicitar por las vacaciones o en las fiestas estacionales. Si le parece conveniente, puede utilizar la confección de tarjetas como introducción a las fiestas multiculturales.

3. Esta tarea puede desarrollarse en dos sesiones o jornadas. El primer día, pueden hacerse los moldes y preparar las tarjetas, y el segundo, imprimirlas.

Producción artística
Exploración

Dirigida por el maestro/a o por un niño/a
Pequeño o gran grupo

☐ *Montaje de una escena natural*

Objetivo:	Estudiar cómo utilizar objetos naturales para imitar escenas reales de la naturaleza mediante la disposición cuidadosa de los mismos y un diseño adecuado
Componentes fundamentales:	Uso ingenioso de los materiales Composición y diseño
Materiales:	Una bolsa de comida para cada niño Caja poco profunda con tapa transparente (o cubierta de plástico) para cada alumno Cinta adhesiva Papel fuerte Tijeras

Procedimientos:

1. Organice un paseo por la naturaleza, proporcionando una bolsa a cada niño. Cuando observe y mencione los aspectos estacionales del medio (el color de las hojas, la altura de la hierba, etc.), pídales que recojan objetos naturales de pequeño tamaño (ramitas, hojas, piedras, hierbas). Tras el paseo, hable con ellos sobre lo que han observado y recogido.

2. Proporcione a cada niño una caja. Dígales que dispongan los objetos naturales que han recogido de manera que represente la estación o el lugar concreto (como un bosque o prado). Tenga a mano otros elementos que puedan utilizar en sus escenas (p. ej., alubias y granos). Deje que, si lo desean, utilicen el papel fuerte para hacer el sol, los pájaros u otros objetos que no puedan obtener.

   Indique a los niños que, con frecuencia, el viento, la lluvia y el sol influyen en el color y la forma de los objetos naturales. Así, la hierba de una escena parecerá más natural si queda inclinada por igual, como si la hubiese vencido el viento que soplara en esa dirección. Las hojas y las flores deben tener las superficies más luminosas mirando al sol. ¿Qué otras escenas pueden crear los niños? ¿Cómo pueden lograr un efecto concreto con los materiales de que disponen?

3. Después de haber configurado sus escenas naturales, pídales que peguen con cinta adhesiva la tapa a la caja. También pueden cubrirla con película plástica para envolver, tensar y sujetarla con cinta adhesiva a la parte de atrás. Anímeles a que pongan nombre a sus escenas reales de la naturaleza.

4. Pregunte a los alumnos cómo les gustaría que se expusieran sus trabajos.

Producción artística
Exploración

Dirigida por el maestro/a
Pequeño o gran grupo

☐ *Marionetas*

Objetivo: Estudiar el uso de distintos materiales para hacer un amplio conjun-
                                   to de marionetas

Componentes fundamentales: Utilización ingeniosa de los materiales
                                   Sentido del diseño

Materiales: Poliestireno expandido
                                   Depresores linguales
                                   Patatas (para las cabezas de las marionetas)
                                   Bolsas de papel
                                   Materiales de relleno (p. ej., papel de seda o trocitos de poliestireno
                                   expandido)
                                   Telas
                                   Botones
                                   Calcetines
                                   Materiales reciclados
                                   Pintura
                                   Papel

Procedimientos:

1. Organice con los niños una tormenta de ideas sobre los posibles sistemas para crear una marioneta. Si saben leer, dígales que busquen en la biblioteca distintas ideas para ello. Después, pueden
   confeccionar una lista de los materiales que necesiten. Ayúdeles a descubrir los que tienen en clase y cuáles necesitan traer de casa.

2. En la conversación, indique a los niños que tendrán que tomar decisiones sobre los colores, instrumentos, vestidos y las características y expresión facial de sus marionetas. Estimúleles para que utilicen diversos materiales y sean imaginativos al elegir el pelo, los vestidos y otros elementos de sus
   marionetas. Aconséjeles que hagan bocetos preliminares que les ayuden a decidir el diseño.

3. Déjeles todo el tiempo que precisen para hacer sus marionetas.

4. Cuando las hayan terminado, dígales que las describan de dos maneras: cómo las han hecho y
   quiénes o qué representan (p. ej., sus nombres).

5. Al día siguiente, invíteles a hacer una marioneta completamente diferente, utilizando los mismos
   materiales u otros distintos. Comenten de nuevo sus trabajos.

Nota para el maestro o maestra:

Sugerimos que esta actividad se desarrolle en dos o tres sesiones.

Producción artística
Exploración

☐ *Soplado de pintura con pajitas*

Objetivo: Estudiar la función del medio —soplar a través de una pajita— en la creación de efectos artísticos

Componentes fundamentales: Uso ingenioso de los materiales
Composición
Expresividad

Materiales: Pintura de témpera diluida en agua
Pajitas de bebida
Papel satinado
Palangana con agua para lavar las pajitas

Procedimientos:

1. Puede comenzar esta actividad con una demostración de cómo soplar pintura con una pajita lanzándola sobre un fondo, para crear un dibujo. Dé a cada niño un pliego de papel satinado y una pajita. Enséñeles cómo coger una gota de pintura metiendo la pajita en ella y tapando con un dedo el extremo superior para que no caiga la pintura que se ha obtenido.

2. A continuación, enseñe a los niños a proyectar hacia el papel la pintura que hay en la pajita. Dígales que lo hagan ellos. Muéstreles cómo la corriente de aire controla el movimiento de la pintura para crear una obra de arte abstracto de forma libre.

3. Diga a los alumnos que pueden mover el papel para crear distintos efectos, como remolinos y siluetas, pero no deben tocarlo ni pintar utilizando la pajita. Para proyectar la pintura, sólo deben soplar. Demuestre cómo cambiar la dirección de ésta moviendo el papel.

4. Tras limpiar la pajita o coger una nueva, los niños pueden proyectar pintura de otro color sobre el papel. Pida a los niños que soplen utilizando el nuevo color para que se mezcle con el primero en algunas zonas. ¿Qué colores nuevos se han obtenido? ¿Qué nuevas formas de arte se han creado?

5. Comente con los niños este trabajo mientras lo estén realizando. Estimúlelos a que planteen sus propias preguntas y den sus respuestas a las obras de arte obtenidas por otros niños. He aquí algunas preguntas o temas de posible análisis:

   • ¿Qué formas y líneas has creado?
   • ¿Qué te hace sentir la obra de arte?
   • ¿La acción del cuadro "sale" de los lugares en los que la pintura tocó en primer lugar el papel? ¿Cómo? ¿Por qué?
   • ¿Las formas creadas con tu pintura te recuerdan algo?
   • Si el cuadro no se parece a nada que hayas visto antes, ¿qué palabras utilizarías para describirlo?
   • ¿Puedes usar el soplado de pintura con una pajita para hacer un cuadro que ya hubieras dibujado?

Nota para el maestro o maestra:

Ponga un cuidado especial para advertir a los niños que no aspiren mientras soplen con la pajita.

Producción artística   **Dirigida por el maestro/a**
Exploración   **Pequeño grupo**

☐ *Pintura con cuerda*

Objetivo: Estudiar la función del medio —pintar con una cuerda— en la crea-
                                    ción de efectos artísticos

Componentes fundamentales: Sensibilidad hacia los elementos artísticos (línea, forma, color)
                                    Composición
                                    Expresividad

Materiales: Papel manila
                                    Trozos de cuerda de algodón de unos 35 cm de largo
                                    Pintura de témpera (diluida en agua, si es preciso)
                                    Plato llano
                                    Palillos de dientes

Procedimientos:

1. Los alumnos pueden utilizar el procedimiento siguiente para pintar con cuerda, pero es mejor que
   les enseñe cómo hacerlo mediante una demostración. Pueden empezar sosteniendo ambos extremos de un trozo de cuerda con una mano y sumergiéndolo en la pintura. Si la cuerda flotara en la
   superficie, puede empujarla con la otra mano para hundirla utilizando un palillo de dientes.

2. Dígales que saquen la cuerda de la pintura y la pongan cerca del centro del papel.

3. Entonces, los niños doblarán el papel alrededor de la cuerda apretándolo suavemente con una
   mano mientras tiran de la cuerda hacia afuera con la otra.

4. Pida a los niños que abran el papel y vean la doble imagen. Anímeles a describir la obra de arte que
   acaban de crear.

5. Estimúleles para que, si quieren, sigan trabajando con la misma clase de pintura, utilizando los mismos o distintos colores.

6. Cuando hayan terminado los trabajos, puede comentar con los niños temas como éstos:

   • ¿Qué siluetas y formas ves? ¿Qué sentimientos te producen?
   • ¿Estas formas y líneas hacen que la pintura dé sensación de mucho trabajo, tranquilidad, paz,
     actividad, nervios, desorden, limpieza?
   • ¿Crees que serías capaz de hacer una pintura de cuerda que pareciera un volcán, una tormenta,
     diera una sensación de cólera, de felicidad?
   • ¿Qué más podrías crear con la pintura de cuerda?

Actividad para casa n.º 1

☐ *Formas*

Objetivos: Descubrir y estudiar formas básicas en objetos naturales y fabricados

Materiales: Papel
                                    Ceras o rotuladores

Nota para los padres:

Esta actividad ayudará a agudizar la capacidad de su hijo para observar minuciosamente su ambiente y descubrir pautas y formas. Así también practicará la construcción de formas básicas.

Procedimientos:

1. Pida a su hijo que busque un cuadrado, un rectángulo, un triángulo, un círculo, un óvalo y un semicírculo en su entorno. Estas formas pueden estar encubiertas como la esfera de un reloj, ventana o montaña. Vea cuántas encuentra su hijo.

2. Dígale que dibuje o pinte los objetos y destaque las siluetas.

3. Después, puede pedirle que identifique y recorte las formas en fotografías de revistas.

Puesta en común:

Lleve los dibujos a la clase para enseñárselos a los compañeros y exponerlos en el tablón de anuncios.

Actividad para casa n.º 2

☐ *Texturas*

Objetivos: Tomar conciencia y copiar las texturas del medio

Materiales: Papel
                                              Ceras
                                              Objetos de distintas texturas (p. ej., ladrillos, arena, piedras, corteza)

Nota para padres y madres:

Su hijo comprobará que todas las cosas tienen su "tacto" y que éste puede reconstruirse mediante el trabajo artístico.

Procedimientos:

1. Dé un paseo con su hijo por la casa o por el barrio. De vez en cuando, pídale que cierre los ojos y toque distintos objetos —alfombras, azulejos, ladrillos, hierba, troncos de árboles—, prestando atención a la diferencia existente en su textura.

2. Ponga una hoja de papel sobre cada objeto. Dígale que la raspe con una cera con un movimiento de vaivén hasta que aparezca un modelo o trama. Ayúdele a etiquetar cada papel, para que pueda recordar su procedencia.

3. Su hijo puede elaborar un gráfico, pegando las hojas en un pliego de cartulina o papel fuerte. También, puede graparlas y hacer con ellas un librito. Pídale que explique su forma de agruparlas: ¿lo ha hecho por textura, color o tamaño?

Puesta en común:

Su hijo puede llevar al colegio el gráfico o el librito para enseñárselo a sus compañeros. También, puede hacer un juego, retirando las etiquetas del gráfico o del libro, escribiendo los rótulos en etiquetas de papel independientes de las hojas raspadas. En clase, los demás niños tendrán que emparejar estas hojas con los rótulos.

Actividad para casa n.º 3

☐ *Arte con textura*

Objetivos: Ayude a su hijo a utilizar sus conocimientos de las texturas para hacer dibujos abstractos o realistas

Materiales: Papel
Ceras o rotuladores
Materiales con distintas texturas (p. ej., bolitas de algodón, cuerda, corteza, papel de lija)

Nota para padres y madres:

La conciencia del "tacto" de las cosas y la forma de constituir pautas las texturas pueden ayudar a los niños a utilizar estas últimas en sus trabajos de arte. Observe cómo se desarrolla la capacidad de su hijo de representar objetos corrientes y de crear formas nuevas.

Procedimientos:

1. Dígale que recoja fuera de casa objetos que tengan distintas texturas, como hojas, arena, hierba, esponjas o retales de tela.

2. Pídale que encuentre un modo de utilizar este material para hacer un cuadro que muestre de dónde proceden. Por ejemplo, puede usar las hojas y la corteza para representar un árbol o los guijarros para hacer un monte.

3. Déjele utilizar los otros materiales para crear un cuadro con utensilios simulados. Así, puede emplear una bola de algodón para hacer una nube, papel de lija para una playa o realizar un dibujo a base de pedacitos de tela y de papel.

Puesta en común:

Los cuadros pueden colgarse en clase o mostrarlos al maestro de su hijo, a sus compañeros y a sus amigos. Su hijo puede llevar a clase una bolsa con los objetos que hubiese recogido, dejando que los compañeros realicen cuadros con ellos.

Recursos y bibliografía

Las actividades de las páginas anteriores son sólo una introducción al tema. Para ayudarle a Vd. a realizar futuras exploraciones sobre la enseñanza de las artes visuales, le ofrecemos un breve listado de recursos que han resultado muy interesantes para nosotros y nuestros colegas. Lo que intentamos es ofrecer inspiración más que una revisión de la bibliografía. Las obras usadas para la elaboración de este libro están marcadas con asterisco*.

BARNES, R. (1989). "Currrent issues in art and design education: From entertainment to qualitative experience". *Journal of Art and Design Education, 8*(3), págs. 247-255.

CHERRY, C. (1972). *Creative art for the developing child.* Carthage, DE: Ferron Teacher's Aids.

* COHEN, E. P. y GAINER, S. R. (1984). *Art: Another language for learning.* Nueva York: Schocken.

ENGEL, B. (1995). *Considering children's art: Why and how to value their works.* Washington, DC: National Association of Education for Young Children.

GARDNER, H. (1980). *Artful scribbles: The significance of children's drawings.* Nueva York: Basic Book.

HART, K. (1988). *I can draw!* Portsmouth, NH: Heinemann.

HART, K. (1994). *I can paint!* Portsmouth, NH: Heinemann.

* HASKELL, L. L. (1979). *Art in the early childhood years.* Columbus, OH: Merrill.

* HERBERHOLZ, B. (1974). *Early childhood art.* Dubuque, IA: W. C. Brown.

* INGRAM, B. K. (1975). *The workshop approach to classroom interest centers.* West Nyack, NY: Parker.

KOHL, M. (1989). *Mudworks: Creative clay, dough, and modeling experiences.* Bellingham, WA: Bright Ring.

KOHL, M. y POTTER, J. (1993). *ScienceArts.* Bellingham, WA: Bright Ring.

LASKY, L. y MUKERJI-BERGESON, R. (1980). *Art: Basic for young children.* Washington, DC: National Association of Education for Young Children.

* LINDERMAN, E. y HERBERHOLZ, B. (1970). *Developing artistic and perceptual awareness: Art practice in the elementary classroom.* (2.ª ed.) Dubuque, IA: W. C. Brown.

ROWE, G. (1987). *Guiding young artists: Curriculum ideas for teachers.* South Melbourne, Australia: Oxford University Press (distribuido por Heinemann, Portsmouth, NH).

SCHIRRMACHER, R. (1988). *Art and creative development for young children.* Albany: Delmar.

* STEPHENS, L. S. (1984). *The teacher's guide to open education.* Nueva York: Holt, Reinhart, & Winston.

* THOMAS, J. (1990). *Masterpiece of the month.* Huntington Beach, CA: Teacher Created Materials.

VENEZIA, M. (1993). *Getting to know the world's greatest artists: Georgia O'Keeffe.* Chicago: Children's Press.

WILSON, B. y WILSON, M. (1982). *Teaching children to draw: A guide for teachers and parents.* Englewood, NJ: Prentice Hall.

* WOLF, A. (1984). *Mommy, It's a Renoir!* Pedidos a Parent Child Press, P. O. Box 675, Hollidaysburg, PA 16648 (814-696-5712).

TABLAS DE LOS SISTEMAS EDUCATIVOS
DE ESPAÑA
Y DE ESTADOS UNIDOS

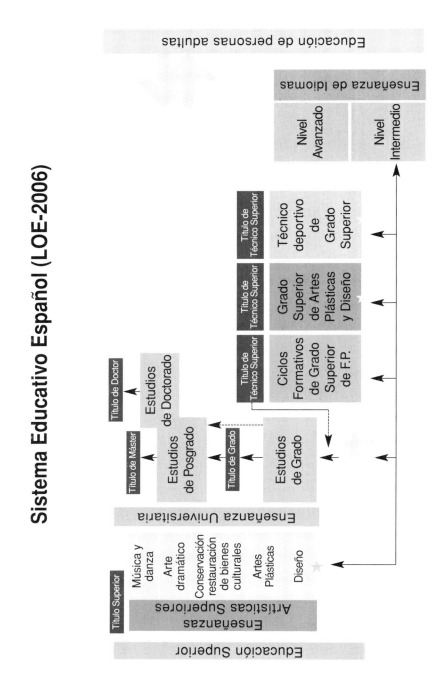

Sistema Educativo Español (LOE-2006)

Educación infantil. Etapa educativa. Organizada en dos ciclos; el segundo gratuito.

Enseñanza básica. Está formada por la educación primaria y la E.S.O.; es gratuita, obligatoria y organizada según los principios de educación común y atención a la diversidad.

Educación primaria. Consta de seis cursos que se cursan ordinariamente entre los 6 y 12 años.

Enseñanza secundaria. Se divide en obligatoria (ESO) y postobligatoria (bachillerato, FP de grado medio, enseñanzas profesionales de artes plásticas y diseño de grado medio y las enseñanzas deportivas de grado medio).

Enseñanza secundaria obligatoria (E.S.O.). Consta de cuatro cursos que se cursan ordinariamente entre los 12 y 16 años. Hay programas de diversificación curricular a partir de 3º orientados a la consecución del título. El título de Graduado en ESO da acceso a la secundaria postobligatoria.

Programas de cualificación profesional inicial (P.C.P.I.). Para alumnos mayores de 16 años, excepcionalmente de 15. Incluyen tres tipos de módulos: a) tendentes a la obtención de una cualificación profesional, b) formativos de carácter general y c) voluntarios conducentes a la obtención del título de graduado en ESO.

Bachillerato. Consta de dos cursos con tres modalidades: Artes, Ciencias y Tecnología y Humanidades y Ciencias Sociales. El título de bachiller da acceso a la educación superior.

Educación superior. Está constituida por las enseñanzas universitarias, las enseñanzas artísticas superiores, la FP de grado superior, las enseñanzas profesionales de artes plásticas y diseño de grado superior y las enseñanzas deportivas de grado superior.

Enseñanzas universitarias. Están reguladas por los RR.DD. 55/2005 y 56/2005, de 21 de enero. Para acceder a ellas es necesario superar una prueba de acceso.

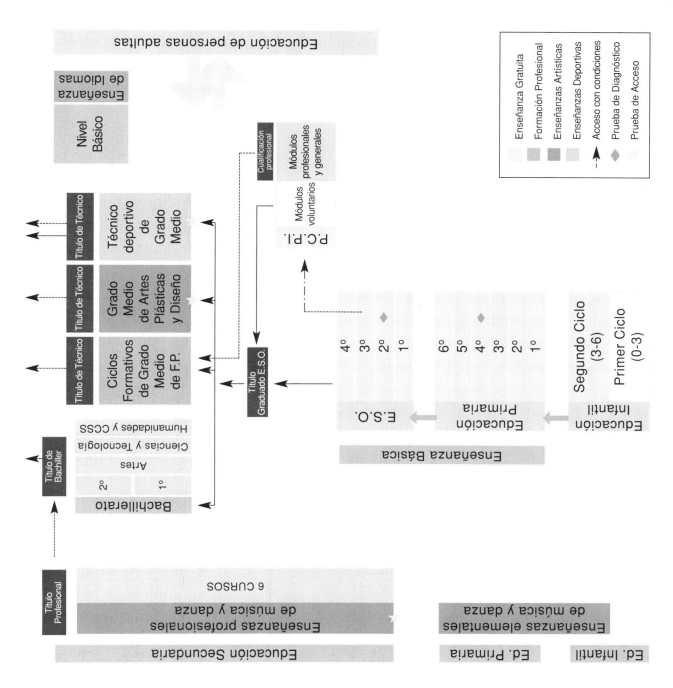

Formación profesional. Se puede acceder sin los requisitos académicos superando una prueba de acceso (al grado medio los mayores de 17 años y al grado superior los mayores de 19 años ó 18 si están en posesión del título de técnico relacionado con la especialidad).

Enseñanzas de régimen especial. Son las enseñanzas de idiomas, las enseñanzas artísticas y las enseñanzas deportivas.

Enseñanzas de idiomas. Para acceder será necesario ser mayor de 16 años, salvo los mayores de 14 años, si estudian un idioma distinto del cursado en la ESO. Con el título de bachiller se accede de manera directa al nivel intermedio de la primera lengua cursada en el bachillerato.

Enseñanzas deportivas. Para acceder al grado superior serán necesario poseer el título de bachiller y el título de grado medio de la especialidad correspondiente. En algunas especialidades puede ser necesario superar una prueba de acceso específica. Se podrá acceder sin los requisitos académicos superando una prueba de acceso (al grado medio los mayores de 17 años y al grado superior los mayores de 19 años ó 18 si están en posesión del título de técnico relacionado con la especialidad).

Enseñanzas artísticas profesionales. Son las enseñanzas profesionales de música y danza y los grados medio y superior de artes plásticas y diseño. Para su acceso es necesario superar una prueba específica. El alumnado que finalice las enseñanzas profesionales de música y danza obtendrá el título de bachiller si supera las materias comunes de bachillerato. Se puede acceder sin los requisitos académicos a las enseñanzas profesionales de artes plásticas y diseño superando una prueba de acceso (al grado medio los mayores de 17 años y al grado superior los mayores de 19 años ó 18 si están en posesión del título de técnico relacionado con la especialidad).

Enseñanzas artísticas superiores. Para su acceso se requiere, además del título de bachiller, superar una prueba específica. Se podrán establecer convenios con las universidades para la organización de estudios de doctorado propios de estas enseñanzas.

Educación de personas adultas. Está destinada a los mayores de 16 años. Su metodología es flexible y abierta. Para facilitar la incorporación de los adultos al sistema educativo se prepararán pruebas para la obtención de títulos y el acceso a las distintas enseñanzas.

Fuente: Ministerio de Educación y Ciencia de España.

ESQUEMA DEL SISTEMA EDUCATIVO
EN LOS ESTADOS UNIDOS

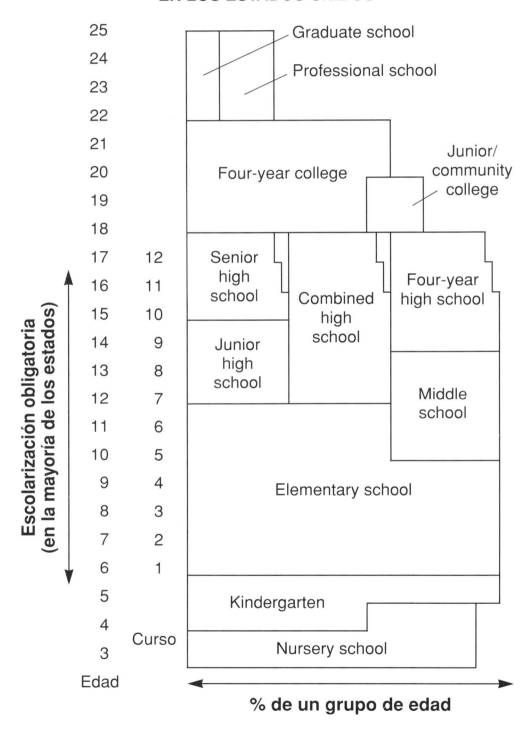